JN440140

예언과 대재앙

예언과 대재앙

초판 1쇄 인쇄 2013년 2월 20일
초판 1쇄 발행 2013년 2월 25일

지은이 | 자 미
펴낸이 | 金泰奉
펴낸곳 | 한솜미디어
등 록 | 제5-213호

편 집 | 박창서, 김주영, 김수정, 이혜정
마케팅 | 김명준
홍 보 | 김태일

주 소 | (우143-200) 서울시 광진구 구의동 243-22
전 화 | (02)454-0492(代)
팩 스 | (02)454-0493
이메일 hansom@hansom.co.kr
홈페이지 www.hansom.co.kr

ISBN 978-89-5959-343-9 (03150)

* 책값은 책 표지에 표기되어 있습니다.
* 잘못 만들어진 책은 구입하신 서점에서 친절하게 바꿔드립니다.

예언과 대재앙

자미 지음

한솜미디어

책을 집필하면서

이 땅에 만물의 영장인 인간으로 태어나서 세상을 살아가며 겪어야 하는 풍화환란의 고통과 불행으로 아파하고 슬픔으로 괴로워하는 사람들이 참으로 많다.

지구 종말이라는 국내외 유명한 예언들이 난무하고 있다. 2012년 12월 21일 동짓날 지구 멸망의 예언이 현실로 들어맞았다면 저자는 이미 이 세상 사람이 아니었을 것이고 이런 책을 집필할 수도 없었을 것이다.

이미 비켜간 예언도 있고 진행형인 예언도 있다. 그리고 예언가들의 지구 멸망 예언이 아니더라도 전 세계는 온갖 천재지변과 이상기후의 대재앙으로 몸살을 앓고 있다.

화산폭발, 지진, 해일, 폭우, 폭풍, 폭설, 토네이도, 혹한, 혹서, 홍수, 괴질, 광우병, 조류독감, 신종플루. 슈퍼박테리아로 수많은 사람과 동물들이 죽어가고 있다. 1년에 1억 3천139만 명이 탄생하고 5천670만 명이 죽어서 7천538만 명이 순 증가하여 2012년 12월 31일 현재 세계 인류는 70억 8,871만 명으로 늘어났다.

71억에 육박하는 거대한 인류가 1억 명으로 줄어드는 대재앙이 일어난다고 수많은 예언가들이 말해서 공포와 두려움 속에 불안 초조하게 살아가고 있는 것이 현세 인류이다. 행성 X가 지구와 충돌하면 1억 명이 생존한다는 것은 꿈같은 희망적인 추측이고 세계 인류 전체가 멸종될 것이다.

인간으로 태어난 이상 아니 모든 생명체는 오고 감의 천지자연의 이치를 거스를 수 없다는 점이다. 다만 언제 왔다가 언제 떠나갈 것인가?

그것이 문제일 뿐 생명은 육신의 옷을 훌훌 벗어버리고 영혼이 되어 어디론가 다시 돌아가야 한다.

인간에게 육신의 삶만 존재한다면 그것이 무릉도원의 삶일 것인데 육신의 삶이 끝나면 살아서는 알 수 없는 영혼의 삶이 새로이 시작되는데 우리 인생의 길흉화복에 음양으로 가장 많은 영향력을 행사하는 존재가 있다.

그 존재는 우리의 영들을 태초로 천지창조하시었지만 인간의 눈에는 보이지 않는 절대자 하늘 그리고 천상과 지상의 신명, 신, 신령, 생령, 사령, 조상님, 귀신들이다. 우리 인생에 길흉사가 좌우되는 막강한 영향력을 행사한다.

인간은 육신과 영혼의 결합체인데 육과 영을 구원하고 지구 종말의 대재앙을 막아낼 수 있는 유일한 인류 최초의 자미국이 이 땅에 세워지고 있다.

세계 인류가 지구와 행성 충돌로 인류 멸종이라는 대재앙에 대하여 유일한 희망을 걸 수 있는 곳이 하늘과 땅, 신, 영, 조상님, 인간들이 함께하는 자미국이다.

세계 인류의 구심점이 될 유일한 자미국!

종교의 종착역이자 인류의 종착역 자미국!

인류의 사명자 역할을 해내고 있는 자미국!

세계 인류가 지대한 관심을 가져야 할 자미국!

지구 종말로 인한 인류의 멸종을 막아낼 자미국!

자미국의 두 저자가 지구에 살고 있기 때문에 인류에게 지구 종말이라는 대재앙이 일어나도 대한민국은 재난의 중심축에서 벗어나 있게 될 것이다.

그 이유는 대우주 천체를 운행하시는 하늘과 땅의 대 능력자분들께서 자미국(지상 자미천궁)의 두 저자와 함께해 주시면서 산 자의 현생과 죽은 자의 사후세계 삶을 구원하는 인류 최초의 천지대업을 이루어주시고 계시기 때문이다.

세상은 자미국을 중심으로 재편되는 새로운 세상이 열릴 것이다. 그동안 세계 인류의 정신적 지주 역할을 해왔던 모든 가짜 세계는 저물어 가고 자미국이 인류를 천재지변의 대재앙으로부터 구원하여 세계의 중심으로 우뚝 선다.

이제까지의 모든 관념과 풍습을 인류가 자미국을 통하여 깨닫게 되면서 대단한 하늘의 진실이 전 세계적으로 널리 알려지게 된다.

인간의 힘으로는 불가항력인 지구 멸망의 끝없는 공포와 두려움으로부터 벗어날 수 있는 유일한 길이 자미국에 있다. 공포와 두려움, 고통과 불행에서 벗어나 현생과 내생에서 행복 누리며 살기를 원하고 바라는 자들이 찾던 곳이다.

지구 멸망으로부터 인류를 구원하고 자신과 가족, 조상님들을 구원할 수 있는 유일한 인류의 등불이 자미국이란 곳이다. 종교세계에 실망한 사람들과 더 높은 진짜 하늘세계를 찾아다니고 있는 사람들에게 새롭고 신비로운 미지의 세계를 열어줄 것이다.

인류 최초의 하늘과 땅이 함께 하는 자미국(지상 자미천궁)이란 무엇인가 생소하고 궁금할 것이다. 하늘에는 천상 자미천궁이 있고 땅에는 지상 자미천궁이 있는데 그곳이 자미국이다. 하늘과 땅이 자미국으로 함께 한다는 말의 뜻은 하늘과 땅의 대단하고도 무소불위한 강한 기운이 세계 최고로 흐르고 있다는 뜻이다.

하늘과 땅의 기운 즉, 천지기운은 인류를 살리는 가장 큰 상서로운 기운이기에 자미국에 들어오면 개인, 조상님, 신, 영, 가정, 기업이 고통과 불행으로부터 벗어나는 천지개벽의 이적과 기적이 수없이 일어나기에 이유 불문하고 자미국에 들어오는 것이 천복을 받아 가장 행복해질 수 있는 최선의 길이다.

이 나라 국민뿐만이 아니라 인류 모두가 하늘을 몰라보고 무시한 죄를 자미국을 통하여 빌어야 현생과 다음 생을 보호받을 수 있는데 저자의 말에 얼마나 호응할지 모르겠다. 하늘을 무시하고 몰라보며 찾지 않고 살아가는 것이 죄가 된다는 사실조차도 모르고 살아가는 사람들이 거의 전부이다.

그러나 저자는 인류가 하늘에 지은 죄를 몰라서 못 빌고 있는 사람들에게 하늘의 진실을 만 세상에 전하여 죄를 빌게 해서 구원받게 해주어야 하는 사명을 완수해야 한다. 보이지 않는 하늘을 무시하며 찾지 않고 살아가는 것이 무슨 죄가 되느냐고 항변할 사람들이 거의 대다수 사람들이라고 본다.

그러니까 자미국에서 인류 최초의 진실을 전 세계에 전하는 것이고 인류가 죄를 빌면 용서해 주실 수 있는 유일한 진짜 하늘은 종교에서 전하는 가짜 하늘이 아니라 자미국에서 전하는 원초적인 태초의 하늘 태상천존 자미천황님과 자미황후님이시다.

왜 하늘을 무시한 죄를 빌라고 하는 것인지 인류 모두가 궁금할 것인데 그 이유는 우리 영들의 부모님이시고, 천상세계, 사후세계를 주관하시고 천지만물의 생사여탈권을 행사하시며 죄 사면권을 행사하시는 유일한 하늘이시기 때문이다.

각자 인생사에 일어나는 가슴 아픈 사연들은 자신들이 현생과 전생에서 하늘을 무시한 죄를 지었기 때문에 아픔과 슬픔, 우환과 질병의 고통을 겪고 있는 것이다. 각자들이 마음과 말로 하늘을 무시하고 부정한 죄의 대가를 받고 있는 중이다.

하늘이 계신 줄 몰라서 무시하고 찾지 않는 사람들이 전부이고 그나마 가짜 하늘을 믿어 그들의 죄를 대신 뒤집어써서 각자 인생으로 무섭고 끔직한 재앙이 내리고 있는 것인데 성직자들은 물론 71억 인류 모두가 이런 진실 자체를 모르고 있다.

대한민국 정부가 직면해 있는 과제!

가장 시급한 문제가 북핵문제 해법, 경제불황 타개, 분권형 대통령 내각책임제로의 개헌 그리고 대재앙과 지진에 대한 대처법도 세워야 한다. 어느 하나라도 무시할 수 없는 굵직한 문제들인데 대통령과 정부, 여야 정치인들이 고민할 문제이다.

새 정부가 추진해야 할 일들이 많다. 그런데 이 모든 문제가 하늘과 땅의 자미(천지)기운이라면 해결될 수도 있는데 자미기운을 빌리거나 받으려면 저자의 말을 따라 주어야 한다. 난제들을 해결하려면 인간의 능력으로는 세월만 흘러갈 뿐 뾰족한 해법을 찾기가 어렵다. 난마같이 얽혀있는 대한민국 정부를 살려내려면 인간의 능력이 아닌 무소불위한 하늘과 땅의 힘을 빌려야 한다.

하늘과 땅의 힘을 빌리는 길은 입헌군주제 아래 내각책임제로 개헌이고 하늘과 땅, 자미국을 인류의 구심점으로 청와대 터에 세우는 것이 대한민국의 국운을 살리는 길이다. 욱일승천하는 대한민국이 되느냐 여기서 주저앉느냐가 결정되어 질 중요한 문제이고 이 나라의 운명이 천지개벽할 중대 사안이다.

이 책은 하늘과 땅의 진실, 대재앙, 인간들이 지은 죄, 인류의 구원, 청와대 터에 인류의 구심점으로 하늘과 자미국을 세워야 국운이 천지개벽하고 세계를 지배 통치하게 된다는 것이 주요 내용인데 청와대 이전 문제를 가장 많이 다루었다. 자미국과 대한민국의 국운이 함께 열리느냐 마느냐가 결정되기 때문이다.

이 방법이 우리나라가 전 세계 최고로 대단한 경제대국, 군사대국이 되는 지름길임이다. 그래서 이 나라의 대통령과 정부, 국민이 저자의 말에 따라 주어야 한다. 저자는 이 나라가 잘되는 정답을 알고 있기에 모든 이들이 하늘과 땅의 진실을 전하는 그대로 인정하고 순수하게 받아들여 주었으면 좋겠다.

목차

1부

공포의 예언

공포의 대재앙 예언 · 새로운 지구 종말 예언
지구 멸망 대재앙 예언들 · 지구 종말보다 더 무서운 대재앙
인류의 대재앙 예언 · 지구 멸망, 천상계획이 바뀌었다
대재앙을 막아낸다 · 인플루엔자 H1N1형 5,000만 명 사망

공포의 대재앙 예언

북극의 빙하가 급속도로 녹아내리고 있고, 알프스와 히말라야 산맥의 만년설이 녹아내리면서 적도 부근으로 바닷물이 모여들어 해수면이 높아지고 있어 머지않아 대재앙이 일어날 힘을 비축하고 있는 중인데 인류는 이런 진실을 모르고 있다.

지금까지 예언가들이 말한 1999년 휴거소동과 2012년 12월 21일 지구 멸망은 일단 비켜가서 해프닝으로 끝났지만 그 시기가 미루어져서 2013초부터 2015년 사이에 발생할 것이라고 색다른 예언을 하고 있는데 3년 기간 중에 인류의 90~98.6%가 멸종할 것이라고 해서 공포와 두려움에 떨면서 살아가고 있다.

인류의 98.6%가 멸종하면 70억 인구 중 1억 명이 생존하는 대재앙이 발생하는 대참사이다. 인명은 재천이라고 했으니 살고 죽는 것도 하늘의 뜻이라고 봐야 하겠다. 두 번의 예언이 비켜가서 이제는 어떤 예언도 믿지 않으려고 하는 사람들이 많을 것이지만 만일에 현실로 다가올 경우를 대비하고 살아야 한다.

군인들을 가혹하게 훈련시키는 것은 만일에 발생할지 모를 전쟁을 대비하기 위한 유비무환의 자세처럼 항상 언제 예언이 현실로 일어날지에 대한 긴장을 늦추어서는 안 된다. 늑대와 양치기 소년처럼 예언에 신빙성이 떨어졌다고 무조건 무시해서는 안 된다.

그래서 십승지라는 단어가 많이 유행한다. 전시나 천재지변의 대재앙 때 살아남을 장소라는 뜻으로 10곳이 있다고 해서 붙여진 이름인데 물론 십승지가 가리키는 장소가 대재앙을 피할 수 있는 곳일 수도 있는데 대한민국의 5천만 명에 이르는 국민들이 모두 그곳으로 이주해서 살 수는 없는 일이다.

십승지 이론을 믿는 사람들은 그곳으로 이주해서 살고 그렇지 않은 사람들은 저자의 말에 따르는 것이 가장 현실적일 것이다. 자미국에 들어와서 천재지변의 대재앙으로부터 하늘과 땅의 보호를 받을 수 있는 의식을 행하고 사는 길뿐이다.

인간들은 언젠가는 천재지변의 대재앙으로 죽든 사고나 질병, 자연사로 죽게 되어 있다. 죽음 이후에 사후세계에 대한 진실을 인정하지 않고 현생의 삶만 존재한다고 믿는 사람들은 죽음 자체를 전혀 두려워할 필요가 없다.

육신의 삶이야 어차피 100년 안에 모두가 죽게 되어 있고 육신이 죽으면 그날로 모든 것이 끝나니까 말이다. 그러나 하늘로부터 각자가 죄를 용서받지 못하면 자신의 혼령들이 천상세계로 들어가지 못하고 구천세계나 축생계, 지옥세계로밖에 갈 수 없다.

하늘세계와 조상님 세계, 자신의 죽음 이후 사후세계에 대한 실체를 믿고 인정하는 사람들만 책을 끝까지 정독한 후 자미국으로 예약하고 방문하면 된다. 어차피 현생에 육신의 삶은 조만간 끝이 나게 되어 있고 그날이 언제인가만 남아 있을 뿐이다.

천재지변의 대재앙에 대한 대처법과 사후세계의 삶을 어떻게 준비하는 것이 잘하는 것인지 사람들은 방법 자체를 모르고 있는데 그 길을 자미국에서 찾을 수 있다.

과거 대재앙에 대한 기록과 인류의 역사가 입증해 주고 있어서 분명 대재앙은 일어나기는 하는데 그 시기가 언제인가 그 날짜를 정확히 모를 뿐이라고 본다. 2012년 12월 21일 지구 종말이 비켜갔다고 아직 좋아할 단계는 아니다.

지구촌 곳곳에 재앙이 계속해서 일어나고 있고 대재앙의 조짐이 전 세계적으로 감지되고 있으며 미국에서는 겨울 토네이도와 겨울 눈 폭풍이 불어서 큰 피해를 주었다.

미국에서는 겨울 토네이도가 발생한 데 이어 폭설까지 몰아쳐 7명이 목숨을 잃고 수십 명이 부상했다. 전기 공급이 끊긴 수십만 가구는 크리스마스 밤에 암흑의 연말을 보냈다.

토네이도는 모빌 카운티에만 다섯 차례 이어져 고등학교 건물이 폐허로 변했다. 주택 지붕이 강풍에 뜯겨나가 크리스마스 밤에 주민들이 긴급 대피했다. 토네이도는 텍사스 주 등 남부 지역에 무려 30여 차례나 이어졌다.

신에게 큰소리로 보호해 달라고 기도했다고 한다. 아칸소 주는 크리스마스에 80여 년 만에 처음으로 20cm가 넘는 폭설이 내렸다. 10만여 가구에 전기 공급이 끊겨 상당수 주민들이 암흑의 밤을 보냈다.

오클라호마 주에서는 빙판길로 변한 고속도로에서 21중 추돌사고가 발생했다. 토네이도나 폭설과 관련된 기상 사고로 미국 전역에서 사망과 부상이 속출했다.

강풍과 폭설 탓에 수백 편의 항공편은 운항이 취소되거나 이착륙이 지연됐다. 항공편 이동이 많은 연말 시즌에 탑승객 수백만 명의 발이 묶였다. 아칸소와 오하이오, 메인 등 18개 주에 겨울 눈 폭풍이 불어서 12명이 사망했다.

시베리아에 영하 50도, 유럽에 영하 40도의 한파가 몰아쳐 200명이 사망하는 피해가 발생했다. 중국 북서부, 신장위구르자치구의 베이툰시에는 초속 24m가 넘는 강풍이 몰아쳐서 바람의 기세에 쌓여있던 눈이 날려 가시거리는 5m에 불과하고 기온은 영하 34도, 길에는 인적이 끊겼고 자동차는 운행할 엄두를 내지 못하였으며 학교에는 이틀 동안 휴교령이 내려졌다.

열차가 멈춰 섰고 학교는 수업을 중단했다. 근처에 있는 궈반퉁거트

사막은 며칠째 눈보라가 휩쓸고 있고 강풍을 동반한 눈보라가 극심해 앞을 구분하기가 힘들 정도다. 기온도 영하 40도를 밑도는 그야말로 살인적인 추위가 이어지고 있다 한다.

기상청에서 3년 전(2010년)부터 날씨가 엄청 추워졌다고 말하는데 그런 이유가 있었다.

원래는 춥지도 덥지도 않은 아열대 기후가 되어야 하는데 하늘과 저자가 5년 동안 태풍을 막아주어 대풍년을 들게 해주었더니 2009년 가을에 농민들이 벼 수매값이 너무 낮다고 벼를 베지 않고 갈아엎는가 하면 볏 가마를 불태우며 시위하는 모습을 보고 더 이상 기후와 날씨에 대하여 일절 관여하지 않기로 했고, 그 이후부터 상상을 초월하는 기상 이변이 3년째 일어나고 있다.

이때부터 5년 동안 올라오지 않던 큰 태풍들이 계속 올라와서 엄청난 피해가 발생하였고, 여름이면 매우 덥고 겨울이면 강추위가 계속 지속되는 기상이변을 보이고 있다. 기상청 관계자는 지구 온난화에 따른 이상 기후 때문이라고 말하지만 하늘과 저자가 천지 풍운조화를 부린 결과인데 인정할까 모르겠다.

2013년 1월 2일 조상님 상단입궁의식 때 들려주신 내용이다. "살아서 진짜 하늘공부를 하지 않으면 죽어서 뱀 새끼, 개 새끼, 소 새끼로 태어나서 상상을 초월하는 지옥세계 고통을 맛보며 살게 된다"고 말씀하시었다.

죽어서도 살아서도 죄를 빌어야 한다. 살아서 죄를 빌지 않아 각자의 인생으로 감내하기 어려운 모진 풍파가 불어닥칠 것이다. 하늘공부한다고 아무 하늘 앞에 가서 공부해 봐야 소용없는 일이고 인생만 더 뒤집힐 뿐이다.

아무 하늘이나 믿고 공부하다가는 구원이 아니라 더 깊은 지옥의 고통 속으로 빨려 들어갈 뿐이다. 독자들의 상식 수준으로는 살아 움직이는 진짜 하늘을 구분할 수도 찾을 수도 없다. 이 책을 자세히 정독하며 읽어보고 공감하며 하늘과 땅의 어떤 천지기운을 느끼는 사람만이 진짜 하늘을 만날 수 있는 행운아들이다.

하늘을 열려고 하는 자들을 건방진 자들이라고 하신다. 하늘의 의중 따위와는 상관없이 인간들이 마음대로 하늘의 문을 열고 닫을 수 있느냐고 격노하시는데 미련한 인간들이 어찌 하늘의 위대한 진실을 알겠는가? 육신이 살아서 하늘의 의식을 통하여 전생과 현생의 죄를 빌지 아니하고는 산 자나 죽은 자나 천상으로 올라갈 수 없다.

해수면 상승 침몰 중

온난화로 인해 남북극 빙하가 녹아 해수면이 60m가 높아져 국가나 도시가 침몰한다. 적도지방의 섬나라들은 해수면이 1.8m 이상 상승해 침몰하는 사태가 속출하고 있으며, 국토 포기 선언을 하고 이웃나라로 국민들을 피신시키고 있는데 대표적인 나라가 투발루다.

고든 마이클 스켈리온

기상이변은 점점 더 심해진다. 폭설, 폭풍, 홍수 등이 자주 발생하고 기온도 더욱 불규칙하게 변하며 대재난이 절정에 달하는 시기가 되면 새로운 질병과 갑작스러운 전염병이 지구를 휩쓴다.

세자르에게 보낸 편지

극심한 기상이변이 발생한다. 사람, 동물, 새, 나무 등 수많은 생명체들이 갑자기 얼어 죽으며, 반대로 어떤 곳은 대기가 후끈후끈 달아오르기도 한다.

뉴욕 시는 물 밑으로 사라져버리고 미국의 동부와 서부, 영국, 남아시아 그리고 유럽의 전역이 아틀란티스 대륙의 융기로 물이 범람하게 된다. 레무리아 대륙의 일부가 태평양에 솟아오르며 하와이는 바닷속으로 미끄러져 들어간다. 워싱턴 DC는 황폐화되지만 완전히 파괴되지는 않는다.
세계는 전 우주적인 대재난이 일어나기 전에 대홍수가 일어나고 그래서 물에 덮이지 않는 땅이 거의 없게 된다. 대홍수는 상당한 기간 지속되며 특정한 인종(한국인)과 특정한 지방(한국)을 제외한 모든 것이 소멸된다.

에드가 케이시

일본의 대부분은 바닷속으로 침몰한다. 유럽의 북부는 눈 깜짝할 사이에 변화될 것이다. 북극과 남극 지역에 지각변동이 일어나고 열대지역에서는 화산폭발이 있으며 현재 뉴욕 주의 해안지대, 혹은 뉴욕시 자체도 대부분 소멸된다.

폴 솔로몬

미 대륙은 동서로 갈라져 두 동강 난다. 지구는 거의 완전한 파괴를 겪게 되며 새로운 세상이 열리기 전 우주는 지금의 질서에서 혼돈의 나락으로 떨어지게 될 것이다.

월장경

해, 별의 운행이 일정치 않아 온 땅은 모두 진동하고 전염병이 창궐하고, 허공으로부터는 나쁜 음성이 크게 들리며, 공중엔 갖가지 두려운 불기운이 나타나고, 혜성과 요성이 곳곳에 떨어지리라.

요한계시록 마태복음

번개와 음성들과 뇌성이 있고 큰 지진이 있어 사람이 땅에 살고 있는 이후 이같이 큰 지진이 없었더라. 큰 성이 세 갈래로 갈라지고 만국의 성들도 무너지니 각 섬도 없어지고 산악도 간데없더라.

일본의 침몰

서로 마찰하는 지각판이 일으키는 지진과 그 결과로 빚어지는 화산폭발과 해일이 중국과 인도네시아에 파멸적 타격을 입힌다. 또한 해일이 인도 남부와 방글라데시의 대부분을 뒤덮는다. 일찍이 '곤드나와 대륙'이 있었던 것으로 추정되는 인도양 해저 부근에서는 침몰해 있던 육지가 부상한다. 커다란 해진(海震)과 지진이 일어나는데 이로 인해 하와이와 뉴질랜드에 대격변이 일어나고 일본이 침몰된다.

외계인

두 번째는 대 환란을 극복하면 좋은 세상이 열린다는 것이다.

지금 한 국가 단위로 모든 사람들이 소속된 정부가 있는 것처럼, 앞으로는 세계 각 나라에서 스스로 뽑은 대표자들로 구성된 하나의 세계 기구가 탄생한다.

그리하여 궁극적으로는 통일된 하나의 정부가 이루어질 것이다. 그리고 새로 도입된 통화는 전 세계 어디에서나 통용될 것이다. 그때에는 지구 전체의 구석구석을 우주선으로 여행할 수 있는 새로운 종류의 교통, 통신 체계가 확립될 것이다. 그리고 자기 에너지와 태양 에너지가 화석연료를 대체할 것이다.

오래전부터 예언되어 온 지상낙원이 실제 이루어진다. 과학기술의 진보라는 외면도 중요하지만 자신의 내면세계에 대한 성찰을 하기 때문에, 미래는 인간의 영혼이 고도로 진보하는 시대가 될 것이다.

스칼리온

맑고 깨끗하고 오존층 파괴도 더 이상 일어나지 않는다. 또한 사람은 냉난방과 채광이 자동으로 조절되는 일종의 생명막으로 덮인 원형의 둥근 돔 모양의 집에서 살아간다. 자동차는 사라지게 되고, 대신 바퀴 없이 소음을 내지 않고 땅에서 움직이는 담배 모양의 기다란 새로운 형태의 대중 교통수단이 나타난다.

미륵하생경

그때에는 이 세상의 백성이 골고루 잘 살아서 차별이 없으며 또한 국토는 평탄하고 고르며 거울처럼 말쑥하고 깨끗하며, 또 사람의 수명이 극히 길고 모든 병환이 없이서 남녀 모두 500세가 된 연후에도 시집과 장가를 갈 수 있느니라.

남사고

사람마다 모두 도를 통하여 빼어난 경지에 다다르니, 이 세상은 맑고 투명한 유리세계로 되는구나. 태양은 쉼 없이 광명 기운을 뿜어내고 달도 이지러지지 않으니, 주야를 불문하고 항시 일월의 광명이 가득하도다. 사람들은 근심 걱정이 전혀 없고 불로불사의 영춘(永春)에서 살아갈 것이니라.

정도전 예언

조선왕조실록에 정도전이 만든 이 숭례문이 훗날 불타 소실될 날이 올 것이니 이때는 서울 장안의 모든 백성들은 다른 지방으로 피난을 가야 한다고 일렀다. 또한 이 징조는 서울 한양의 500년 국운이 다한다고 서산대사가 예언한 것과 일치한다.

조선왕조실록에서는 선조 25년이었던 1592년 4월 숭례문에서 작은 화재가 발생한 뒤 정확히 보름 만에 임진왜란이 일어나 일본의 20만 대군이 쳐들어왔고, 한일병합조약 3일 전에는 숭례문의 현판이 떨어져 내렸다는 기록이 있으며 6 · 25가 발발하기 몇 개월 전에는 숭례문의 좌측 성벽이 무너져 내렸다.

자미 예언

자미(하늘, 땅, 인간)가 세상의 중심이 되고 인류의 구심점이 된다.
인류의 구원은 자미국을 통해서만 이루어진다.
세상의 모든 유불선 종교가 자미국 하나로 통합된다.
청와대는 조만간 이전하고 청와대의 이름과 주인이 바뀐다.
대통령제가 폐지되고 입헌군주제하에 내각제가 시행된다.
청와대 터에 민족과 인류의 구심점이 세워진다.
자미국과 인황이 이 나라와 세계의 중심이 된다.
북한이 남한에 흡수 통일되고 군사 강대국이 된다.
신과 하나 되는 신인(천인)시대가 열려 신의 종주국이 된다.
GNP 1위로 세계에서 가장 잘사는 1등 나라가 된다.
인간의 수명이 현재보다 수십 배 늘어나는 세상이 열린다.
인류가 자미국에 감사의 조공과 천공을 바치게 된다.
세계 각 나라가 두려움에 떨면서 자미국을 상국으로 받들게 된다.
각 나라 대통령들이 하늘의 보호를 받기 위하여 자미국을 찾는다.
세계 최고의 부자 나라는 자미국이 된다.
최고의 복지국가인 꿈만 같은 무릉도원 세상이 현실로 열린다.

이 내용들은 예언 성격이 아니라 하늘, 땅, 인간의 천지조화 기운으로 현실세계에서 차례대로 이루어질 미래의 계획들이다.

새로운 지구 종말 예언

지금까지 세기적인 수많은 예언가들이 말한 것이 이루어지지 않아서 실망한 사람도 있을 것이고, 다행이라는 사람도 있다. 세계적인 관심을 끌었던 마야달력, 중국의 주역, 노스트라다무스, 키샤, 웹봇 컴퓨터가 예언했던 2012년 12월 21일 20시 07분 동짓날 지구 멸망의 시간이 지나갔기 때문이다.

이들과 다르게 2013년에 재앙이 일어날 것이라고 러시아의 소년 예언가 보리스카가 말한 진행 중인 예언도 남아 있는 것은 사실이다.

1999년 9월 9일 휴거소동처럼 동짓날 지구 멸망이 해프닝으로 끝나서 세계적인 예언가의 명성에 먹칠을 하게 되었는데 왜 빗나간 것인지 매우 궁금할 것이다.

세기적인 이들의 예언이 모두 빗나간 가장 큰 이유는 하늘과 땅이 함께하는 자미국이 두 저자에 의해서 이 땅에 처음으로 세워지고 있기 때문이다.

하늘, 땅, 해, 달, 별, 불, 물, 바람, 천둥, 번개, 뇌성, 벽력, 비를 비롯하여 수천억 개의 수많은 우주 천제(별)와 지구를 운행하시고 인류 모두의 생사여탈권을 좌우하시는 천지만생만물을 태초로 창조하신 절대자 하늘과 땅이 자미국(지상 자미천궁)의 두 저자와 함께해 주시기 때문이다.

그래서 세기적인 예언가들의 말이 모두 빗나가게 된 것이다. 두 저자가 이 땅에 살아있으면서 지구 멸망을 원하지 않는 이상 앞으로 지구가 혜성이나 다른 천체와 충돌해서 인류가 몽땅 멸망하는 일은 절대 일어나지 않을 것이다.

그러나 부분적인 멸망은 세계 각지에서 수시로 일어난다. 대표적인 것이 일본의 동북지방 대지진과 미국의 토네이도와 허리케인, 세계 각지의 지진, 해일, 화산폭발, 폭우, 홍수, 폭설, 혹한, 혹서, 전쟁, 괴질, 지축이동, 운석낙하, 이상기후로 인한 기상재해는 끝없이 일어날 것이다.

이런 대재앙이 일어나도 두 저자가 있는 대한민국은 재난의 중심에서 비켜나게 될 것이고, 설혹 천재지변으로 인한 대재앙의 피해를 입더라도 가장 작을 것이며 인류가 거의 전멸에 이르는 끔찍한 사태가 발생하여도 생존자가 가장 많을 것인데 생존자들 중에서 대다수 90%가 자미국의 천인과 백성들이다.

지구의 위기. 아직 세상에 알려지지 않은 과학적 예언이 있다.

과학자들로 이루어진 미국의 어느 단체에서 위성과 과거 데이터, 예언들을 종합적으로 분석해서 현재 지구의 상황을 분석하고 있는데 이들이 주장하는 바는 다음과 같다.

은하계의 중심에는 블랙홀이 있는데 빨아들이는 중력이 너무나 세서 그 회전하는 힘 때문에 모든 것을 빨아들인다. 블랙홀이 주변을 굉장히 강하고 빠르게 회전시키기 때문에 은하계의 중력벨트는 마치 종이 한 장 두께로 굉장히 얇지만 굉장히 강력하다.

태양계는 블랙홀 주변의 이 중력벨트를 주기적으로 지나가는데 계산으로는 11,500년마다 한 번씩 지나간다. 지구가 이 중력벨트를 지나가는 데는 몇 년이 걸릴 수도 있으며 이때 지구상에 많은 변화가 생긴다.

중력벨트는 태양계에 있는 모든 천체(행성)와 혜성에도 영향을 주기 때문에 태양의 폭발이나 혜성의 급격한 경로 변경을 초래할 수 있는데 중력벨트를 지나가는 동안 지구상에는 여러 자연재해의 강도가 더 심해질 것이다.

과학자들이 계산하기에는 중력벨트를 지나가는 시점이 2008년에서 2015년 사이가 될 것이라 예측하였으니 그때까지 남은 시간은 올해 2013년을 포함해서 3년 정도이다. 중력벨트를 지나갈 때 극이동이 발생하는데 이것은 지구 중심부는 그대로 있고 지구의 표피가 움직이게 되는 것이라고 한다.

현재 지구는 완전한 원형이 아니라 적도 부근이 빙하가 녹은 물이 모두 몰려서 부풀려져 있는 타원형 형태라고 말하는데, 이것은 풍선에 물을 가득 채우고 빠르게 회전시키면 알 수 있는 그런 팽창 현상이라고 한다.

이미 1998년부터 위성으로 측정되고 있으며, 지구의 중력이 빠르게 변화하고 있어 적도 부근의 부풀림 현상이 더 커지고 있다고 하는데 이에 따라 극지방의 얼음이 많이 녹아 적도 부근에 축적되는 것이라고 한다.

현재 적도는 부근에는 지름으로 기준한 둘레보다 42.72km 더 길다고 하는데 이만큼 적도 부근에 물이 많이 모여 팽창하고 있는 것이다. 극이동이 발생하면 적도에 축적된 물이 한꺼번에 분산이 되고 중력에 따라 이동해야 하기 때문에 어마어마한 쓰나미가 발생한다고 한다. 극이동은 45분 만에 완료될 것이고, 순식간에 6,000마일(9,600km)의 극이동이 발생할 것이라고 한다.

이때 지구상의 물과 공기가 동시에 움직이기 때문에 풍속 300마일(시속 480km)의 바람이 불 것이고, 100미터 높이의 쓰나미가 발생할 것이라고 예언했다. 풍속 480km(300마일)라면 지구상에 견뎌낼 건물은 없다고 한다. 고층빌딩과 고층아파트가 모두 맥없이 무너져 내리는 참혹한 광경이 벌어진다.

대재앙의 시기는 아무도 예측할 수 없으나, 과거 여러 문명의 기록을 보면 지구가 은하계의 중력벨트를 지나가는 것은 기정사실이다. 2013

년 6월 전에 '글로벌 해안 현상'이 발생하여 모든 대륙의 해안지대가 파괴된다고 예언하고 있다.

11,500년마다 지구가 블랙홀 주변의 중력벨트 부근을 지나가게 되어 있는데 그 시기가 2008년부터 2015년 사이라 했으니 앞으로 남은 시간은 이제 3년이니 이미 지구 종말의 시간이 카운트다운 되었다고 봐야 한다.

어쩌면 과학자들의 예언이 맞을 수 있다. 왜냐하면 10,800년 전에 적인종들이 살았던 거대한 아틀란티스 대륙이 바닷속으로 가라앉은 역사적 사실이 입증하고 있으니까 말이다. 이런 대재앙의 예언은 가상세계라고 생각할 수도 있으나 지구의 역사가 과거 재앙이 현실이었다는 것을 잘 증명해 주고 있다.

앞으로 3년 안에 어느 날 갑자기 일어날지 모르는 대재앙도 세상을 살아가면서 걱정이지만 수시로 매일같이 자신의 인생으로 일어나고 있는 재앙들은 어떻게 대처할 것인가?

인생의 재앙이나 천재지변의 대재앙을 피할 수 있는 유일한 길이 있다면 하늘과 땅이 함께하는 자미국에 들어오는 것뿐이다.

지구 멸망 대재앙 예언들

마야달력, 중국의 주역, 세계적인 예언가 노스트라다무스, 미국의 예언가 키샤, 웹봇 컴퓨터 프로그램까지 지구의 종말을 예언했는데 모두 비켜갔다.

그런데 화성인이라고 주장하는 러시아의 소년 예언가 보리스카(17세)는 지구의 종말이 2012년 12월 21일 20시 07분이 아니라 2013년이라고 주장하고 있는데, 2012년 12월 21일이나 2013년이나 같은 시기라고 봐야 한다.

보리스카와 키샤 모두 2012년 말이나 2013년에 지구의 축이 이동한다고 예언하고 있어서 신빙성이 있어 보인다. 23.5도 기울어진 지축이 바로 서면 인류는 대재앙으로 전멸에 이르게 되어 지구 종말론이 들어맞는 것이다. 지축이 정립하려면 지진이나 화산폭발, 소행성 충돌 같은 어떤 압력이 가해져야 한다는 점인데 이로 인하여 인류가 멸망할 수 있다는 것이다.

극이동 설이 있는데 지구의 맨틀 전체가 며칠 혹은 몇 시간 동안 움직이면서 지축이 이동해 북극과 남극의 위치가 변하게 된다는 주장이다. 이런 극이동이 지구 전체에 재앙을 몰고 오는데 모든 대륙에서 지진이 일어나고 거대한 쓰나미가 해안을 강타하면서 결국에는 지구에 위기가 닥친다고 한다.

이 내용은 과학적으로 지지를 받고 있는데 1955년 아인슈타인이 최초로 제안했다. 그리고 프린스턴 대학의 최근 연구에서 예전에도 극지방이 이동했다는 사실을 확인했다.

지금의 북극 대륙은 8억 년 전만 해도 태평양 중간에 있었으며 알래스카는 적도 근처에 있었다고 한다. 심지어 극이동이 몇 년에 걸쳐 천천히 진행된다 해도 기상 변화뿐만이 아니라 해수면의 높이가 변하는 상황이 발생한다.

만일 빠르게 이동한다면 지구 전체에 대재앙이 닥치고 많은 생물종이 멸종하게 될 것이다. 그렇다면 과연 지구의 종말 예언은 실제로 일어날 것인가?

지난 2008년 2월 일본 고베대학의 무카이 다다시 교수팀은 천문학 이론과 컴퓨터 시뮬레이션을 통해 태양계 카이퍼 벨트 지역에 10번 째 행성이 존재할 수 있다고 주장했다. 이후 무카이 다다시 교수의 주장에 동의하는 일부 천문학자들은 열 번째 행성의 이름을 10을 나타내는 로마숫자 X를 따서 행성 X라고 명명했다.

그들의 주장에 따르면 행성 X의 지름이 지구의 4배, 질량은 지구의 23배에 달하며 3600년을 주기로 태양을 공전한다는 것이다. 그런데 그들은 행성 X에 대한 더욱더 놀라운 주장을 제기했다. 머지않은 시점에 행성 X가 지구에 근접하거나 지구와 충돌해 엄청난 재앙을 몰고 올 것이라고 주장했다.

실제로 일부 과학자들은 행성 X가 지구에 근접할 경우 지구 자기장에 영향을 끼쳐 지구 자전축을 흔들어놓거나 자기장 교란으로 인한 엄청난 재앙이 발생할 것이라고 주장했다.

대규모의 화산폭발, 대지진, 거대한 폭풍과 홍수는 물론 대륙을 덮칠 정도의 강력한 쓰나미가 발생할 것이며, 기후의 변화로 인해 지구가 사막으로 변하거나 지구가 얼어붙는 엄청난 자연재앙이 발생할 것이라고 경고했다.

또한 일부 천문학자들은 행성 X가 지구에 근접해 태양의 황도를 통과할 때 태양의 흑점들이 불규칙한 형태로 모이게 되고 지구의 20배 이상으로 확대되어 폭발할 것이라고 예측했다. 이후 태양 흑점들은 수십 번에 걸쳐 대폭발하게 되며 지구는 대량의 방사능과 자외선에 노출된다는 것이다.

기원전 6세기에 로마제국 주술사 시빌레의 몸에 아폴로 신이 들어오면 그녀는 반 최면 상태가 되면서 예언하기 시작하였다. 그중에는 800년의 시간이 9번 지난 후 10번째가 시작되는 2000년경에 지구에 종말이 다가온다고 말했다.

많은 도시가 바다로 떨어지고 각 처에서 전쟁이 일어나고 하늘에서 불이 떨어진다. 지진으로 수많은 도시가 불타고 쓰나미가 발생하며 검은 재가 하늘을 덮으니 신들의 분노를 깨닫게 되리라.

시빌레는 700년 후 한니발의 이탈리아 침략과 패배까지 예측하여 맞추었고 800년이나 일찍 콘스탄티누스 황제의 탄생을 그 이름까지 정확히 예언했다 한다.

위의 예언이 맞은 것도 있고, 비켜간 것도 있으며 아직 진행 중인 예언도 있는데 인류 최후의 날이 언제든지 올 수 있기 때문에 비켜간 예언으로 인하여 모든 예언을 부정하지 말고 항상 준비하고 살아야 공포와 두려움에서 벗어날 수 있다.

2012년 12월 21일 지구 종말의 예언이 비켜간 것은 하늘과 땅 그리고 자미국의 두 저자 덕분인데 세계 인류가 이런 진실을 인정하고 알아주는 것은 어려울 것이라고 본다. 2012년 12월 21일 지구 멸망의 예언은 두 저자에 의해서 비켜간 것일 뿐 아직 또 다른 종말의 예언은 계속 진행 중에 있다.

이 나라의 국민들이 알아주든 말든 두 저자는 대재앙이 대한민국 곳곳에서 일어나는 것을 최대한 막아낼 준비는 되어 있지만 대재앙을 막아내고 막아내지 않고는 두 저자의 고유권한이다.

지구 종말보다 더 무서운 대재앙

인류가 가장 무섭고 두려워하는 것은 극이동과 소행성 충돌로 인해서 지구가 멸망하는 대재앙이다. 세기적인 수많은 예언가들이 인류의 종말을 말한 시점이 2012년 12월 21일과 2013년이다.

지름 500km급 소행성이 지구와 충돌하면 지구 자체가 불바다로 변해서 땅굴을 파고 지하 깊숙이 숨어 있지 않는 한 생존할 사람이 아무도 없다. 생존한다 해도 지상에 먹을 것이 남아 있지 않기에 얼마 못살고 죽는다.

반면 지름 10km 이하의 작은 소행성이 충돌한다면 충돌지점으로부터 400km 이내만 초토화되고 파멸되어 다른 곳은 안전할 수 있지만 이로 인한 피해 규모는 상상을 초월한다.

사람은 길어봐야 100년 남짓한 삶을 살다가 언젠가는 죽기에 몇십 년 일찍 죽는 것이 억울하겠지만 인류 모두가 함께 죽음을 맞이하니 덜 섭섭할 것이다.

그런데 이런 행성 충돌로 인류가 대재앙을 맞아 70억 인구가 몽땅 죽는 것보다 더 무서운 재앙이 있는데 육신이 살아서 진짜 하늘을 만나 죄를 빌지 못하고 죽는 일이 지구 멸망 대재앙보다도 더 무섭고 두려운 일인데 죄의 심각성을 모르고 살아간다.

극이동과 행성 충돌로 인한 지구 멸망의 지진, 화산폭발, 쓰나미, 태풍, 폭우, 혹한, 혹서, 대홍수 등 국지적으로 대재앙이 일어나는 것만 두려워하고 있다.

이미 말했듯이 일찍 죽어봐야 100년 먼저 가는 것뿐이다. 하지만 육신이 죽은 이후의 사후세계는 100년이 아닌 끝없는 사후의 삶이 기다리고 있는데 사후세계는 천상세계, 구천세계, 자손의 육신, 축생계, 지옥세계, 아귀계, 아수라계이다.

대재앙보다 더 두렵고 무서운 것이 살아서 자미국에 들어오지 않아 하늘을 만나지 못하고 죽는 일이다. 인간은 자연사로 죽든, 사고나 질병, 천재지변으로 죽게 되어 있고 죽음의 날짜가 언제인가만 남아 있을 뿐이다.

죽으면 육신만 끝이지 각자들의 몸 안에 있는 영(죽으면 조상귀신)들은 감내하기 어려운 고통의 세월을 살아가야 한다. 지구 종말로 인류가 전멸하는 불행은 일어나지 않고 국지적인 대재앙은 끝없이 전 세계 도처에서 일어난다.

2012년 12월 21일 20시 07분 지구 멸망론을 전했던 주역, 마야달력, 노스트라다무스, 웹봇 컴퓨터 프로그램, 키샤 등이 말한 예언을 저자 인황이 하늘과 땅의 기운으로 막아냈다.

2012년 12월 21일이 아니라 2013년이라고 주장한 러시아의 소년 예언가 보리스카의 종말 예언 역시 막아낼 것이다.

아니 설사 이들이 예언한 내용이 다 맞아서 대재앙이 일어난다 하더라도 자미국이 자리 잡고 있는 서울을 중심으로 한반도에는 인류 멸망이라는 대재앙은 일어나지 않는다. 일본이나 중국 등 주변 국가들이 직격탄을 맞아 어느 정도의 피해는 입을 수 있지만 대재앙의 중심지에서는 비켜간다.

신비의 예언능력을 가진 세기적인 예언자들의 예언이 모두 비켜가게 되는 일이 왜 일어나는지 모두가 궁금할 것인데 그 비밀의 열쇠는 자미국이 가지고 있다.

두 저자가 이 땅에 하늘과 땅의 원과 한을 풀 수 있는 자미국을 세웠기 때문이고 저자가 세기적인 예언가들이 말한 지구 종말 예언을 천지기운으로 모두 막아내고 있기 때문이다.

두 저자가 이 땅에 있기 때문에 대한민국 땅에는 지구 종말에 버금가는 대재앙이 일어난다고 해도 최소한의 피해에 그치게 막아낼 것이다.

하늘의 원과 한이 얼마나 크고 많은지 세상 그 어느 누구도 알지 못한다. 하늘이 상상세계로만 존재할 것이라고 세계 인류가 믿고 있을 테지만 현실로 존재하시는 무소불위의 천지조화를 부리시는 대 능력자이시다.

이 땅에 세워진 자미국(지상 자미천궁)과 두 저자는 전 세계 각 나라와 세계 인류가 지은 죄를 용서 빌어주는 곳이기 때문에 지구 종말에 버금가는 대재앙이 일어나도 두 저자가 있는 대한민국은 재난의 중심에 서 있지 않게 된다.

하지만 이 나라에 살고 있다 하여도 자미국에 들어오지 않아서 하늘과 땅을 만나지 못하는 사람들은 지구에 종말이 오지 않는다하여도 매일같이 각자의 인생과 가정, 기업으로 대재앙이 끊이지 않고 일어나게 될 것이다.

지구가 멸망하는 대재앙만 무서워할 것이 아니라 수시로 각자에게 일어나고 있는 재앙을 피해야 한다. 가장 자주 일어나고 있는 인생의 재앙들은 수없이 많지만 이것을 재앙이라 생각하지 않으며 세상을 살아가고 있다.

심장마비, 심근경색, 중풍, 암, 급살, 자살, 폭행치사, 살해, 실종, 익사, 불로 인한 사망, 단명, 교통사고, 화재, 구속, 기업의 부도와 파산으로 인한 사업실패, 비리폭로, 실직, 이혼, 선거출마 낙선, 다단계 사기 등등이 바로 인생에서 매일같이 일어나는 대재앙들이다.

소행성이 지구와 충돌해서 인류가 전멸하는 것만이 대재앙이 아니라 일상생활에서 일어나고 있는 각자의 재앙부터 먼저 막아내고 살아가야 한다.

지구 종말의 대재앙보다도 더 무서운 것이 자미국에서 하늘을 만나지 못하고 불안 초조 속에 살아가는 사람들이다. 매일같이 독자들의 인생사에 일어나고 있는 재앙은 자신들의 노력과 조심으로 피해 갈 수 있는 것이 아니라 무소불위의 대 능력자이신 하늘의 지킴과 보호를 받아야 한다.

70억 인류뿐만이 아니라 이미 죽은 영가들까지 죄를 빌게 해서 구원하고자 자미국이 세워졌다. 각자의 인생사 아픔과 슬픔, 고통과 불행은 이 땅에 내려오기 전의 전생인 천상 자미천궁에서 하늘께 죄를 지은 대가를 한 치의 오차도 없이 현생에서 받고 있는 것이기에 각자의 노력으로는 해결되지 않는다. 전생의 죄를 빌어서 용서받아야 인생의 재앙이 멈춘다.

육신이 살아있을 때 죄를 빌어서 구원받아야지 육신이 죽어서는 죄를 빌 곳이 없고 빌어도 하늘께서 받아주시지 않는다. 죄를 빌어 사면받지 않고 죽으면 자신의 영적 고향인 천상 자미천궁에 올라갈 수 없고 죄의 경중에 따라서 허공중천을 떠도는 불쌍한 신세가 되고, 지옥세계로 떨어져서 끝이 없는 억겁의 세월 동안 가혹한 형벌을 매일같이 받고 살아가야 한다.

육신이 살아있을 때 하늘과 땅으로부터 하루라도 빨리 용서받고 구원받는 사람들이 가장 큰 행운아이고 현명한 사람들이다. 육신이 죽어서는 인간의 상상을 초월하는 끔찍한 모진 형벌을 수억만 겁 동안 받아야 한다.

지구 종말보다 더 무섭고 두려운 대재앙은 진짜 하늘을 만나 죄를 빌지 못하고 죽는 것이다. 하늘과 땅의 대재앙이 각자의 인생으로 매일같이 내리고 있으니 재앙을 피하고 싶으면 책을 끝까지 다 읽고 예약한 후 방문해야 한다.

인류의 대재앙 예언

두 저자가 이 땅에 태어났기에 나라가 잘 살게 되었다. 두 저자가 미국에서 살면 미국의 토네이도와 허리케인 같은 대재앙은 더 이상 발생하지 않는다.

하늘과 땅이 함께하는 자미국 앞에 줄을 설 것인가? 여러분의 생사가 갈리는 순간이다.

살아서는 물론 죽어 사후세계에 들어가서도 하늘의 존재를 몰라보면 사후세계 자체가 재앙이다. 하늘과 땅, 저자가 전하는 말을 무시하고 부정하는 모두는 인생에서는 물론 죽어 사후세계에 들어가서도 대재앙이 영원히 내린다.

자미국으로 들어오지 못하면 인생으로 무서운 재앙이 내린다. 부부간에 재앙, 단명의 재앙, 질병의 재앙, 금전의 재앙, 권력의 재앙, 벼슬의 재앙, 명예의 재앙, 행복의 재앙, 가족의 재앙, 건강의 재앙, 직장의 재앙이 끊임없이 내린다.

살아서 자미국의 존재를 모르거나 부정해서 하늘이 땅으로 내린 땅의 하늘 자미국에 들어와서 저자가 전하는 뜻을 받들지 못하고 살아가는 자들이 가장 불행하고 불쌍한 자들이다. 저자가 전하는 말은 자신의 고통을 받고 있는 조상님들을 긴급히 구원하는 천상입궁의식을 행하라는 뜻이다.

그리고 천지인 하늘의 뜻을 펼치는 뜻에 동참하라는 뜻이다. 자미국의 존재를 무시하고 몰라보며 부정하고 살아가는 모두는 이제부터 현실로 대재앙이 속속 내려갈 것이다.

주택, 아파트, 건물, 빌딩, 백화점, 공장, 차량에 불이 나는 것은 하늘과 자미국의 존재를 모르고 살고 있기 때문이다. 앞으로는 전국적으로 불이 더 자주 일어날 것이다.

전 세계에서 일어나고 있는 대형 산불과 토네이도, 허리케인, 지진, 해일, 폭우, 폭설, 가뭄, 홍수와 불치병, 괴질, 신종플루, 사스, 슈퍼박테리아, 광우병, 심장마비, 심근경색, 단명, 자살, 교통사고 사망, 뇌경색, 중풍, 암과 각종 질병, 살해, 실종, 납치, 구속, 사업부진, 기업부도는 인류가 하늘과 자미국을 몰라보고 살아가기 때문에 보호받지 못해 재앙이 내려진 것이다.

하늘과 자미국(지상 자미천궁)을 모르고 살면 살아서도 죽어서도 인류와 각자에게 내리는 재앙은 끊이지 않는다. 인류를 구원하고 보호해 주는 유일한 곳이다.

지구 멸망, 천상계획이 바뀌었다

마야인들과 슈퍼컴퓨터, 세계적 예언가들이 2012년 12월 21일 20시 07분 동짓날에 지구가 멸망한다고 예언했다. 그러나 불안하게 만들었던 지구 멸망은 아무런 일도 없이 그냥 지나갔다.

1999년 9월 9일에도 지구가 멸망한다며 기독교 계열의 ○○선교회에서 휴거 소동이 있었는데 신도들이 자신의 전 재산을 팔아서 교회에 헌금했지만 휴거는 일어나지 않았다. 지금도 일부 광신도들은 지구 멸망이 눈앞으로 다가왔다며 식량을 준비하고 삶을 정리하며 종말의 날을 기다리는 사람들이 많이 있다.

저자가 이 땅에 태어나지 않고, 자미국이 대한민국에 세워지지 않았다면 이들의 예언대로 지구 멸망의 그날이 현실로 왔다고 천상에서 말씀해 주시었다.

여러분은 두 저자가 어떤 능력을 갖고 있는지 실감도 못하고 믿어지지도 않을 것이고 자신들이 저자와 이 땅에서 살고 있다는 자체가 얼마나 행운아인지 실감도 못하고 감사함도 전혀 모른 채 공짜 생명으로 세상을 살아가고 있다.

지구가 멸망하여 인류 모두가 죽었어야 했는데 멀쩡히 살아서 기쁨과 행복을 누리며 살고 있지만 누구에게 감사함을 올려야 하는지도 모르고 누구 때문에 지구가 멸망하지 않고 인류가 목숨을 부지하고 살아가고 있는지도 모른다.

천상계획에는 지구 멸망이 예언가들의 말처럼 이미 예고되어 있었다고 한다. 그런데 저자가 이 땅에 태어나고 하늘과 땅이 함께하는 자미국이 세워지면서 천상계획이 바뀌었다고 가르쳐주시었다. 저자 역시 처음 들어보는 하늘의 말씀이니 독자들이야 오죽하겠는가?

구원받을 기회를 조금 더 주시고자 지구 멸망의 시간을 늦추시었다는 말씀이시다. 이 땅에 두 저자가 하늘의 뜻을 세우려고 본격 시작한 것이 13년 전 일이고 자미국(지상 자미천궁)을 세운 지 이제 8년이기 때문에 지구 멸망에 대한 천상계획이 두 저자로 인해서 일정 시간 이후로 늦추어진 것이다.

이를 뒷받침하는 일이 대한민국의 급격한 발전이다. 6 · 25 전쟁의 폐허에서 60년 만에 눈부신 발전을 해온 것이 그 증표이고 근래에 한국의 국격과 위상이 급격히 높아진 것이 증거이다.

저자가 분명히 말할 수 있는 것은 지구 멸망은 저자가 살아있는 한 절대로 일어나지 않지만 전 세계에 천재지변과 대재앙은 끊이지 않고 일어나게 된다.

미국에 토네이도와 허리케인 카트리나와 샌디의 피해는 천문학적이다. 2005년도에 미국 남부를 덮친 초대형 허리케인 카트리나의 피해는 1280억 달러(약 140조)이고, 2012년 10월 30일 대형 허리케인 샌디가 시속 120km의 폭풍우를 동반하고 미국 동북부를 강타했는데 피해액이 55조 원이라고 한다.

미국은 허리케인 샌디로 인하여 동부 지역이 전기시설, 수도시설, 주택이 파손되어 그들이 살아가는 삶 자체가 원시시대로 돌아갔다고 전하면서 많은 주택이 사라졌고 전기와 수도가 없는 암흑천지의 삶으로 변했다고 한다.

대한민국에서도 천재지변으로 전기와 수도가 모두 갑자기 끊어진다면 그 자체가 문명의 대재앙이다. 전기가 완전히 끊어지면 원시시대의 삶으로 돌아간다. 고층아파트, 고층빌딩들은 엘리베이터가 작동되지 않고 수돗물이 공급되지 않아 폐허로 변한다. 지하철, 고속철도, 전기

철도의 운행이 멈추어진다.

미국 동부에서 토네이도가 매년 발생하여 천문학적인 대재앙의 피해를 주고 있다. 마을이 통째로 사라지는 피해가 대부분인데 전 세계 국가 중 미국에서만 토네이도가 발생하여 마을 전체가 사라지고 강력한 허리케인이 상륙하여 천문학적인 재산피해와 인명피해를 피하려면 하늘의 보호를 받아야 한다.

자미국의 두 저자가 미국으로 들어가서 살고 있으면 토네이도와 허리케인이 발생하는 일은 없을 것이고 저자가 일본에 거주하고 있었다면 동북 지방 대지진으로 인한 해일과 원전폭발 피해 역시 일어나지 않았다고 천상에서 말씀하셨다.

저자가 머무는 나라와 그 자리는 하늘과 땅이 보호하시어 대재앙이 내리지 않는 십승지로 바뀌기 때문이다. 지구의 멸망을 막고 이 나라를 풍수해로부터 지켜주고 있으나 아무도 이런 진실을 알아보지 못하고 있다.

특히 전국적으로 산이나 주택, 차량에 불이 많이 나서 인명피해와 재산 피해가 큰 것은 이 모두가 하늘과 자미국의 존재를 무시하며 살아가기 때문이다.

2011년 3월에 일본에서 일어난 지진과 쓰나미로 원전이 폭발하여 막대한 재산피해와 인명피해가 일어나서 그 후유증이 지금까지도 이어지고 있다. 사망자와 실종자가 3만여 명이고 재산피해액이 350조 원인데 원전폭발로 인한 피해액은 포함되지 않은 금액이다.

2004년 12월 26일 인도네시아에서 지진이 발생하여 해일로 30만 명이 목숨을 잃었다. 2008년 5월 14일 중국 쓰촨성에서 발생한 지진으로 8만 명이 사망하고 1천만 명의 이재민이 발생했고 53조 원의 재산피해를 냈다.

대재앙을 막아낸다

수많은 예언가들이 인류를 공포의 도가니 속으로 몰아넣고 있다. 지구의 지난 역사가 소행성의 충돌로 인해 공룡의 멸종과 운석의 잔해들이 세계 각 처에 증거로 남아 있어 입증해 주고 있다.

여러 명의 세기적 예언가들이 말한 지구 종말의 날짜가 다소 틀릴 수는 있으나 어느 날인가 갑자기 지구 종말의 날이 다가왔을 때 최첨단 과학문명을 자랑하는 인간의 능력으로도 소행성의 충돌을 막아낼 방법이 없다.

2013년 이후에 지각 이동으로 지축이 바로 서면 지구 종말이 오고 생존자는 1억 명이라고 미국의 예언가 루스 몽고메리가 말했는데 지금의 70억 세계 인류 가운데 1.43%밖에는 살아남지 못한다는 청천벽력 같은 예언이니 정말 끔찍하다.

하늘의 절대적인 보호를 받지 못한다면 살아남는다는 것은 거의 불가능하다는 말이고 70명 중에서 1명이 살아남는다는 말이니 대한민국에서 살아남을 생존자는 714,285명뿐이다.

일본의 기다노 대승정(승려)이 우주인에게 들었다는 예언 내용에는 일본은 20만 명이 생존하고 한국은 425만 명이 살아남는다고 예언한 바 있다. 세계의 수많은 예언가들의 말을 종합해 보면 인류 멸망은 분명 오기는 올 모양인데 이제는 어찌해서 살아남을 것인가 방법을 찾는 것이 가장 시급한 문제이다.

대재앙으로부터 가장 안전한 곳이 하늘의 보호를 받을 수 있는 자미국인데 1차 보호 대상이 천인합체의식을 행한 천인들이고 2차 대상은 천상입궁의식을 행하여 자신의 조상님들을 구원하여 백성의 신분으로 태어난 사람들이다.

천인들의 몸 자체가 대재앙으로부터 보호받을 수 있는 십승지인데 대재앙이 발생할 때 구원받을 행운의 대상자에 들어갈 것이냐 그것이 문제이다. 소행성이 지구와 충돌하는 것을 막아내어 인류를 보호하고 구원할 수 있는 지구상 유일한 자는 하늘과 땅이 함께하는 두 저자뿐이다. 끔찍한 지구 종말의 대재앙을 막아낼 수 있는 인류의 희망이자 보호막이다.

지구 종말을 막기 위해서는 인류의 첨단 과학문명도 소용없고 우주 천체의 운행을 주관하시는 대단하신 하늘께 소행성의 충돌을 막아주시라고 두 저자를 통하여 세계 200여 나라 대통령들과 대기업 총수들이 천제를 통해서 말씀 올리는 것이 가장 현명한 방법이라는 진실을 세상에 전한다.

이런 연유로 해서 이 나라와 세계 인류가 태초의 하늘 태상천존 자미천황님과 자미황후님을 인류의 구심점으로 받들어 옹립해드리고 하늘과 자미국을 왜 세계의 중심국가로 세워야 하고, 추대하여야 하는지 이해할 수 있으리라 본다.

꿈만 같고 상상을 초월하는 일이기에 저자의 말을 액면 그대로 믿기가 쉽지는 않을 줄 안다. 자미국의 존재! 하늘을 대신하는 곳이고 인류의 멸망을 막아내고 인류의 생사여탈권을 행사하는 세상 그 어디에서도 찾아볼 수 없는 곳이다.

자미국을 통하여 천재지변과 대재앙으로부터 국가를 보호하는 의식을 올리지 않는 세계 각 나라는 국지적인 소행성의 충돌, 지진, 해일, 화산폭발, 허리케인, 토네이도, 홍수, 가뭄, 폭우, 폭설, 괴질로 대재앙을 피할 길이 없을 것이다.

세계 각 나라는 하늘과 땅으로부터 국가의 안위를 보호받고 지키려면 세계 각 나라의 대통령들이 차례대로 속히 찾아와서 저자를 알현해야 자신들의 나라가 보호받을 길이 열린다. 대한민국의 대통령부터 진정으로 나라와 국민을 천재지변과 대재앙으로부터 보호받게 하고 나라의 경제를 하루빨리 살리려면 가장 먼저 들어와서 하늘과 땅에 정성을 다해 예를 올려야 한다.

이 나라와 국민들이 잘사는 길은 대통령이 정치를 잘해서 되는 것이 아니라 하늘과 땅에 예를 올려서 도움을 받아야지 대통령의 능력으로는 불가능하다.

5년 전에 국민들 다수가 기대했고 경제대통령을 자처했던 현직 대통령의 발자취를 보면 된다. 최선을 다해서 국정을 운영해 왔지만 결과는 어떠한가? 고위 측근들이 줄줄이 구속되고 형제가 구속되는 불행이 일어났다.

이 나라만 국정운영을 잘한다고 해서 나라 경제가 좋아지는 것은 결코 아니다. 대통령의 막강한 권력으로도 나라 경제를 조기에 회복시킬 수는 없다.

세계 경제를 움직여야 이 나라의 경제가 함께 회복될 수 있는 것인데 그 역할을 해주시는 분이 하늘과 땅이시고 두 저자이다. 대통령은 저자의 말을 믿지 못해서 국민들 고생시키며 세월 낭비하지 말고 하루라도 빨리 하늘과 땅의 위대하심을 인정하고 두 저자를 알현해야 나라의 살길이 열린다.

하늘의 뜻을 대행하는 몸이기에 글로 쓰거나 말하고 생각하는 것 모두가 현실로 이루어지는 신비조화 능력이 있다. 인류의 생사여탈권은 하늘에서 좌우하고 있다. 세계 각 나라 정상들과 대기업들은 반드시 자미국(지상 자미천궁)에 들어와야 천재지변과 대재앙으로부터 보호받을 수 있다.

인플루엔자 H1N1형 5,000만 명 사망

미국을 휩쓴 인플루엔자가 국내에 상륙했다. 2013년 1월 17일 인플루엔자 유행주의보가 발령됐다. 중국도 인플루엔자 환자가 점차 늘고 있으며 세계 각국이 인플루엔자에 긴장하는 것은 단순한 독감이 아니기 때문이다.

세계보건기구(WHO)에 따르면, 매년 300만~500만 명이 인플루엔자 바이러스에 감염되고 이 중 25만~50만 명이 사망한다. 미국은 해마다 2만 6,000~5만 명이 인플루엔자 때문에 사망한다. 우리나라도 인플루엔자의 직간접적인 영향으로 매년 2,000명이 목숨을 잃는 것으로 추산되고 있다.

인플루엔자를 독감으로 부르며 감기와 비슷한 병으로 오해하고 있는데 감기와 인플루엔자는 원인, 증상, 치료법이 다른 질환이다. 감기는 라이노, 아데노, 코로나 바이러스 등 100여 가지 바이러스가 원인으로 밝혀지고 있다.

콧물, 재채기, 코 막힘 같은 증상이 나타나고 대체로 저절로 낫는데 인플루엔자의 원인은 바이러스다. 바이러스 종류는 크게 A, B, C형 세 가지이고 이 중 인체에 영향을 미치는 것은 A, B형이며 B형은 한 가지만 있다.

A형은 바이러스 표면에 있는 단백질의 조합에 따라 다양한데, 주로 H1N1형과 H3N2형 두 가지가 인플루엔자를 일으키고 걸리면 급성으로 38도 이상의 고열이 나타나고 근육통, 오한, 두통 같은 전신 증상이 동반된다.

인플루엔자 바이러스가 전파되는 경로는 A형은 야생조류가 수많은 인플루엔자 바이러스를 몸에 지니고 있기 때문이다. 하지만 바이러스와 공생하기 때문에 사람처럼 감염 증상이 나타나지 않는다. 조류의 배설물 등으로 시작되는 인플루엔자 바이러스는 가금류(닭 · 오리), 돼지 같은 중간숙주를 경유하거나 사람에게 직접 전파한다. 조류를 없애지 않는 이상 인간은 인플루엔자에서 벗어날 수 없다. B형은 사람 간에 전파된다.

국가별로 인플루엔자 바이러스가 유행하는 종류가 다르며 현재 미국에서 유행하는 인플루엔자 바이러스는 H3N2이고 우리나라에는 주로 H1N1이 유행한다. H1N1과 H3N2의 비율이 6대 4 정도이며 인플루엔자 바이러스의 위험성은 H3N2형>B형>H1N1형 순으로 미국이 인플루엔자로 시끄러운 것은 예년보다 이른 지난해 12월에 유행하면서 환자가 폭발적으로 늘었기 때문이다.

미국은 이제 인플루엔자가 한풀 꺾일 시점이다. 우리는 미국보다 왕래가 활발한 중국, 일본 등 주변 국가의 인플루엔자 영향에 더 신경을 써야 하는데 특히 중국은 지난해보다 빨리 유행이 시작돼 정점을 향해 달려가고 있다.

중국에서 유행하는 바이러스도 H3N2형이다. 인플루엔자는 전파 속도에 따라 계절 인플루엔자와 대유행(Pandemic) 인플루엔자로 나뉘고 우리는 인플루엔자 바이러스에 1년 내내 노출되어 있다. 특히 기온이 낮고 건조한 겨울철에 바이러스의 활동이 활발해진다. 계절 인플루엔자는 우리나라처럼 온대지방에 있는 미국, 일본, 유럽, 호주, 뉴질랜드 등의 국가에서 겨울에 유행한다.

스페인 대유행 땐 재앙 수준인 5,000만 명이 사망했다. 이때 유행한 바이러스는 H1N1형이고 대유행 인플루엔자는 계절에 상관없이 발생한다. 2009년 신종 인플루엔자(H1N1형 돌연변이)가 그랬고 국내에서는 4~6

월 유행했다.

인플루엔자의 심각성은 고위험군에 속하는 소아, 임신부, 암환자, 만성질환(심장 · 폐 · 신장 · 간 등)이 있는 사람이다. 폐렴 같은 합병증을 부르고 기존 병을 악화시켜 생명을 앗아간다.

기존 만성질환이 악화돼 생명을 위협하며 심장혈관이 좁아진 협심증이 있는 사람은 피떡(혈전)으로 막히는 심근경색증으로 발전하며 뇌혈관 질환이 있으면 뇌졸중이 나타나고, 콩팥 질환이 있으면 쇼크가 발생해 위험하다.

뇌염, 심장근육염, 패혈증 쇼크도 부른다. 인플루엔자 바이러스는 기침과 재채기를 할 때 공기 중에 퍼져 1~2m 이내에 있는 사람의 호흡기로 감염되고 인플루엔자에 걸려 38도 이상의 고열이 시작되면 생명이 위험하다.

2013년 2월 3일. 일본에서는 인플루엔자가 맹위를 떨치고 있어 비상이 걸렸다. 1주일 사이에 인플루엔자 감염 증세를 보여 병원을 찾은 사람들이 214만 명에 이르렀다.

인플루엔자가 대유행하고 있는데 확산 속도가 너무 빨라 먼저 주에 비해서 환자 수가 1.6배나 늘었다고 한다. 지난 2009년과 2010년 겨울철에 신형 인플루엔자가 대유행하면서 감염 환자 중 약 200명이 숨져서 공포와 불안에 떨고 있다.

2부

우리의 미래

인류에게 내리는 명 · 너와 내가 함께하는 세상
하늘과 땅에 대한 감사함 · 자미국과 조상님들이 바라는 미래
나라의 국운을 바꾸려면 · 북한 무력도발의 실체
세계 최고 부자와 부자나라 · 대한민국의 미래에 대한 예언
이상적인 입헌군주제와 내각책임제
15년 전에 혼령과 나눈 천기누설 · 인류 최초의 유불선 통합
인생의 천지개벽 조화 · 생사를 좌우하는 기운

인류에게 내리는 명

천지만생만물을 창조하신 절대자 하늘이 실제로 존재하시고 그 위대하신 하늘 태상천존 자미천황님께서 공식적으로 자미국의 저자에게 인황과 지황이란 높디높은 관명을 인류 최초로 하사하여 주시었는데 무엇 때문에 하찮은 인간육신을 가진 저자에게 천지가 진동할 수 있는 어마어마한 천명을 내려주시었을까?

인황이란 인간의 대표이고 인류의 대표인데 그 이외에 더 많은 뜻이 포함되어 있다. 한문으로 人皇(인황)이라 하면 인간의 황제, 인류의 황제가 되는데 이런 한정적인 표기를 못 하게 하시기 때문에 한문 명함을 사용하지 않는다. 아주 광범위한 뜻이 인황이란 관명 속에 들어 있다고 하신다. 인류 모두를 심판해야 하는 법황의 역할도 포함되어 있고 그러니까 인간육신들이 행하고 있는 모든 분야의 황제란 뜻이 광범위하게 포함되어 있다.

지황은 땅(지구)의 주인임을 상징할 수 있는 상상초월의 관명을 하사하여 주시었는데 여기에도 땅의 주인 이외에 조상님을 포함한 더 많은 뜻이 내포되어 있어 한문으로 地皇(지황)이란 표기를 절대로 하지 말라고 하신다. 한문으로 표기하면 지황은 땅의 황제라는 한정적인 좁은 의미가 된다고 하시면서 가르쳐주시었다.

인류는 땅이 없으면 발을 디디며 집 짓고 살 수 없고 땅의 기운을 받고 생장하는 나무(목재), 벼, 과실수, 채소와 땅속에서 채굴되는 물, 석유, 가스, 석탄, 다이아몬드, 금, 은, 동, 철, 우라늄, 알루미늄 등 모든 지상자원과 지하광물자원의 주인이 지황이니 인류 모두가 자미국에 감사함의 지공과 천공을 수시로 올려야 할 것이다. 자미국과 대한민국은 이런 어마어마한 진실을 인류에게 널리 알려서 세계 각 나라로부터 천공과 지공을 받아내야 한다.

자발적으로 내야 함이 근본도리이나 진정으로 감사함을 알지 못하면 강제로 징수하는 방법밖에 없을 것인데 그것이 인류에게는 재앙으로 나타난다. 어쨌든 하늘과 땅의 원과 한을 자미국을 통해서 인류에게 풀 수 있도록 해드려야 하고 하늘을 무시한 죄를 심판해서 구원도 해야 하는 할 일이 많은 곳이다.

땅도 쉬어야 하는 때가 있기에 하늘의 대행자 인황이 자미국에서 천상지상 천지신명공사 공무집행을 하지 않을 때는 지황이라 쓰라고 관명을 내려주시었지만 하늘의 큰 뜻을 어찌 다 알겠는가? 저자 혼자만의 부귀영화를 누리라고 내려주신 것일까? 작은 의미에서는 아마 그럴 수도 있을 것이다.

하지만 하늘의 더 크신 뜻은 인황이 내리는 명을 인류 모두가 받들어 자신들이 하늘을 무시한 죄를 짓고 있는 줄도 모르고 나 잘났다며 하늘이 내려주신 은혜도 모르는 사람들에게 죄를 빌어 용서받아 현생과 내생을 보호받게 함일 것이다.

왜 인황이 내리는 명을 인류가 받들어야 하는 것일까? 하늘께서는 인류 모두에게 어떤 뜻을 전해 주시어도 각자 나름대로 자기들 유리하게 해석하여 진정한 하늘의 말씀을 알아듣을 수 없기에 위대하신 하늘께서 인황으로 하여금 인류에게 하늘의 뜻을 강력하게 전달하도록 명을 내리게 하시는 것 같다.

만생만물을 창조한 대단하신 태초의 하늘 태상천존 자미천황님을 대신하는 하늘의 대행자 인황이 만 세상의 인류에게 내리는 명은 이 나라 국민들과 세계 인류 모두는 이유 불문, 지위고하를 막론하고 모두 즉시 받들어야 도리이다!

하늘을 대신해서 인류에게 명을 내릴 수 있도록 인황이란 관명을 최초로 내려주신 것이다. 하늘은 영으로 존재하고 계시기에 인간들의 눈과 귀에 보이지도 않고 들리지도 않기에 하늘의 말씀을 제대로 알아들을 수 없어서 인간육신을 가진 하늘의 대행자 인황으로 하여금 인류 모두에게 명을 내리게 하시는 것 같다. 각자가 자미국에 들어와서 하늘께 간절하게 빌어야 할 죄목들이다.

하늘을 무시한 죄!
하늘을 부정한 죄!
하늘을 몰라본 죄!
하늘을 배신한 죄!
하늘을 역천한 죄!
하늘을 원망한 죄!
하늘을 찾지 않은 죄!
하늘의 은혜를 몰라본 죄!
하늘을 바꾼 환부역조의 죄!
하늘이 주신 감사함을 몰라본 죄!
종교를 믿어 하늘의 가슴을 후벼 판 죄!
가짜 하늘을 믿어 진짜 하늘을 능멸한 죄!

조상님을 탓한 죄!
조상님을 원망한 죄!
조상님을 무시한 죄!
조상님을 팔아먹은 죄!
조상님을 구하지 않은 죄!
나라조상님을 무시하고 찾지 않은 죄!

시조조상님을 찾지 않고 구하지 않은 죄!

조상님을 사탄마귀, 악귀잡귀라 매도한 죄!

자신들이 지금 누리고 있는 이 세상의 모든 소중한 것은 하늘이 소리 없이 주신 것이었는데 모든 인간들이 하늘에 감사함은 올릴 줄 모르고 각자 자신이 열심히 노력해서 이룬 것으로 착각하며 살아가고 있기에 하늘께서 마음 아파하신다.

인간, 조상, 영. 신, 돈, 땅, 재물, 권력, 명예, 건강, 행복, 기쁨, 불로수명장생, 부귀영화 모두가 자미천황님과 자미황후님의 소유이신데 주위 사람(귀인)들을 통해서 각자에게 주신 위대한 크나크신 사랑이었는데 세상 그 어느 누구도 몰라보았다. 인류의 생사여탈권, 생로병사, 길흉화복, 탄생과 죽음에 대한 모든 천상지상공무를 자미천황님과 자미황후님께서 주재하신다.

이렇게 하늘이 주신 큰 사랑을 몰라보고 세상에서 내가 최고라고 자랑하며 자만, 교만, 거만을 떨고 살아가는 것이 인류의 현재 모습인데 이 책을 읽어보고도 무시하며 외면하고 하늘께 받은 큰 사랑에 감사함을 올리지 않고 살아가는 사람들은 이제까지 누리던 온갖 부귀영화가 풀잎에 맺힌 이슬처럼 사라질 수 있다.

하늘은 바보가 아니시고 인류 모두의 일거수일투족을 실시간으로 감찰하시는 대 능력자이시다. 이제까지 하늘의 진실을 전해 주는 사감과 하늘의 대행자 인황이 전해 주지 않았기에 몰라서 감사함을 올리지 않은 사람들은 정상 참작이 된다.

하지만 이 글을 읽어보고도 진실을 무시하고 부정한다면 자신들이 지금까지 누리며 가지고 있던 모든 부귀영화, 부귀공명, 목숨, 권력, 재물, 직장, 건강, 가족, 기업, 벼슬, 감투, 기쁨, 행복을 잃어버리고 어느 날 갑자기 몰락할 수도 있다.

무슨 능력으로 뒤집겠느냐며 비아냥거릴 사람들도 있을 줄 안다. 정상적인 사람들이라면 이와 같은 생각을 가지고 있을 것이다. 백문이 불여일견이고, 백견이 불여일행이라 했다. 즉, 백 번 듣는 것이 한 번 보는 것만 못하고, 백 번 보는 것보다 한 번 행하는 것만 못하다,라는 한국과 중국의 속담이 있다.

그러므로 저자가 전하는 말이 맞는지 틀린지는 각자가 직접 인생으로 체험해 보면 알게 될 것이다. 독자들과 거리가 떨어져 있기에 모습이나 마음, 말하는 것을 직접적으로는 저자가 보고 들을 수는 없지만 이 내용을 무시하고 부정하면 자신과 가족의 몸 상태에 이변이 생길 것이고 건강, 가정, 직장, 기업, 재물, 권력, 명예에 상상을 초월하는 불행이 일어날 수 있다.

하늘이 내려주신 무소불위의 천지기운은 시공간의 거리개념이 없는데 독자들이 국내는 물론 외국에 나가서 책을 읽어도 천지가 진동할 정도의 이변이 속출한다.

천지기운은 잘 받으면 가장 행복한 하늘의 기운이고 무시하거나 거부하면 인생의 문을 닫아야 할 정도로 무서운 불행이 일어나는 양면의 기운을 가지고 있다. 저자에게는 천지기운을 운행할 수 있는 어떤 능력을 내려주시었다.

이런 대단한 무소불위의 능력 또한 하늘이 주시었으니 하늘이 소유권자이시고 인류의 구심점인 자미국 지상 자미천궁, 나의 집, 나의 재물, 나의 가족, 나의 기쁨과 행복, 나의 마음, 나에게 내려주신 하늘의 대행자 인황과 지황이란 관명도 하늘이 내려주신 것이니 실제 소유권자 역시 대단하신 하늘이시다.

그러기에 하늘이 내려주신 인황의 명을 무시하는 것은 대단하고 고귀하게 쓸 곳이 있어서 저자에게 내려주신 하늘의 명을 독자들의 눈높이 수준으로 하찮게 생각하고 모독하는 것이 되기에 즉시즉시 어떤 이변을 일어나게 해서 하늘이 실제로 살아계신다는 것을 여러분 인생의 삶을 통해서 현실로 보여주실 것이다.

하늘께서 인황과 지황이라는 인류 최초의 어마어마한 관명을 저자에게 내려주심은 이 나라 이 땅에서 살아가고 있는 국민들 모두에게 내려주신 행운의 선물이다. 저자에게 크나큰 관명을 공식적으로 내려주심은 하늘의 엄청난 큰 사랑과 큰 뜻이 들어 있다는 것을 이 나라와 국민들 모두가 알아야 한다.

하늘이 내려주신 관명 속에 이 나라 국운에 대한 천지개벽의 황명이 들어 있는데 그것이 인류의 구심점 즉, 세계의 중심국가로 우뚝 부상하여 수천 년의 세월 동안 주변의 강대국들로부터 주권을 잃고 서럽게 지배당하고 살던 약소국가의 비참한 신분에서 반대로 세계를 지배통치하고 호령하며 조공을 받을 수 있는 종주국가, 지도국가, 영도국가, 지배국가로서 신분과 위상을 떨치라고 인황과 지황이란 관명을 내려주신 뜻이 포함되어 있다.

세계를 총칼 없이 굴복시키고 다스릴 수 있는 기운은 하늘과 땅의 무소불위한 천지기운이다. 이 나라에 강력한 구심점이 없기에 저자에게 인황과 지황이란 관명을 내려주시어 대한민국 정부와 국민들이 하늘과 자미국, 인황(지황), 사감을 구심점으로 뭉쳐서 민족의 원과 한을 풀라고 능력을 주신 것이다.

이 나라 정부와 모든 국민들은 저자에게 인황과 지황이란 관명을 내려주심에 살아서는 물론 죽어서도 영원히 하늘께 감사함을 올려야 한다. 인황과 지황으로 관명을 하사하여 주심은 하늘의 기운을 이 나라와 이 나라 국민들에게 내려주시겠다는 뜻이다. 다시 말하면 인황과 지황을 통해서 이 나라 정부와 국민들이 원하고 바라는 모든 소원을 하늘이 들어주실 마음이 있으시다는 뜻이다.

신흥종교를 세우려고 내려주신 관명이 아니다. 그래서 영적으로는 태초의 하늘이신 태상천존 자미천황님과 자미황후님을 이 나라 민족과 인류의 구심점으로 세워드리고 육신적으로는 인황(지황)과 사감을 이 나라와 인류의 중심으로 청와대 터에 세워야 대 능력을 가지신 하늘과 땅이 이 나라와 국민들이 원하는 커다란 뜻을 속속 이루게 해주시어 근심 걱정 없이 전 세계에서 가장 잘사는 경제대국, 군사대국, 영토대국의 꿈을 이룰 수 있다.

국민들은 하늘과 땅이 내리는 명을 받들어서 민족과 인류의 구심점을 청와대 터에 세우고 자신의 조상님을 구하는 천상입궁의식을 행하고 자신의 신과 영을 구하는 천인합체의식을 행하여 죄를 용서받아야 현생과 내생을 보호받을 수 있다.

하늘은 바보가 아니시다. 저자 하나의 인간을 잘살게 해주시는 것이 아니라 이 나라 전체를 잘살게 해서 천손의 자손(하늘의 아들딸)으로 세워주시려는 것이다. 대단하게 살아가야 할 하늘의 자손들이 국력이 없어서 오랜 세월 지배당하며 외세의 간섭이나 받고 살아가고 있으니 얼마나 기가 막힌 일인가?

대단한 능력과 대단한 힘을 갖고 계신 분은 하늘이신데 이 나라와 국민들이 철저히 무시하고 몰라보았기에 전혀 도와달라고 청하지도 않았다. 하늘의 대단한 천력(하늘의 힘)을 빌려야만 세계를 호령하며 위풍당당하게 이 나라가 발전할 수 있고, 세계 최고의 강대국으로 부상할 수 있으니 대통령과 정치인, 각료, 국민들은 하늘의 대행자 인황의 말을 믿고 따라주기 바란다.

종교인들이 수천 년 동안 너무 설쳐대며 하늘의 진실을 잘못 전해서 하늘을 사이비 가짜 하늘로 만들었다. 가짜 하늘이 너무나 많이 판치다 보니 자미국에서 전하는 하늘도 가짜 하늘과 다 똑같은 하늘인 줄 알고 무시하고 있다. 책을 읽는 독자들이 색다른 신흥종교의 연장 선상으로 생각하고 있는 듯하다.

하늘의 대행자 인황이 분명히 말하는데 이 책의 내용을 무시하고 부정하며 자미국을 찾아오지 않는 사람들은 지금과 정반대의 지옥 같은 인생으로 급변하는 불행한 사태가 일어날 것이니 명심하기 바란다. 자신들이 누리고 있는 부귀영화와 부귀공명 모두를 하늘이 주신 것이라고 밝혔는데도 불구하고 인정하지 않는다면 내려주신 하늘이 다시 거두어 들이실 수밖에 없을 것이다.

과연 하늘이 내려주신 것인지, 자신들이 노력해서 이룬 성공과 출세인지 현실의 삶으로 보여줄 수밖에 없다. 그러나 하늘과 대적해서 이길 수 있다고 생각하는 사람도 많이 있을 것이지만 인류는 물론 천지만생 만물 모두가 하늘을 이겨낼 자는 없다. 지금까지 하늘이 인간들의 눈과 귀에 보이지 않고 들리지 않는다고 오랜 세월 무시하며 살아왔을 것인데 직접 체험해 보라.

하늘과 자미국을 이 나라와 인류의 중심으로 세우지 못하는 것은 보이지 않는다고 하늘을 무시하고 부정하는 죄를 짓는 것이고 대통령과 정치인, 국민들 모두가 천재일우(천 년에 한 번 만날 기회)의 기회를 놓치는 불운을 맞는 일이다.

이 나라와 국민들이 청와대 자리에 하늘과 자미국을 세우는 데 동참한다면 전 세계에서 가장 잘사는 부강한 나라로 만들어 지배당하는 슬픈 민족에서 벗어나 세계를 지배통치하고 호령하며 위풍당당한 천손민족으로 살아갈 수 있다.

확실하게 말할 수 있는 것은 하늘과 자미국의 뜻을 따르지 않는다면 언젠가는 대통령과 국민들 모두가 재앙을 겪고 나서 굴복하게 되어 있다. 현실로 상상을 초월하는 사태가 일어날 것인데 북한의 국지적인 대규모 무력도발과 전면적인 남침 또는 천재지변의 대재앙일지는 지켜봐야 한다.

하늘과 자미국의 뜻에 무조건 굴복할 수밖에 없는 경악할 일들이 줄줄이 터지게 될 것인데 아마도 정신 못 차리고 대통령이나 그 어느 누구도 수습하지 못할 정도의 사건사고와 대재앙이 일어나서 국민들의 피해가 막대할 것 같다.

인류 최초로 하늘과 땅이 하늘의 대행자 인황을 통하여 천지대업을 이루시겠다고 선포하시는데 청와대 터에 세계를 지배통치할 민족과 인류의 구심점인 자미국을 세우지 않는다면 하늘과 땅의 진노를 어찌 인력으로 감당하고 막아낼 것인가?

이 세상 어느 누가 진짜 하늘 태상천존 자미천황님의 말씀을 들을 수 있고 뜻을 알 수 있겠는가? 태초의 하늘께서 건국 이후 이 나라에 주신 가장 큰 선물인 자미국을 알려주어도 대통령과 국민들이 불신해서 받지 못한다면 정말 불행한 일이다. 이 나라는 물론 세기적인 예언가들이 대한민국의 미래를 예언해 놓아서 큰 관심사가 되고 있는데 그들이 말한 곳이 자미국이다.

하늘과 땅이 함께하고 너와 내가 함께하는 자미국이 청와대 터에 세워지면 수천 년 전에 비기로 전해지는 예언들과 최근에 세기적인 예언가들이 말한 내용들이 현실이 된다.

오래전에 도인, 이인, 기인들이 나라의 미래를 예언해 놓은 당사자는 인간이었겠지만 그들 육신의 머리와 입과 손을 통해서 예언을 남기신 분들은 이 시대에 자미국을 세계 최고로 세우시려고 저자와 함께하시는 자미인황님과 어마어마한 천지대업의 뜻에 합의 동참하시는 분들은 여러분의 각 성씨 시조조상님들과 72위 나라조상님들과 역대 제왕님들이 시다.

세계의 중심이 되라고 하늘이 내려주신 하늘의 대행자 인황과 지황을 이 나라 정부와 국민들이 몰라보고 인정하지 않고 어떻게 활용해야 하는지도 모른다면 그것은 하늘을 무시하고 인황의 명을 무시하는 정말 돌이킬 수 없는 일이 될 것이다.

모든 물건에는 임자가 따로 있다고 했듯이 청와대 터의 임자 역시 따로 있었다. 자신들의 터가 아니었기에 100년의 세월을 통해서 일본 총독 8명과 전직 대통령들의 불행을 통해서 생생하게 보여준 것이었다. 남의 터에 무단침입해서 들어가 살고 있으니 그 원성과 기운을 인간들이 어찌 감당해 내겠는가?

진짜 청와대 터의 임자는 천지를 창조하신 하늘, 땅(지구), 신, 자미인황님, 72위 나라조상님, 역대 제왕님, 각 성씨 시조조상님, 자미국, 인황(지황), 사감이다. 하지만 수많은 세월이 흘러갔고 하늘과 땅의 진실을 전해 주어도 대통령과 국민들이 쉽게 인정하고 받아들이기 힘든 일인 줄은 알지만 뜻에 따라야 한다.

그렇다고 공짜로 인류의 구심점인 자미국 터를 그냥 달라는 것은 아니다. 청와대 땅값의 수십 수백 수천수만 배에 달하는 값어치를 벌어서 돌려주게 될 것이다. 하늘과 자미국을 청와대 터에 인류의 구심점으로 세우는 일은 전 세계가 경천동지할 일이고 이미 영적으로 지배통치가 시작된 것이다.

이제까지의 약소국가가 어찌 거대한 초강대국들을 굴복시키겠는가? 그것은 우리 인간들의 영역이 아니라 하늘과 땅이 천지기운으로 해내실 일들이다. 우리 인간들이 못하는 것을 하늘과 땅, 천지신명님, 나라조상님들은 해내실 수가 있다.

이 대단하신 분들은 사람의 마음을 감동으로 움직여 굴복시키는 신비한 기운과 재주가 있으시다. 그러기에 전 세계를 강압적으로 굴복시키는 것이 아니라 그들 나라 스스로가 신이 나서 즐거운 마음으로 하늘과 자미국에 굴복하게 된다. 하지만 때로는 너무나 무섭고 두렵게 해서 굴복시키는 경우도 있다.

다시 말하자면 착하고 선한 사람들은 즐거운 마음과 인간의 근본도리로 굴복하게 하시고, 악하고 나쁜 사람들은 인생의 대재앙을 내리시어 무서움과 두려움을 주어서 굴복시키실 것인데 사람들의 눈높이에 맞도록 천지기운을 내리실 것이다.

즉, 지금 각자가 누리고 있는 모든 것을 지키며 살고 싶으면 이 책을 다 읽고 하루빨리 자미국에 들어오고, 모든 것을 차례대로 잃어버리고 몰락한 인생을 살고 싶으면 살아서는 물론 죽어서도 영원히 무시하고 부정하며 살아가면 된다.

자미국을 하루라도 늦게 찾아오면 그만큼 손해이고 살아서 생사여탈권을 행사하시는 하늘을 만나지 못하고 죽는 사람들도 부지기수일 것이다. 이런 어마어마한 하늘과 땅의 진실에 대하여 책을 통해서 알게 된 자체가 인생의 행운아이다.

청와대 터에 인류의 구심점인 하늘과 자미국을 세우는 일은 천지가 진동하고 대한민국의 국운이 송두리째 바뀌는 천지개벽할 일이다. 세계를 뒤흔들고 지배통치할 위풍당당한 국가로 급부상하는 천재일우의 기회가 되어 줄 것이다.

나라의 대통령이 제아무리 뛰어난 머리와 능력을 가졌다 할지라도 무소불위하신 하늘과 땅, 천지신명님, 나라조상님, 자미국, 두 저자의 대능력을 능가할 수 없으니 이제는 정치지도자들이 의론 공론하여서 빠른 시일 내에 용단을 내려야 한다.

하늘과 땅에 대한 감사함

하늘, 땅, 바다에 대한 세계 각 나라의 영유권 주장 분쟁이 무력 마찰로까지 번질 조짐이다. 중국과 일본, 한국과 일본, 영국과 아르헨티나, 이스라엘과 팔레스타인, 중국과 55개 소수민족 등이 분쟁의 핵으로 떠오르고 있다.

구소련 소비에트연방이 15개 나라로 해체되었고 이제 중국이 그 뒤를 이어 중화인민공화국인 중국의 55개 소수민족이 분리 독립을 강력하게 추진할 것이다. 이를 계기로 동북삼성의 고구려 땅이 대한민국에 흡수될 수 있다.

자기 나라의 하늘을 영공, 바다를 영해, 땅을 영토라고 하는데 영해와 영토에 대한 분쟁이 끊이지 않는다. 3천여 개의 소수민족들이 무력으로 강제 점령당해서 현재의 200여 개 국가 형태가 되었는데 분리 독립은 끝없이 이어질 것이다.

세계 각 나라가 자기네 하늘, 땅, 바다라고 주장하는 영유권의 실제 주인은 천지만생만물을 태초로 창조하신 하늘 태상천존 자미천황님이시고 이에 대한 소유권의 권리를 주장할 수 있는 존재가 이 땅에 없었는데 자미국이 세워지고부터 실소유권자에 대한 진실을 전 세계에 알려서 영공, 영토, 영해를 점용하고 있는 것에 대한 세계 각 나라에 점용료를 징수해야 한다.

천지주인이신 태상천존 자미천황님께서 우리 인간들에게 소리 없이 주신 것은 참으로 많이 있지만 감사함을 전혀 모르고 당연하다고 생각하며 살아가고 있다. 얼마나 많이 주셨는지 나열하자면 한도 끝도 없이 감사할 일이 많다.

해, 달, 별, 지구(땅), 공기(산소), 구름, 비, 눈, 바람, 불, 물, 천둥, 번개, 뇌성벽력, 사계절, 곡식, 채소, 육고기, 물고기, 동물, 식물, 약초, 화초, 꽃 등 헤아릴 수 없이 많다. 어느 것 하나라도 없으면 인류는 지구에서 살아갈 수가 없다.

특히 공기(산소)가 없어 숨을 못 쉬면 1분 만에 졸도하고 사망으로 이어진다. 따스한 햇볕이 없으면 인류는 물론 모든 동식물들이 동사하여 얼어 죽는다. 생명수인 물을 마시지 못하고 살아가면 얼마나 버티고 살아갈 것이며 물이 없다면 모든 곡식과 동식물이 생존할 수 없어 말라죽고, 식사문제, 화장실, 목욕문제, 주택의 난방수 공급이 안 되어 인간이 살 수 없게 될 것이다.

전기가 없다면 암흑천지의 세상이 되고 고속철도, 지하철, 엘리베이터, 인터넷, 전산망, 은행이용, 전화, TV, 세탁기 등 가전제품을 사용할 수 없으니 어떻게 살아갈 것이고 석유와 가스가 없다면 버스, 승용차, 화물차, 건설장비, 공장가동, 비행기가 운행될 수 없고, 주택 난방을 어찌 해결할 것인가?

천지자연은 물론 인류의 문명발전 역시 하늘이 인간을 통해서 지혜로 이 땅에 주신 선물이다. 각자의 머리에 떠오르는 영감과 메시지, 어떤 지혜가 자신들의 머리가 비상해서 그런 것이 아니라 하늘이 각자들에게 수시로 내려주신 하늘의 선물이다. 그래서 문명의 발전 역시 하늘이 주인이신 것이다.

땅을 밟고 편히 집을 짓고 살아갈 수 있게끔 지구를 창조하여 인간들이 살아가게 해주시었다. 땅이 없으면 주택, 아파트, 빌딩, 공장을 지을 수도 없고 땅속에 지하자원이 없어서 채굴하지 못한다면 건축자재가 없으니 집을 짓고 살 수 없다.

전파가 없다면 모든 통신시설이 무용지물이 된다. 공중을 통할 수 있는 공중파가 있기에 인류가 거리에 상관없이 전 세계 각 나라와 통신할 수 있는 것이다. 모든 발명품은 하늘이 주신 선물인데 이에 대한 감사함을 몰라보고 살아가고 있다.

시계가 없다면 얼마나 불편할 것이고 인터넷이 없다면 어떻게 집필할 수 있고 전자출판이 안 된다면 인쇄소가 어찌 출판을 할 수 있는지 생각하면 하늘에 대한 감사함이 한도 끝도 없이 저절로 일어나고 하늘의 천지창조가 놀랍다.

각자들이 살고 있는 주택, 생활필수품, 회사, 공장, 입고 다니는 옷과 타고 다니는 자동차의 재료 모두가 땅을 통해서 얻어진 것인데 땅(지구)의 주인(지황)에게 어느 누구 하나라도 감사함을 올려 본 적이 있는가? 볍씨를 뿌려 쌀을 생산할 수 있는 땅을 주신 감사함, 과실수를 심어서 과일을 먹을 수 있는 감사함, 육신이 죽어서 땅에 묻힐 수 있는 감사함을 생각해 보았는가?

지하수 물 역시 하늘이 주시고 땅이 주신 큰 선물인데 매일같이 물을 마시면서 그 감사함을 아는가? 인류가 종족 번식을 할 수 있게 암컷과 수컷을 창조하시어 합궁을 통해 가족을 만들게 해주시었고 자신들의 대를 이을 자손을 낳을 수 있게 창조해 주시었으니 이 얼마나 감사드려야 할 일인가?

종족 번식이 안 되어 사람이 귀하다면 국가, 회사, 공장, 식당 운영은 누가할 것인가. 하늘이 내려주신 선물 중에 큰 부분만 일부를 수록하였는데 이외에도 무궁무진 감사한 일이 많다.

동물, 짐승, 뱀, 곤충, 벌레, 어류, 식물이 아닌 인간으로 탄생시켜 주신 감사함과 죽지 않고 육신이 살아서 귀한 이 책을 볼 수 있게 아직 목숨을 거두시지 않은 감사함, 자신들에게 주신 성공과 출세에 대한 감사함은 너무나도 많이 있다.

지금까지 하늘과 땅이 주신 감사함을 공식적으로 올려야 할 곳이 없었기에 종교단체, 자선단체, 대학병원, 대학교, 복지재단에 올리는 것이 전부였는데 진정으로 감사함을 올리려면 이제는 세계 인류의 공식적인 감사함의 창구가 될 자미국에 올려야 인간으로 탄생시켜 주신 감사함에 일부라도 보답하는 것이다.

하늘과 땅에 대한 감사함을 인류의 구심점인 자미국에 올려야 더 감사할 기쁜 일들이 생기고, 전 세계 인류가 하늘에 올리는 천공과 땅에 올리는 지공의 감사함을 자발적으로 올릴 수 있도록 청와대 터에 자미국을 우뚝 세우는 천지대업에 이 나라 국민과 정부가 모두 기쁜 마음으로 함께 동참해 주어야 한다.

진짜 모든 감사함을 받아야 할 분이 하늘 태상천존 자미천황님이신데 이 나라 정부와 국민은 물론 세계 인류가 모르고 있기에 자미국을 통해서 전 세계로 일단은 알려놓아야 하고 나머지 지공과 천공을 올리게 하는 것은 하늘과 땅, 천지신명님, 나라조상님들이 천지신명공사를 행하시어 세계 인류를 자미국으로 방문하도록 하실 것이다. 이 모든 분들은 알아주는 자의 편이시다.

그래서 공식적으로 청와대 자리에 자미국을 세우고 이분들이 존재하심을 진실로 인정하고 확실하게 도움을 간절히 청해야 이 나라와 이 민족이 전 세계를 다스리며 지공과 천공을 거두어들이고 세계를 호령하는 지도국가로 부상할 수 있다.

하늘 태상천존 자미천황님께서는 인간의 마음을 창조하신 분이시기에 인류의 마음을 움직일 수 있는 유일한 하늘이시다. 자미국을 인류의 구심점으로 청와대 자리에 세우는 데 동참해 준다면 인류의 모든 마음을 돌리게 하시어 세계 인류가 인산인해를 이루며 방문해서 자미국을 상국(上國)으로 받들게 되어 이 나라 대한민국도 세계 속에 우뚝 서게 되고 고속성장한다.

박근혜 정부가 출범하면 최대과제가 경기회복, 북핵문제, 개헌정국인데 가장 먼저 당면한 문제가 대통령중심제 폐지를 골격으로 하는 내각책임제 개헌정국으로 흐를 것이고 대통령중심제는 이제 역사 속으로 사라지고 내각책임제가 전격 시행될 것이다. 이 또한 하늘의 대행자 인황이 보내고 있는 메시지이다.

절대권력 앞에 당당할 수 있는 대기업 없고, 표심도 온전할 리 없는 것이 대통령제이다. 대통령 중심제가 존재하는 한 정치부패는 사라지지 않고 정치부패가 초래된 근본 원인이 무소불위의 권력이 집중된 대통령중심제에 있기 때문이다.

대표적인 폐해가 불법대선자금과 후보경선자금이다. 대통령 중심제를 폐지하고 내각책임제를 시행해야 진정한 정치개혁이 되고 정치의 중심이 청와대에서 국회로 이동해야 국민을 겁내고 섬기는 의회민주주의가 활성화되어서 정치개혁이 된다.

내각책임제만이 난마같이 얽힌 정치부패를 해결할 수 있다. 썩은 정치, 썩은 기업, 썩은 표심을 없애려면 내각책임제를 해야 한다. 절대권력은 절대부패를 가져오고 절대권력 앞에 당당할 수 있는 기업과 정치인은 없다. 절대권력을 부여하는 대통령중심제가 존재하는 한 부정부패는 사라지지 않는다.

대통령이 아무리 깨끗하고 싶어도 권력의 주변은 항상 부패하기 마련이다. 대부분 대기업은 대통령당선 축하금 이외에 정기적으로 통치자금을 보내는 것이 관례처럼 되어 있었고 금액의 적고 많음에 따라 미운

털이 박혀 기업이 도산한 사례가 5공 정권시절에 있었고 그 이후에도 통치자금은 계속 이어져 왔다.

대통령중심제의 전형적인 나라가 미국과 필리핀이라고 한다. 그런데 미국대통령 선거에서 대통령이 바뀌면 자리가 7,000~9,000개가 자동으로 교체된다고 하는데 대한민국은 얼마나 많은 자리가 교체될까? 미국보다도 더 많은 자리가 교체되는데 고위공무원과 국영기업체와 정부투자기관 등이 그 대상이다.

대통령중심제는 동서의 감정에 불을 지폈고 호남 정권과 영남 정권으로 분리되었다. 대선에서 한 표 행사하는 것이 결국 국민들 스스로가 자신의 족쇄를 채우는 결과를 불러왔는데 그것이 독재나 다름없는 대통령중심제의 단점이다.

무소불위의 권력과 군령이 대통령 한 사람에게 집중되다 보니 모두가 대통령 눈치 보기 급급하고 굽실거리며 생존하려고 안간힘을 쓰는 단점이 있다. 줄을 잘 서면 벼락출세하고 미운털이 박히면 감투가 하루아침에 날아간다.

대기업은 언제 문을 닫아야 할지 늘 노심초사해야 한다. 대통령이나 정권의 실세에게 밉게 보이면 은행대출창구가 막혀서 기업 운영을 할 수 없는 돌발 상황이 발생하고 대통령이나 청와대 비서진에게 거슬리면 기업들은 생사를 장담할 수 없다.

5년마다 시행되는 대통령 공식 선거자금 이외에 수많은 기업들이 암암리에 선거자금을 내고 있다. 어느 대선후보에게 베팅을 해야 기업이 살아남을 것인지 기업총수는 노심초사해야 하고 누가 이길지 몰라 판단이 안 되면 양쪽 후보에게 당선 후에 잘 봐 달라고 보험 성격의 돈을 전달할 수밖에 없다.

대통령이 현행범이 아닌 이상 형사소추를 받지 않고 국정운영을 잘못하여도 임기 중에는 책임을 물을 수 없는 단점이 있는데 이 모든 피해는 국민들이 떠안아야 한다. 이제는 국론을 동서로 분열시키고 1인 중심의 절대권력을 휘두르는 대통령중심제는 없어져야 하고 진정으로 민의를 대변할 수 있는 내각책임제가 전격 시행되어야 정경유착의 부정부패가 사라질 수 있다.

이미 정치인들 사이에서 본격적으로 분권형 내각책임제 개헌이 거론되고 있는데 어떤 형태로 개헌이 될지는 지켜봐야 한다. 내각책임제라는 개헌을 시행하는 것은 하늘의 대행자 인황의 메시지를 받은 것은 분명한데 방향은 잘 모르는 것 같다.

저자가 원하고 바라는 개헌은 분권형 대통령제가 아니라 영국이나 일본의 정치제도 같은 입헌군주제 아래 내각책임제이다. 이 책을 개헌의 당사자들인 국회의원들이 많이 보고 참고했으면 좋겠다. 정말 어느 정치제도가 이 나라의 미래를 위한 개헌인지 심사숙고해서 개헌을 추진해 주었으면 좋겠다.

이번 개헌에 하늘과 땅, 72위 나라조상님, 역대 제왕님, 각 성씨 시조 조상님이 함께하고 너와 내가 함께하는 민족과 인류의 구심점인 자미국(지상 자미천궁)을 청와대 터에 세우는 개헌입법도 함께 추진해 주었으면 금상첨화일 것이다.

정치 9단이라는 JP는 "내각제는 21세기에 가장 바람직한 정치제도"라면서 "가능하면 빨리 됐으면 좋겠다"고 말했다. JP는 이와 관련해 "내 소원은 내각책임제로 권력구조를 바꾸는 것"이라며 자신의 소신을 분명히 밝혔다.

분권형 대통령제 등은 현재 제왕적 대통령제의 대안으로 제시된 것인데 대통령은 통일, 외교, 국방을 맡고 내치는 국회에서 선출된 총리가 맡는 체제이다. 대통령의 막강한 권한을 분산시키자는 취지의 개헌입법을 추진시키려 하고 있다.

권력분산에 대한 해답이 될 수 있을지는 몰라도 이런 개헌 형태는 저자가 구상하고 있는 입헌군주제와는 거리가 멀다. 민족과 인류의 중심을 세우자고 하는 저자의 뜻이 개헌으로 관철되어야 전 세계 최고의 국가로 부상할 수 있을 것이다.

전 세계 국가의 대통령들로부터 하례를 받을 수 있는 강력한 구심점인 절대군주제를 시행해서 청와대 자리에 하늘과 자미국을 우뚝 세워야 경제적으로 크게 성장하고 강력한 나라로 자리 잡을 수 있다. 어느 쪽으로 개헌하는 것이 진정으로 나라를 위한 길인지 입법위원들은 심사숙고해서 개헌을 해야 한다.

입헌군주제의 국왕은 조선왕조의 부활이 아닌 세계를 휘어잡고 통치할 수 있는 하늘과 자미국의 저자 인황을 추대하여야 한다. 이름만 군주가 아닌 천지기운으로 세계를 영도할 수 있는 하늘과 땅의 절대능력의 기운이 있어야 한다.

조선왕실을 복원하여 그 후손을 국왕으로 추대한다면 이름뿐인 군주 앞에 세계의 각 나라 대통령들이 스스로 굴복하며 하례를 올릴 하등의 이유가 없기 때문이다. 세계인류를 심판하여 구원하고 하늘과 땅에 굴복시킬 수 있는 존재는 인황뿐이다.

세계 각 나라는 자미국의 진실을 정확히 알게 되면 하늘과 땅에 대한 감사함과 하늘과 땅으로부터 자신들의 나라와 국민들이 절대적으로 보호받고 싶어하기 때문에 스스로 천공과 지공을 올리며 자미국의 연방국가로 편입하겠다고 자처하게 될 것이니 이것이 하늘의 대행자 인황이 구상하며 추구하고 있는 입헌군주제이니 분권형 대통령제가 아닌 입헌군주제로 개헌해야 한다.

정부와 국민들은 책을 읽고 이론으로만 알지 말고 하늘의 진실을 인정하고 행으로 받들어야 하늘과 자미국, 대한민국이 함께 우뚝 설 수 있으니 이 또한 하늘이 주신 선물이자 천재일우의 기회이니 국민과 정부가 선택을 잘해서 개헌해야 한다.

9,212년 전에 나라를 건국하신 72위 나라조상님들을 비롯해서 모든 국민과 국회의원 각 성씨의 시조조상님들 모두가 인류의 구심점이 될 나라궁전(신전) 자미국을 청와대 터에 크게 세우고 자손들로부터 정중한 하례인사를 받고 싶어하신다는 뜻을 모두에게 전하니 이번 개헌은 여당 야당의 당리당략을 떠나 하늘과 땅, 자기 조상님들의 뜻을 받드는 쪽으로 개헌을 추진해야 한다.

하늘과 땅, 천지신명님과 나라조상님, 각 성씨 시조조상님, 역대 제왕님, 호국장군님, 호국대사님, 충의열사님, 애국지사님, 호국영령님들이 함께 오랜 세월 동안 원하고 바라던 개헌을 추진해야 각자의 조상님들이 기뻐하고 환호하신다.

72위 나라조상님, 각 성씨 시조조상님, 역대 제왕님, 호국장군님, 호국대사님, 충의열사님, 애국지사님, 호국영령님들의 위패를 나라궁전에 정중히 모시고 이 나라 국민들은 물론 국빈으로 방문하는 전 세계의 대통령들로부터도 하례인사를 무수히 받게 만들 것이니 조상님들이 손뼉 치며 좋아하실 것이다.

9,212년 전에 건국하신 72위 나라조상님들의 공로는 철저히 무시되어 왔고 각자의 시조조상님들도 일부 가문을 제외하고는 세월이 너무 흘러서 찾아주는 자손도 없고 역사 속으로 사라져서 떳떳하게 제대로 대우받지 못하고 계신다. 이번에 저자가 구상하고 있는 입헌군주제 아래 내각제로 개헌이 추진된다면 여러분의 조상님들 모두가 오랜 원과 한을 풀 수 있게 될 것이다.

모든 각 성씨 조상님들의 소원은 나라궁전 자미국이 청와대 터에 세워지는 것이다. 대통령과 정치인, 국민들의 결단이 빠르면 빠를수록 좋고 늦으면 늦을수록 그만큼 나라에 엄청난 손해이다. 일각이 여삼추이니 하늘과 땅, 자미국, 두 저자의 소원부터 들어주어야 나라가 잘 풀리고 잘 돌아가서 천하제일 복지국가로 탄생할 것이다.

나라의 국운을 바꾸려면

저자의 바람이자 예언이다.

박근혜 정부의 최대 화두는 개헌이고 새 나라(새누리)를 창업하는 공신 대통령이 될 것이다. 여야의 국회의원들이 추진하는 개헌 정국의 목표는 내각제 개헌인데 분권형 대통령제가 아닌 입헌군주 내각제로 개헌이 되었으면 하는 바람이다.

나라의 건국 역사는 9,212년이 되었지만 대한민국이란 국호가 고종부터는 117년, 임시정부로는 95년, 제헌의회로는 66년의 역사이다. 고종이 1897년 8월 국호로 정한 대한제국, 1919년 4월 중국 상해에 세운 대한민국 임시정부, 그리고 오늘날의 대한민국은 1948년 제헌의회에서 제정된 국호이다.

한국이란 국호는 운이 다했다고 본다. 한국의 한(韓)은 한정 한(限), 원망할 한(恨)의 뜻이 있다. 대한제국 일제 36년의 역사가 증명하였고 6 · 25 전쟁이 증명하였으며 한나라당이 당명을 변경했고, 한국일보가 4대 신문인데 위상이 말이 아니다.

오랜 역사를 가진 한일합섬, 대한생명이 타사에 넘어갔고 한화그룹 회장이 관재구설에 자주 오르내리고 있는 것을 보면 한국이란 국호의 한(韓)은 한정된 국운과 원망할 국운이기에 새로운 천지기운을 재충전해야 더 발전하게 될 것이다.

나라의 기운을 재충전하는 유일한 방법은 저자가 추구하는 입헌군주제로 개헌이다. 개헌이 성사된다면 세계를 다스릴 새로운 나라의 왕조가 개국되는 것이기에 국호가 변경되어야 마땅하지만 국호를 변경하지 않으려면 대한민국이 '인류의 구심점인 자미국(紫微國)'의 연방국가로 편입 즉, 귀속하는 방법이 있다.

자미국의 연방국가로 귀속된다는 것은 이제까지 지배당하는 약소국가에서 지배하는 절대국가로 다시 태어난다는 어마어마한 하늘과 땅, 천지신명님, 72위 나라조상님, 각 성씨 조상님, 자미국, 인황(지황)의 큰 뜻이 포함되어 있다.

세계를 다스릴 수 있는 천손민족으로 다시 태어날 수 있는 유일한 길이다. 하늘과 땅의 힘인 천지기운을 빌릴 수 있는 방법은 대한민국이 대단한 자미국의 연방국가로 귀속하는 일이다.

애국가에 "하느님이 보우하사 우리나라 만세"

이 대목의 완성이 하늘과 땅의 보호를 받을 수 있는 대단한 자미국의 연방국가로의 탄생이다. 하늘과 땅이 함께하고, 천지신명님과 나라조상님들이 함께하고, 너와 내가 함께하는 나라 자미국의 연방국가로 귀속되어야 무소불위하신 절대자 하늘과 땅의 진정한 보호와 사랑을 받을 수 있는 길이 열린다.

대한민국이 자미국의 연방국가로 귀속한다는 것에 대해 이해하지 못할 사람들이 대다수일 것이다. 자미국은 천황님의 나라이자 땅의 나라이기에 하늘과 땅의 천지기운이 무궁무진 내리는 나라이고 전 세계를 다스릴 중심 국가이자 지도 국가이기 때문이다. 그래서 천황님의 나라 자미국의 명칭을 이 나라가 원한다고 하여도 하늘께 윤허를 받지 않으면 함부로 사용하게 할 수 없다.

정말 우리 민족의 피맺힌 약소국가의 원과 한을 풀 수 있고, 세계를 호령하는 지배통치 국가로 거듭 태어날 수 있는 유일무이한 길은 자미국의 연방국가로 귀속하는 길이 유일하다. 하늘과 땅, 천지신명님, 72위 나라조상님과 역대 제왕님들의 도움 없이는 이 나라가 세계를 지배할 일은 추호도 없다.

나라의 국운을 살리는 길이 자미국에 있다. 나라의 국호를 자미국으로 바꾸면 가장 좋지만 하늘의 허락 없이는 자미국 명칭을 함부로 쓰게 할 수 없다. 입헌군주제로 개헌이 되어 자미국이 청와대 자리에 우뚝 세워진다면 정식으로 하늘께 말씀을 올려서 하늘의 윤허를 받아야 국호로 사용할 수 있다.

옛날부터 천손민족이라 불러온 우리 민족의 원과 한을 풀어주시려고 저자에게 하늘의 대행자 인황과 지황으로 관명을 공식적으로 하사하여 주시었나 보다. 나의 말이 맞는다면 하늘이 이 나라에 주신 귀한 보물이 저자라는 뜻이 된다.

세계를 영도하라고 이미 관명으로 표시하여 하늘의 대행자 인황과 지황이란 관명으로 이 땅에 내려주시었으니 이제는 정부와 국민들이 자미국을 세우는 일에 동참하고 연방국가로 귀속을 하던 하늘의 윤허를 받아 국호를 개정해야 한다.

하늘이 인정하시고 인황과 지황으로 관명을 내려주시었으니 하늘이 보살펴주실 것은 당연한 이치 아니겠는가? 내가 종교를 세우려고 했으면 이런 높디높은 관명을 두 개씩이나 내려주셨을까? 종교라면 가장 거부하시는 하늘이시다.

내 팔자가 도사, 법사 할 팔자였다면 하늘의 대행자 인황이란 관명은 어울리지 않는다. 새로운 나라를 세우겠다고 지금의 길로 들어왔고 하늘이 가르쳐주시어서 자미국이라고 국호를 정하게 되었다. 하늘이 내려주신 국호가 자미국이니 하늘과 땅의 천지기운이 내려옴은 당연한 이치 아니겠는가?

세계를 다스릴 비결은 입헌군주제로 개헌 이후 자미국의 연방국가로 귀속하는 일이다. 이 나라 자체로는 천년만년이 흘러가도 세계를 다스릴 수 없으니 무소불위하신 하늘께서 해주세요, 라고 의뢰를 하면 되는데 그 방법이 하늘과 자미국을 인류의 구심점으로 청와대 터에 우뚝 세우고 자미국의 연방국가로 귀속하든가 하늘의 윤허를 받아서 대한민국 국호를 자미국으로 변경하는 일이다.

나라의 국운이 파죽지세로 천지개벽하게 된다.

저자의 말대로 개헌을 추진한다면 이 나라는 대단한 나라로 급부상하고 세계 인류가 우러러보게 된다. 천지가 진동하고 개벽할 좋은 일은 분명한데 저자의 말을 그대로 받아들여야 하는지 갈등이 많이 일어날 것이라고 본다.

저자 인황과 함께 모든 분들이 가장 반기는 천지대업이기 때문에 대통령과 입법위원 여러분 각자들에게 천지기운을 내리시어 자미국이 원하는 내용대로 개헌하라고 마음으로 가르쳐주실 것이며 일부는 꿈으로 현몽받는 사람도 있을 것이다.

새로운 나라를 세우는 길이니 역사적인 사명을 갖고 개헌을 입헌군주제로 추진해 주었으면 한다. 하늘의 대행자 인황은 하늘과 땅이 내려주신 천지기운으로 천변만화의 천지개벽 조화를 수없이 부린 당사자이다. 이번 일은 모두 쌍수를 들어 환호하는 천지대업이니 왠지 기대되고 마음이 즐거워질 것이다.

감히 생각지 못했던 경천동지할 일이다. 하늘이 주신 귀한 국회의원 자릿값을 이번 개헌에서 톡톡히 역할을 해내야 하늘의 은혜와 사랑에 조금이라도 보답하는 것이고 하늘과 땅은 물론 여러분의 신과 영, 조상님들이 기뻐하실 것이다.

인류의 구심점인 자미국을 우뚝 세우고 세계 1등 국가로 급부상시키는 역사의 주인공들이 되는 값진 일이니 대통령과 국회의원들 모두가 한마음이 되어서 자미국을 세우는 일에 동참해 주기 바란다. 이것이 살아서나 죽어서나 하늘과 땅, 천지신명님, 72위 나라조상님, 각 성씨 여러분의 조상님들과 자신의 신과 영들이 원하고 바라던 가장 자랑스러운 일이 될 것이다.

이번에 입헌군주제와 내각책임제로 개헌이 된다면 국회의원들은 자미국의 공신록에 이름이 올라가는 영광을 누릴 것이고 천상장부에도 그 이름이 함께 오를 것이니 살아서도 죽어서도 모든 분들이 손뼉 치며 잘 했다고 매우 기뻐하실 것이리라.

이번 대통령과 국회의원들은 이 나라와 세계 역사의 흐름을 뒤바꿀 주역이 되어주기 바란다. 이것이 하늘의 대행자 인황이 하늘과 땅에 모든 분들의 뜻을 받들어 모시는 일이다. 자미국은 하늘의 대단한 기운이 언제나 실시간으로 흐른다.

대통령과 국회의원 자리는 하늘이 내려주신 귀한 선물이니 이번에는 정말 이분들의 뜻을 받들어 기쁘게 해드릴 수 있는 멋진 개헌을 추진해 주기 바란다.

대한민국과 세계의 중심국가 자미국(紫微國)!

하늘과 땅의 기운으로 만 천하를 호령하는 천손민족으로 태어나리라!

세계 각 나라가 자미국의 연방국가로 속속 귀속하는 천지개벽이 일어나리라!

생각만 해도 모두가 기쁘고 즐거워할 일이다. 저자의 글이 픽션인 가상 시나리오나 꿈이라 할지라도 아니면 진실 그대로를 담은 논픽션이라 할지라도 커다란 희망을 안겨주는 대목이다. 미래에 대한 밝은 희망이 없다면 죽은 목숨과 같다.

입헌군주제와 내각책임제로 개헌이 성사된다면 이는 상상초월의 정치혁신이고 국운이 파죽지세로 욱일승천하며 천지개벽할 대길조의 문을 여는 일이기에 이번 개헌이 나라의 국운을 좌우하는 중대기로의 시발점이 될 것이다.

이 나라가 잘난 인간의 두뇌와 노력만으로 살아갈 것이냐 아니면 하늘과 땅, 천지신명님, 72위 나라조상님, 역대 제왕님, 각 성씨 시조조상님들의 도움을 받고 살아갈 것이냐가 정해질 것이다.

북한 무력도발의 실체

저자가 받은 메시지이다.

북한의 끝없는 무력도발에 대해서 받은 메시지를 전달한다.

우리 인간들이 감히 알 수 없는 하늘의 영역과 신의 영역이 실존하고 있지만 일반인들은 눈에 보이고 귀에 들리는 것만 인정하고, 자신의 눈높이 수준에서 이해가 안 되는 부분들은 반신반의하거나 황당하다고 생각할 수 있다.

실존하시는 위대하신 하늘은 천지만생만물은 물론 우리들의 마음까지도 창조하시고 우리들의 마음을 자유자재로 움직이시는 신비한 능력을 갖고 계신다. 한국 사람의 마음만 창조하신 것이 아니라 북한 사람의 마음도 창조하시었으니 저들과 싸우기 전에 영적 주인(마음의 창조주)이신 하늘께 왜 저들이 무력도발을 일삼고 있는 것인지 먼저 여쭈어봐야 해법이 찾아진다.

주요한 국정과제로 떠오른 북핵문제, 경제회복, 남북통일을 이루어주실 실체는 하늘과 땅이시다. 하늘과 땅이란 눈에 보이는 저 푸른 하늘과 우리들이 밟고 다니는 땅이 아니라 하늘과 땅의 주인이신 최고 절대권자인 신을 가리킨다.

하늘의 절대자를 자미천황님이라 하고 땅의 절대자를 자미지황님이라 하며 인간의 절대자를 자미인황님이라 하는데 이분들을 통하면 우리 우리 국민들 모두의 문제가 현실로 해결되고 나라의 오랜 통일 소원을 모두 이룰 수 있다.

하늘은 육신은 없지만 희로애락 즉, 기쁨, 노여움, 슬픔, 즐거움을 우리 인간들처럼 모두 느끼시는 살아계신 하늘이시고 희로애락 역시 하늘이 창조하신 것이며 인간들이 느끼는 희로애락은 하늘이 인류에게 보내시는 기운이다.

북한의 끝없는 무력도발의 실체!

물론 외형상으로는 북한정권 유지를 위한 체제 안정의 방편과 그들이 미국의 압력에 굴복하지 않으려는 몸부림으로 보일 수 있는데 내면에는 북한 지도부 자신들도 모르는 어떤 메시지를 받아서 무력도발을 감행하고 있다는 점이다.

이 나라 국민들에게는 극심한 공포와 불안감을 주어 무섭고 두려워서 이민을 떠난 사람들도 많이 있다. 그런데 북한이 무력도발을 감행하는 것은 하늘과 땅의 존재를 무시하고 몰라보며 찾지 않고 정신을 가짜 하늘에게 팔아비린 우리들 모두에게 보내는 분노와 증오의 표출이라는 메시지를 받았다.

저들이 우리 국민들 입장에서는 무력도발을 일삼는 악의 축이고 제거되어야 할 국가이지만 아직까지 정권이 무너지지 않고 건재하고 있다는 것은 또 다른 의미가 있다. 하늘과 땅의 존재가 보이지 않고 들리지 않는다고 무시하며 찾지 않는 우리들에게 그들로 하여금 분노를 통해서 깨달음을 주고 계신 것이다.

저자가 하늘과 땅의 뜻대로 행하지 않으면 여자 저자인 사감 육신의 몸으로 인간의 대표이자 심판자이신 자미인황님이 들어가시어 저자를 호통치며 인정사정 두지 않으시고 개 박살을 내신다. 수많은 천인과 백성들이 지켜보고 있어도 저자의 체면이고 뭐고 가리시지 않는 폭언과 폭력을 행사하신다.

저자가 제일 무서워하는 분이시고 71억 인류 모두에게 호통치실 수 있는 유일한 분이시다. 육신적으로는 이 글을 쓰는 저자가 자미국을 개국한 창시자이자 대표로서 주인이다. 그런데 자미인황님은 내 몸 안에 함께하시면서 영적으로 자미국을 개국하고 창시한 당사자 분이시다. 그러니까 육적으로는 저자 인황이 자미국의 주인이고 영적으로는 자미 인황님이 주인이라는 뜻이다.

그러면 이 나라의 대통령과 국정책임자, 국민들이 하늘과 땅의 뜻대로 행하지 않으면 누구를 통해서 심판하고 호통치며 기강을 잡을 것인지 생각해 본 사람들이 있는지 묻고 싶다. 전혀 아무도 생각하지 못하고 있던 미지의 부분일 것이다.

그렇다. 이 나라가 잘못 행하고 있으면 북한을 통하여 하늘과 땅의 분노를 전달할 수밖에 없는데 이 세상 어느 누가 이런 진실을 간파할 수 있겠는가? 그래서 김일성이 죽고 김정일 죽어도 북한 정권이 무너지지 않고 건재하고 있다.

북한의 무력도발이 단순 도발이 아니라 하늘과 땅의 분노를 우리들에게 퍼붓고 있는 것임을 알아야 한다. 자미인황님이 가녀린 여자 몸으로 들어가시어 저자를 호되게 야단치시는 것과 같다고 보면 이해가 쉽게 될 것이다. 대적할 수조차 없는 엄청난 괴력의 천하장사라서 남자의 힘으로도 막을 수 없다.

이 나라가 하늘과 땅에게 잘못하고 있으면 북한을 통해서 응징하고 풍수해의 천재지변과 대형 사건사고를 통해서 벌을 내리신다. 그리고 개인이나 기업들이 잘못하면 법의 심판이나 사업실패, 부도, 금전고통, 사기배신, 질병, 자살, 우환, 교통사고, 불면증, 가정불화를 통해서 응징하는 무서운 벌을 내리신다.

하늘과 땅의 이런 대단한 진실이 있는 줄도 모르고 군사력으로 저들을 선제공격하면 그 피해는 상상을 초월할 것이고 절대로 이기지도 못한다. 외형상으로는 북한정권이지만 그들의 마음을 천지기운으로 조종하는 존재는 하늘과 땅이시기에 미국이나 한국의 군사력이 우세하다 할지라도 양자 간에 피 터지는 싸움으로 막대한 인명피해와 재산피해만

태산같이 불어날 것이다.

하늘과 땅을 무시한 죄를 용서 빌고 살려달라고 해야지 군사적인 대응은 자멸만을 초래한다. 이제까지 이런 진실이 숨어 있는 줄은 아무도 몰랐을 것이다. 그러면 북한의 무력도발과 분단에 대한 해법은 찾은 것이다. 남과 북의 통일은 인간들의 힘으로 이루어지는 것이 아니라 하늘과 땅이 주체이시다.

그래서 남북통일을 성사시키는 주역은 자미국이 될 것이라고 말한 것이고 이번 국회에서 입헌군주제와 내각책임제로 개헌해서 자미국을 청와대 터에 인류의 구심점으로 세워야 남북통일이 이루어져서 군사강대국으로 우뚝 서게 된다. 남북통일이 되면 미국, 러시아, 중국, 영국 다음으로 군사대국이 된다.

북한의 무력도발은 진짜 하늘은 무시하고 찾지 않으며 가짜 하늘 앞에 가서 굴복하며 찬양하는 못난 모습들을 꼴 보기 싫어하시는 메시지였다. 사상적으로는 서로 뜻이 다르고 6 · 25 전쟁으로 많은 인명살상과 재산피해, 이산가족 양산으로 가슴 아픈 상처를 안고 있어 항상 북한을 증오하며 적대하고 있다.

분명 우리 국민들 입장에서는 전쟁의 원흉임이 분명한데 그러면 하늘께서도 우리 국민처럼 북한을 악의 축이라 생각하고 계신지 어느 누구라도 의문을 가져본 국민들이 있을까? 하늘의 마음은 어느 누구도 알 수가 없다. 천상의 신께서 가르쳐주신 말씀은 전쟁을 일으킨 저들보다 하늘을 무시하고 배신하며 몰라본 우리들이 더 큰 죄를 짓고 있다고 가르쳐주시었다.

천상의 신께서 하신 말씀에 대해 우리 국민들의 정서로는 도저히 이해가 안 가는 부분이라 받아들이기 어려울 것이다. 천상의 신께서는 인간들끼리 싸움하는 것보다 하늘을 무시하고 몰라본 죄를 가장 크고 비중 있게 다루신다고 했다.

천상의 신께서 가짜 하늘을 믿어 진짜 하늘의 가슴을 후벼 파고 아프게 한 우리 인류의 죄가 더 크다고 수없이 전해 주시었다. 북한은 종교의 자유가 없어서 하늘을 무시하고 몰라보는 죄는 우리들보다 덜 지었으니 죄가 작을 것이다.

외형상으로는 북한이 전쟁을 일으키고 무력도발을 일삼고 있기에 우리 국민들에게는 북한이 최고의 증오대상이지만 내면적으로 하늘께는 최고의 증오대상이 가짜 하늘을 믿어 진짜 하늘을 무시하고 몰라보며 바꾼 우리 국민들이다.

하늘과 땅, 저자가 전하는 이 책의 메시지를 대통령과 국민들이 끝까지 무시하고 부정하면 어떤 불행한 사태가 벌어질지 아무도 예측할 수 없을 것이다. 구구절절하게 하늘과 땅의 뜻을 자세히 전해 주어도 무시하며 우습게 받아들인다면 이 나라 대통령과 국민들이 대재앙을 스스로 직접 겪어봐야 할 것이다.

우리 입장에서는 얼른 북한정권이 무너지고 없어져서 남과 북이 통일되었으면 하는 것이 가장 큰 소원이지만 정권이 무너지지 않고 건재한다는 것은 아직까지 우리들이 잘못을 깨닫지도 못하고 인정도 하지 않고 있다는 증거들이다.

북한이 악의 축이라면 진즉에 하늘과 땅의 천지기운으로 무너지고 통일이 되었을 것인데 건재하는 것은 그들을 통하여 하실 일이 남아 있기 때문이다. 한국 사람들은 순한 말이나 좋은 말로 어떤 뜻을 전달하면 무시하고 행하지 않는다.

이 나라에서 인류 최초로 하늘과 땅, 천지신명님, 72위 나라조상님, 역대 제왕님, 각 성씨 시조조상님, 자미국, 인황(지황), 사감의 뜻을 오랫동안 수없이 전해 왔다. 하지만 인정하는 사람들보다 무시하고 부정하는 사람들이 더 많았다.

대통령과 국민 모두에게 긴급 메시지를 전한다.

이 나라 정부와 국민들이 진실을 전해 주어도 하늘과 땅의 뜻을 끝까지 무시하고 부정한다면 저들로 하여금 하늘과 땅의 분노가 얼마나 대단하신지 무력도발을 통하여 생생히 보여주실 수 있다는 무서운 최후통첩 메시지를 받았다.

하늘과 땅이 없다고 생각하며 무시하고 살아가는 이 나라 정부와 국민들에게 눈높이 수준에서 보여주실 수밖에 없다. 하늘과 땅의 무소불위하신 기운은 인간들의 능력으로는 감히 당해 낼 수 없기에 하루라도 빨리 승복하는 것이 살길이다.

저들의 역할이 모두 끝났을 때 남과 북이 통일이 된다. 이 나라 정부와 국민들이 큰 피해를 당하고서 하늘과 땅의 존재를 인정할 것이냐 아니면 순순히 하늘과 땅의 뜻을 받들고 따라서 나라가 부강해지는 행복의 길을 선택할 것인가?

우리 모두의 일거수일투족의 말과 생각, 행동을 실시간으로 모두 지켜보고 계시는 대단하신 분이시다. 저자의 예측으로는 이 책의 내용을 대통령과 정부, 국민들이 무시하고 부정한다면 북한의 대규모 무력도발이 발발할 것으로 예상한다.

미국의 막강한 최신예 군사력으로도 절대로 굴복시키지 못한다. 북한과는 말싸움으로 해결될 일이 아니고 무력으로 해결될 일도 아니다. 하늘과 땅의 뜻을 무시하고 부정한 죄를 진정으로 용서 빌고 뜻대로 따르면 북한의 무력도발은 즉시 중단되고 순한 양이 되어 통일의 봄기운이 서서히 피어오를 것이다.

말이 통하지 않는 북한의 무력도발에 일일이 대응하지 말고 자미국에 들어와서 하늘과 땅이 무엇 때문에 화가 나시어 분노하고 계시는지 자세히 말씀을 듣고 나서 도와주세요, 살려주세요! 하는 것이 가장 쉬운 무력도발의 해결방법이다.

외형상으로는 무력도발이나 일삼는 악의 축으로 보이는 못된 존재들이겠지만 그들을 하늘과 땅이 쓰고 계시다면 절대로 이길 수도 없고 협상도 안 된다. 북한과 협상하기 전에 먼저 자미국을 통하여 하늘과 땅의 말씀을 들어봐야 한다.

하늘과 땅에 굴복하지 않으면 상상을 초월하는 인명피해와 재산피해가 잇따를 것이고 국토는 초토화된다. 저들의 무력도발을 유일하게 막는 길은 하늘과 땅을 달래고 하늘과 땅에 이 나라 대통령과 국민들이 잘못한 죄를 싹싹 빌고 굴복하는 것이 나라와 국민을 보호하고 살리는 최선의 길이다.

인간들의 생각으로 하늘과 땅을 판단해서 무시하고 부정하며 살아온데 대한 분노가 전 세계에서 폭발하고 있다. 그것이 전쟁과 이상기후와 기상재난의 대재앙으로 이어지고 있다. 하늘과 땅을 무시하고 부정한 죄를 빌어야 진정으로 이 나라에 평화가 온다. 어려운 일도 아닌데 받아들이기는 쉽지 않을 것 같다.

하늘과 땅의 말씀과 뜻을 들을 수 있는 자미국을 놔두고 왜 어렵게 공포와 불안 속에 살아가는가? 자미국을 끝까지 무시하고 찾아오지 않는 것은 하늘과 땅을 무시하고 부정하는 것이기에 상상초월의 대재앙을 겪고 나서 후회할 것이다.

이 나라를 전 세계 최고의 잘사는 나라로 부강하게 만들어주겠다고 하는 말도 믿기가 어려울 줄 안다. 못 믿는 것은 하늘과 땅의 기운이 얼마나 대단하고 무소불위하신 기운인지 겪어보지 않아서 그럴 수도 있을 것인데 하늘과 땅의 무서운 존재를 알고 굴복하는 것은 많은 피해를 모두가 감수해야 한다.

그리고 북한 핵 개발 문제로 2000년 초부터 이 나라와 전 세계가 시끄러웠고 6자 회담을 통해 수없이 협상해 봤지만 별다른 성과를 얻지 못하고 있다. 몇 년을 끌어도 해결이 안 되는 것은 인간들의 능력이 한계에 부딪혔음을 입증하는 것이고 6자 회담 아무리 해봐도 북한의 핵

문제에 대한 해법은 없다. 자미국을 통해서 하늘과 땅의 힘을 빌리기 전에는 불가능한 일이다.

북한의 핵 개발이 현실적으로 우리 국민들의 생명과 나라의 안보에 커다란 위협이 되는 것은 기정사실이다. 그러나 장기적인 관점에서 통일 이후를 생각하면 북한이 핵 개발을 완료하여 확실한 핵보유국이 된 상태에서 남북통일이 되어야 대한민국이 핵을 보유한 군사강대국으로 부상할 수 있다는 점이다.

그러나 국제정세는 북한을 폭력집단, 테러집단으로 규탄하는 추세이며 미국이 앞장서서 핵 개발을 결사적으로 저지하고 있는 실정이기에 한국도 미국의 장단에 춤을 추며 겉으로는 핵 개발 저지를 위한 규탄대회에 앞장서는 시늉은 해야 맞다.

고 박정희 대통령이 미국 모르게 핵 개발을 비밀리에 시도하려다가 핵물리학자 이휘소 박사가 1977년 6월 16일 교통사고를 가장한 의문의 죽음을 당했고, 박정희 대통령 시해사건도 미국이 개입했을 수 있다는 여러 설들이 돌았었다.

미국의 눈을 피하기란 불가능한 것이었고 김대중 대통령 방북 때 5억 달러 퍼다 준 것 때문에 말이 많지만 정치 9단인 김대중 대통령이 노벨상이나 받으려고 그냥 퍼주었을 리 만무하고 이면에는 핵 개발과 연관된 모종의 밀약이 있었을 것이다. 남한에서는 미국의 감시 때문에 핵 개발을 못하니 북한이라도 해달라는 통일 이후 핵보유국이 되기 위한 큰 뜻이 있었을 것 같다.

인력으로 안 되는 어떤 세계가 존재한다.

그러면 다른 방법을 빨리 찾아야 하는데 그것이 하늘과 땅의 대단한 자미기운을 빌리는 일이지만 대통령이나 정치인들이 과학적 이론으로 철저히 무장된 탓에 제3의 세계에 대한 부분은 미신이나 허무맹랑한 것으로 받아들이고 있다.

이것이 인류의 잘난 모습들이다. 나약한 인간 주제에 하늘과 땅의 능력을 무시하고 부정하며 살아가고 있다. 인간들의 영역이 아닌 제3의 세계라 할 수 있는 무소불위의 하늘세계, 신의 세계, 영의 세계, 사후세계가 현실로 존재하고 하늘의 주인과 땅의 주인, 인간의 주인이 영적으로 존재하고 있으며 이분들은 인간들이 하지 못하는 신비스런 능력과 대단한 기운을 갖고 있다.

대단한 영적 기운을 가진 보이지 않는 신비한 존재들을 우리 인간들은 신이라 부르는데 인간들이 얼마나 잘났으면 이분들 모두를 보이지 않고 들리지 않는다고 끝없이 무시하고 부정하며 씻을 수 없는 죄를 지으면서 살아가고 있다.

인간은 나약한 존재라서 항상 하늘과 땅의 도움을 받고 살아가야 하는데도 불구하고 도움 따위는 필요 없다고 자만, 교만, 거만이 가득 찬 인생을 살아가고 있다. 인간의 발로 바위를 걷어차 봐야 바위 덩어리가 어디 꿈적이나 하겠는가?

이제 더 이상 하늘과 땅을 상대로 무모한 싸움 그만하고 순순히 굴복해야 한다. 늦게 굴복하면 할수록 인간사에 고통과 번민과 불행만이 따를 뿐이다. 개인, 기업, 국가 모두 누가 먼저 굴복하느냐가 인생사에 승리자가 되는 지름길이다.

살아서 하늘과 땅에게 굴복하지 않는 자는 죽어서도 심판을 피해 갈 길이 없다. 당사자가 죽었다 할지라도 살아남은 가족들에게 본인들이 살아생전 하늘과 땅을 무시하고 부정한 벌을 받아 가문이 멸문지화당하거나 잘되는 일이 없다.

하늘과 땅을 무시하고 부정한 자들에게 천복이라 할 수 있는 하늘과 땅의 좋은 기운을 내려주시겠는가? 이제까지 각자들이 알고 있던 고정관념을 송두리째 버리고 하늘과 땅의 뜻에 함께해야 본인과 가정, 가문, 기업, 국가의 미래를 보호받을 수 있다.

세계 최고 부자와 부자나라

전 세계 최고 부자는 멕시코 통신재벌 카를로스와 미국의 빌 게이츠인데 앞으로 최고 부자는 자미국의 저자인 하늘의 대행자 인황, 지황과 사감이 될 것이며 최고 부자나라 역시 자미국과 대한민국이 될 예정이니 가슴 설레는 말이다.

하늘에서는 이미 영적으로 이루어졌는데 현실적으로 이 땅에서 성사시키는 일만 남았고 그 방법은 자미국과 대한민국이 서로 공조하며 해결해야 할 중요한 문제가 있다. 인간의 대표를 상징하는 인황이라는 관명을 하사하시었고, 땅(지구)의 대표를 상징하는 지황이라는 이 세상 최고로 높고 높은 관명을 내려주시었으니 이제 현실적으로 이루는 일만 남은 것이다.

자미국의 실체가 전 세계로 널리 알려지고 유명해지면 전 세계 최고의 부자들과 권력자들이 이 나라의 땅을 사재기하게 되어 땅값이 천정부지로 폭등하게 될 것이니 이들의 놀이문화를 쉬지 않고 개발해야 하고 스위스 비밀계좌 은행처럼 자금 출처와 신분을 절대 보장해 주는 방식으로 운영될 수 있는 자미뱅크 설립을 승인해 주어야 전 세계 재벌들의 큰돈들을 유치할 수 있다.

지금으로서는 실현 불가능한 꿈만 같은 가상세계 이야기 같지만 현실로 다가올 일들이다. 대통령과 정부, 국민들은 하늘께서 저자에게 왜 어마어마한 인황과 지황이란 관명을 내려주시었는지 깊게 생각해 봐야 한다. 이는 예삿일이 아니라 하늘과 땅이 이 나라 민족에게 주신 가장 큰 보물이자 최고의 선물이기에 어떻게 받아들이고 어떻게 공조하느냐가 최대 관건일 것이다.

막중지대사인데 쉽게 결정할 일도 아니고 대통령과 정부와 여야 지도자들은 고민이 많은 줄 안다. 이 허무맹랑한 말을 믿어야 하나 말아야 하나 하는 문제로 갈등에 갈등을 할 것이다. 하지만 하늘께서는 인간 저자 하나에게 사기 치시려고 인류 최고의 높은 관명을 하사해 주실 하등의 이유가 없으시다.

그러므로 하늘과 땅을 부정할 필요도 없고 사기당할 일도 없다는 것이다. 수천 년 전에 예언가들이 말한 내용들이 현실로 이루어지는 감격의 순간이 눈앞에 다가오고 있을 뿐이다. 나라의 국운이 걸려 있는 중차대한 문제이다. 일반인들의 두뇌로 쉽게 이해할 수 있는 상식을 벗어난 사안이다.

영적 차원이 낮은 사람들에게는 홍길동이나 돈키호테 같은 발상으로 받아들여질 것이고 긍정보다는 부정하는 쪽에 무게를 더 많이 두게 될 것인데 항상 공상 같던 세계는 지금 이 순간도 현실로 속속 이루어지고 있다. 하늘과 땅의 무소불위하신 천지기운을 체험해 보지 않고서는 이해하기 힘든 일이기에 이론으로 맞다 틀리다 할 차원이 아니라는 것을 나라와 국민들이 알아야 한다.

이론의 수재, 천재들인 법조인들의 두뇌로도 자미국에서 전하는 하늘과 땅의 위대한 진실을 검증하고 평가할 수 없다. 앙말 속이라야 까뒤집어서 보여줄 것인데 그럴 수 없는 것이 안타깝다. 그래서 각자들이 자미국을 통하여 영적으로 존재하시는 하늘과 땅의 주인을 만나 말씀을 들어봐야 인정이 될 것이다.

천지만생만물의 오고 감(생멸)은 모두가 하늘과 땅의 천지기운으로 절대자에 의해서 실시간으로 운행되고 있지만 일반적으로는 인정하기가 쉽지만은 않다. 하늘과 땅의 대단한 천지기운을 받고 살아가는 천인들이 자미국에 무수히 많은데 이들의 말을 종합적으로 들어보면 좀 더 객

관적인 데이터를 얻을 수 있다.

이 나라와 국민 여러분이 자미국을 인정하든 부정하든 머지않은 장래에 하늘과 땅, 자미국, 두 저자는 전 세계의 중심이 될 것이고 인류의 추앙을 받게 될 날이 올 것이다.

전 세계 최고의 부자 인황(지황)과 사감!

전 세계 최고의 부자나라 자미국과 대한민국!

전 세계 최고의 복지국가 자미국과 대한민국!

경제대국, 군사대국, 영토대국의 꿈을 현실로 이룰 수 있는 자미국!

이 세상의 모든 인간, 조상, 신, 영들의 소원을 이룰 수 있는 자미국!

인류가 지구에 태어난 이후 태초로 하늘과 땅의 진실을 알 수 있고 인류의 행복이 예약되는 곳이다.

하늘과 땅이 주시는 복은 인간의 눈에 보이지 않는 천지기운인데 이 나라에 어마어마한 천복의 자미기운을 내려주신 곳이 자미국이고 인황(지황)과 사감을 주신 것이 국운을 천지개벽시킬 수 있을 정도의 가장 큰 천복을 내려주신 것이다.

하늘과 땅이 큰 천복을 내려주시어도 천복이란 것이 눈에 보이지 않기 때문에 사람들은 그것을 어떻게 받는 것인지 알 수가 없다. 그래서 하늘과 땅이 내려주시는 자미기운(천복)을 받아줄 수 있는 자미국이 이 땅에 세워지고 있는 것이다.

하늘과 땅이 자미국을 통해서 인류에게 자미기운을 내려주시고 계시는데 수혜 대상 우선 국가가 대한민국이다. 하늘과 땅의 진실을 그대로 받아들인다면 자미기운으로 국운이 크게 융성하여 나라의 국격과 위상이 지금보다 더 급부상하게 될 것이다. 고차원적인 하늘과 땅의 어마어마한 인류 최초의 진실이기에 정부와 국민들이 쉽게 이해하고 받아들일지 조금은 걱정스럽다.

인간육신들에게 영원한 소원이 있다면 죽지 않고 영생하는 것인데 아직 아무도 이 뜻을 이룬 자는 없었다. 천상의 신께서 저자의 궁금증에 대해서 답하여 가르쳐주신 귀한 말씀은 "누구 좋으라고? 죽음이 무서워서 조금이나마 하늘을 두려워하는데 수많은 인간들에게 죽음이란 것이 없다면 인간들의 기고만장한 잘남을 어떻게 두고 보라는 것이더냐"라고 하시었다.

맞는 말씀 같다. 지금 이렇게 책으로 집필하여 인류 최초의 진실을 전해 주어도 반신반의하면서 갈등을 하는데 인간이 죽지 않고 영생을 누린다면 하늘과 땅을 이겨 먹는 폭군이 될 것이다. 그런데 영생은 이루지 못해도 지금의 수명보다 조금 길거나 혹은 2배 이상 늘릴 수 있는 비결이 있다면 위대하신 하늘의 명을 받아 천인으로 탄생하는 것이 유일한 방법이다.

저자가 하늘의 뜻을 읽은 결과 의학발전으로 인한 인위적 수명연장 이외에 하늘의 자미기운으로 수명을 늘릴 수 있는 유일한 길인데 하늘이 허락하신 자에게만 해당된다. 하늘의 뜻에 순응하고 거역하지 않는 하늘의 성품을 닮은 맑고 깨끗한 사람들만이 누릴 수 있는 수명장생의 비결이다.

나이는 먹어도 육신이 늙지 않고 현재의 상태에서 노화가 정지되거나 더 젊어지는 것이 인류의 간절한 소원일 것이다. 누구나가 오래 살기를 원하는 것이 아니고 하루라도 빨리 죽기를 원하는 사람들이 예상외로 많다. 인간 육신의 수명장생이나 반영구적인 수명을 가능케 하는 방법은 하늘과 땅이 주시는 불로불사의 자미기운을 받고 살아갈 수 있는 천인합체의식이 전부이다.

지금 현재 천인합체의식을 행한 천인들이 20~30년 정도 지나보면 육신의 노화가 일반인들과 확연히 차이가 날 것이다. 하늘을 능멸하지 않고 하늘의 뜻에 순응한다면 반영구적인 수명장생의 자미기운을 하늘께서 천인들에게 내려주실 것 같다.

1,000캐럿짜리 다이아몬드보다 더 값지고, 대통령 자리보다도 더 귀중하며, 재벌보다도 더 대단한 것이 하늘과 땅이 내려주시는 자미기운이기에 이 세상 그 어느 것과도 비교를 할 수 없다. 이처럼 대단한 것이 자미기운이기에 책 내용을 잘 이해하지 못할지라도 자미국에 입국해서 의식을 행하여 자미기운을 받으면 무엇이 달라져도 달라지고 마음이 무릉도원처럼 태평해진다.

인류 최초로 이 땅에 처음 내려지는 신비의 자미기운!

자미기운은 자미국을 통하지 않으면 세상 그 어디에서도 받을 수가 없다. 자미주에서 강렬하게 뿜어지며 발산하는 자미기운은 신령스럽기 그지없는 천하제일의 기운으로 인류를 살리는 하늘과 땅의 기운이 응집되어 있는 귀중한 것이다.

자미국에서 진하는 진실은 도인들의 이론, 무속의 이론, 종교의 이론, 인간의 이론으로는 검증이 불가능한 영역이기에 이론을 앞세우다 보면 자미국과 더 멀어지고 인연 맺기 어렵다. 현생과 미래, 사후세계의 행복을 갈망하는 수많은 독자들에게는 더 없는 이 세상 최고의 귀중한 책이 되어줄 것이다.

국운이 천지개벽하여 전 세계 최고의 부자나라가 되려면 대통령과 경제부처의 능력으로는 뜻을 이룰 수 없다. 하늘과 땅의 무소불위한 자미기운을 받아야 하고 자미국 두 저자와 함께해야만 진정한 복지국가의 꿈이 현실로 이루어진다.

이제 이 책을 통하여 인간 개인이나 기업, 국가를 어떻게 운영하면 잘사는 길인지 충분히 설명해 주었고 어떤 방법을 선택할 것인지는 이 나라 대통령과 정부, 국민들의 몫이다.

기회는 항상 주어지는 것이 아닌 만큼 나라의 국운, 기업의 사운, 개인의 운을 바꾸려면 국정책임자와 각 당사자들이 심사숙고하여 판단을 잘 내려서 자미국으로 방문해야 한다.

대한민국의 미래에 대한 예언

앞으로 청와대 자리에 민족과 인류의 구심점이 세워지면 대한민국이 세계의 중심국가로 부상하여 전 세계에서 최고로 잘사는 나라가 될 것이고 막강한 영향력을 행사하게 된다.

2020년이 되면 국가 GDP는 현재 10위에서 5위권으로 진입하고, GNP는 현재 31위(23,749달러)에서 10위권(최하 50,000달러)으로 세계 정상에 도달해 있게 될 것이며 2030년이 되면 GDP와 GNP 모두가 1~3위권에 진입하여 국민 1인당 GNP가 현재 기준으로 200,000달러 이상으로 전 세계에서 가장 잘사는 나라가 된다.

지금 현재로서는 꿈만 같은 일이라 생각될 것인데 하늘과 자미국의 영향력은 전 세계로 확대되고 상상을 초월하는 천지기운으로 이 모두가 현실이 된다.

이때쯤 되면 국가와 개인들의 부채는 제로시대가 되는 이상적인 무릉도원의 세상이 열리게 된다. 대한민국이 GDP와 GNP 모두가 1~3위권에 진입하고 자미국은 막강한 영향력을 행사하며 세계 최고의 중심으로 부상해서 세계를 영도하며 이끈다.

전 세계 각 나라가 천재지변과 대재앙으로부터 하늘과 땅의 보호를 받으려고 자미국(지상 자미천궁)의 연방국가로 귀속되고자 조공과 천공을 바치게 되어 있다.

이로 인해서 전 세계 인류로부터 거두어들이는 조공과 천공은 상상을 초월하는 엄청난 금액이 될 것이며 대한민국 정부에 일정부분을 기부하여 복지국가를 실현하는데 기여를 할 것이다.

청와대 자리에 민족과 인류의 구심점을 세우는 것은 세계의 중심으로 세워짐을 의미하고 또한 세계를 정신적으로 영도하는 국운이 파죽지세로 열려질 일이다.

청와대 자리에 민족과 인류의 구심점을 세우지 못한다면 저자는 살아서도 죽어서도 원과 한이 맺힐 것이고 이 나라의 국민들도 원과 한이 될 것이다.

또한 하늘과 땅의 모든 천지신명님은 물론 이미 돌아가신 수많은 이 나라의 개국시조 72위 조상님들과 역대 제왕님, 각 성씨의 시조조상님, 호국장군님, 호국대사님, 호국영령님, 충의열사님, 애국지사님들도 원과 한이 깊게 맺힐 것이다.

청와대 터는 하늘과 땅의 모든 분들의 원과 한을 풀어줄 수 있는 유일한 터이고 대한민국의 미래 운명에 대한 생사가 달려 있는 아주 중대한 문제이다. 전 세계에 막강한 영향력을 행사할 수 있는 국가로 부상할 것인가, 말 것인가를 선택해야 하는 일이다.

천상의 하늘, 땅의 하늘, 인간의 하늘, 신의 하늘, 영의 하늘, 도의 하늘께서 저자와 함께해 주시면서 자미국과 대한민국을 최고로 세워 주실 자리이다. 나라의 국운이 천지개벽할 수 있는 처음이자 마지막으로 내려주신 기회이다.

청와대 터는 세계 인류가 방문해서 하늘을 알현해야 할 신성한 터이고 개국시조 72위 조상님들과 역대 제왕님, 각 성씨의 시조조상님, 호국장군, 호국대사, 호국영령, 충의열사, 애국지사님들의 신위를 모시는 나라궁전(신전)을 세워서 인류와 국민들이 수시로 참배하고 외국에서 국빈으로 방문하는 정상들로부터 참배를 받게 하는 민족과 인류의 신전으로 세우고자 한다.

예를 들자면 일본의 정치인들이 천황을 알현하고 신사를 참배하는 것처럼 말이다. 즉 민족과 인류가 하늘과 땅에 예를 올릴 수 있는 정신적인 구심점을 청와대 터에 세우는 것이다.

그러니까 청와대 터는 세계 인류를 하늘과 땅에 굴복시켜서 대한민국의 국운을 송두리째로 바꿀 수 있는 유일한 터이다. 이제는 언제 결단을 내리고 청와대 터를 이전하느냐만 남아 있다.

영토대국, 군사대국, 인구대국, 경제대국의 세계열강들인 미국, 영국, 일본, 중국, 러시아, 프랑스, 독일, 호주, 캐나다, 브라질, 인도 같은 강대국들을 대한민국이 굴복시켜서 그들을 다스리고 조공을 받아낸다는 것은 실현 불가능한 꿈같은 상상 속의 이야기에 불과하고 정신적인 낭비이자 미친 짓이 분명하다.

이들 강대국들은 군사력이나 경제력으로는 대한민국이 절대로 굴복시킬 수가 없다는 것쯤은 국민들 모두가 잘 알고 있는 사실인데 실현 불가능할 것 같은 천지대업을 현실로 이루어낼 수 있는 유일한 곳이 인류 최초의 자미국이다.

참으로 황당한 일 같지만 대한민국 정부가 자미국의 뜻에 적극 협조하여 준다면 그 시기는 상당히 빨라지고 현실이 될 것이다. 너무나 황당한 이야기라서 저자를 정신이상자로 볼 사람도 있겠지만 내가 추구했던 상상세계는 모두가 현실로 이루어졌다.

대한민국과 자미국의 이상을 동시에 충족시킬 수 있는 하늘과 땅의 천지조화 능력의 무소불위한 기운을 갖고 있으니 국가는 자미국과 공조하여 국가 발전을 크게 이루기 바란다. 일반인이나 종교인, 학자들의 눈높이 수준의 이론으로는 하늘과 땅, 저자의 높은 뜻을 검증할 만한 능력자는 없다.

대단하신 하늘과 자미국의 존재가 전 세계에 많이 알려질수록 대한민국의 국격과 위상은 하늘 높은 줄 모르고 고공행진하며 치솟게 되어 있다.

이로 인하여 얻어지는 국가 이익은 상상을 초월할 것이고 국격과 위상이 높아진 만큼 세계 각 나라와 인류는 자미국과 대한민국에 스스로 머리를 조아리게 되어 있다. 이렇게 굴복하는 기운 역시 하늘과 땅의 기운이 함께해 주시기에 가능한 것이지 저자 혼자만의 능력으로는 어림도 없는 일이다.

다시 말하면 자미국과 대한민국을 전 세계 최고로 세워주시려고 천상의 대단하신 하늘과 수억만 조에 이르는 천상지상의 천지신명님들이 천지조화를 부리시어 천지기운으로 세계 각 나라와 세계 인류 모두를 머리 조아리게 굴복시켜 주신다는 뜻이다. 하늘과 땅의 기운으로만 인류를 굴복시킬 수 있는 것이지 무력이나 강압적으로 해낼 수 있는 일이 아니다.

신들의 천지신명공사인 것이다. 물론 저자가 해야 할 일이 있지만 저자가 어떤 일을 하는 척만 하고 있으면 천상과 지상의 대단하신 신들이 모두 해주신다는 뜻이다. 이렇게 책으로 집필해서 하늘, 땅, 천상지상 천지신명님들, 나라조상님들의 뜻을 정부와 국민들에게 자세히 전하는 것은 저자가 해야 할 몫인 것이다.

이렇게 구구절절한 내용을 하늘과 신들, 나라조상님들이 대한민국 정부와 국민들에게 전해 준다 한들 어느 누가 이 많은 메시지를 받아내고 해석해 내겠는가?

수많은 예언서와 비기에 대한민국이 천하를 호령하고 세계로부터 조공을 받아낸다고 되어 있고 신의 종주국이 된다고 하였는데 이 예언의 뜻을 이루어낼 수 있는 자미국이 이 땅에 개국하였으니 이제 정부와 국민들의 결단만 남아 있다.

자미국이 청와대 터에서 인류 최초의 거대한 천지대업을 이루어내고 자미국과 대한민국을 전 세계에서 최고로 잘사는 복지국가로 만들어갈 만반의 준비는 이미 되어 있다.

GDP와 GNP 국가별 순위 2011년 기준

순위 국가 GDP(국민 총 생산) 미화 1백만 달러 기준

세계: 44,433,002

유럽: 연합 13,446,050

1. 미국	12,485,725
2. 일본	4,571,314
3. 독일	2,797,343
4. 중화인민공화국	2,224,811
5. 영국	2,201,473
6. 프랑스	2,105,864
7. 이탈리아	1,766,160
8. 캐나다	1,130,208
9. 스페인	1,126,565
10. 대한민국	793,070
11. 브라질	792,683
12. 인도	775,410

1인당 국민 총생산 GNP 순위(2011년 기준)

01위: 룩셈부르크	122,272달러
02위: 카타르	97,967달러
03위: 노르웨이	96,591달러
04위: 스위스	84,983달러
05위: 호주	66,984달러
06위: 아랍에미리트	66,625달러
07위: 덴마크	63,003달러
08위: 스웨덴	61,098달러

09위: 네덜란드 51,410달러
10위: 캐나다 51,147달러
11위: 싱가포르 50,714달러
12위: 오스트리아 50,504달러
13위: 핀란드 50,090달러
14위: 아일랜드 48,517달러
15위: 미국 48,147달러
16위: 벨기에 48,110달러
17위: 쿠웨이트 46,461달러
18위: 일본 45,774달러
19위: 독일 44,558달러
20위: 프랑스 44,401달러
21위: 아이슬란드 43,226달러
22위: 영국 39,604달러
23위: 뉴질랜드 38,227달러
24위: 이탈리아 37,046달러
25위: 브루나이 36,521달러
참고: 유럽 연합 35,887달러
참고: 홍콩 34,393달러
26위: 스페인 33,298달러
27위: 이스라엘 32,298달러
28위: 키프로스 31,435달러
29위: 그리스 27,875달러
30위: 슬로베니아 25,939달러
31위: 대한민국 23,749달러

이상적인 입헌군주제와 내각책임제

대한민국의 미래를 바라보았다.

천지기운에 이끌려 청와대를 이전한다. 지금의 정치제도가 많이 바뀌어져 있다. 개헌으로 대통령 직선제가 폐지되고 절대군주국가로 바뀐다.

현행범이 아닌 이상 형사소추를 받지 않고 절대권을 행사하는 현행 대통령 직선제 내신 국회에서 2년 임기의 총리를 선출하는 군주제가 시행된다. 그동안 국민들은 절대 권력을 행사하는 대통령 직선제로 수많은 피해를 입어왔기에 입헌군주제 개헌에 찬성한다.

국회에서 선출된 2년 임기의 총리는 작은 부정이 있어도 국회에서 불신임 투표를 해서 즉각 퇴진시킬 수 있기에 내각수반인 총리가 부정비리에 연루되는 것을 사전에 차단할 수 있다.

5년마다 나라 전체가 술렁이고 뒤집어지는 대통령 직선제는 이제 폐지되어야 한다. 결국 대통령의 국정수행 능력 부재나 부정비리의 피해는 고스란히 국민들이 모두 감당해야 했다. 언제까지 이런 악순환을 거듭할 것인가.

오랜 전통을 자랑하는 선진국인 영국이나 일본의 입헌군주제를 적극 도입할 필요가 있다. 이들 나라가 경제선진국이고 군사강국들이니 우리나라도 도입해야 한다. 정치가 안정되어야 기업들이 마음 놓고 투자해서 나라의 발전으로 이어진다.

세계적으로 입헌군주제를 시행하고 있는 성공한 대표적인 나라는 영국과 일본이다. 오늘날 세계 229개 나라 가운데 입헌군주국가 27개, 절대군주국가 8개 나라이고, 아직도 54개 나라가 영국의 지배를 받는 연방국가이니 그 영향력이 얼마나 크겠는가?

저자 인황(지황)은 영국을 능가하는 천지대업을 이루려고 정부와 국민들에게 입헌군주제에 대한 동의를 구하고자 한다.

일본: 아키히토 천황

영국(연합왕국): 엘리자베스 2세 여왕

캐나다: 엘리자베스 2세 여왕

호주: 엘리자베스 2세 여왕

뉴질랜드: 엘리자베스 2세 여왕

투발루: 엘리자베스 2세 여왕

파푸아뉴기니: 엘리자베스 2세 여왕

솔로몬: 엘리자베스 2세 여왕

태국: 푸미폰 국왕

말레이시아: 시라주딘 국왕

사모아: 수수가 말리에토아 타누마필리 2세 족장

캄보디아: 시아누크 국왕

네덜란드: 베아트릭스 여왕

노르웨이: 하랄드 5세 국왕

덴마크: 마르그레테 2세 여왕

룩셈부르크: 앙리 대공

벨기에: 알베르 2세 국왕

스웨덴: 카를 구스타프 16세 국왕

리히텐슈타인: 한스 아담 2세 공

모나코: 알베르 알렉상드르 루이 공

에스파냐: 후안 카를로스 1세 국왕

레소토: 렛시에 3세 국왕
쿠웨이트: 자비르 토후(에미르)
네팔: 갸넨드라 국왕
통가: 투포우 국왕
모로코: 시디 모함메드 6세 국왕
요르단: 압둘라 국왕

절대군주제
바티칸: 베네딕토 16세 교황
사우디아라비아: 압둘라 국왕
브루나이: 볼키아 국왕
바레인: 하마드 국왕
부탄: 왕축 국왕
오만: 카부스 술탄
카타르: 하마드 토후(에미르)
스와질란드: 음수와티 3세 국왕

입헌군주제의 왕의 존재는 국민들에게 단순한 상징이 아니라 정신적인 지주의 역할이 될 수 있다. 왕의 존재는 경제적으로도 많은 도움을 준다. 몇몇 사람들은 황실을 세우려면 경제적으로 많은 부담감이 있을 것이니 입헌군주제는 사치라고 말하는 사람들이 있다. 하지만 영국의 경우가 그것은 아니라고 말해 주고 있다.

영국 여왕과 왕실로 인해 영국은 경제적으로 커다란 이득을 보고 있다. 브랜드 파이낸스에 따르면, 영국 왕실의 브랜드 가치는 440억 파운드(한화 약 80조 원)로 나타내었다. 관광산업에 기여하고 있고 국가 이미지와 자국산 상품에 대한 대외 호감도를 크게 높이는 것 등을 평가한 금액이다.

일단 민족의 정신적 구심점이 하루빨리 확고하게 세워져야 나라와 기업과 국민들이 안정된다.

저자가 대한민국을 보다 크게 세우기 위하여 입헌군주가 되더라도 상징적으로 군림은 하되 직접적인 정치 관여는 하지 않는다. 인류의 정신적 지주 역할과 인류를 구원하는 천상의식을 해야 하기에 시간이 허락하지 않는다.

인류의 구심점이 청와대 터에 세워지면 싸이 같은 K-POP 스타들의 영향을 능가하기에 방문하고 싶은 국가 1순위가 되어 대한민국이 1등 관광국이 되고, 외국 정상들이 방문했을 경우 국내 기업들의 해외수출 상담이 폭발적으로 증가할 수 있다.

입헌군주제가 시행되면 지미국 황실 운영에 따른 국가 예산이 증액될 것을 우려하는 생각을 가진 국민들이 다수 있을 것이지만 염려하지 않아도 된다.

국가로부터 예산 지원을 받지 않아도 자미국 자체 운영이 가능하기 때문에 국고 보조는 필요 없으며 오히려 전 세계로부터 들어오는 거대한 자금을 대한민국 국가 발전에 상당 부분을 기부하는 형식이 될 것이다.

저자 인황은 인류의 지도자로서 국내 정치 문제에 대해서는 일절 관여하지 않고 이 나라 국민의 정신적 지주로서 상징적인 구심점 역할만을 하면서 대한민국 국가 발전에 크게 기여할 것이다.

그러므로 자미국 황실에 국가 예산을 전혀 배정하지 않아도 될 것이며 오히려 국가의 브랜드 가치를 높이고 국격과 위상을 제고시켜서 이 나라 발전에 공헌하게 될 것이다.

자미국이 청와대 터에 세워지는 것은 대한민국이 전 세계적으로 유명해져서 대단한 홍보 효과를 얻을 수 있고 국가 위상이 상당히 높아지기에 기업들의 수출 증대는 물론 국익 창출에 상상을 초월하는 엄청난 도움을 줄 수 있다.

민족과 인류의 구심점이 청와대 터에 세워지면 하늘과 땅의 좋은 천지기운을 받아 기업들이 승승장구할 것이고 대한민국의 국격과 위상이 최고로 높아진다.

이렇게 되면 전 세계 각 나라가 스스로 자미국(지상 자미천궁)과 대한민국에 스스로 몸을 낮추게 되며 하늘과 땅의 절대적인 보호를 실시간으로 받을 수 있는 연방국가로 귀속을 자청하게 되는 경천동지할 일들이 일어난다.

세계 각 나라 대통령 자신의 안위와 나라의 운명을 하늘과 땅으로부터 보호받고자 하기 때문에 자미국의 연방국가로 귀속되기를 원한다. 하늘과 땅이 내려주신 천지기운을 대한민국 정부와 국민들과 함께 공유하고 싶다.

무소불위한 대단한 기운을 내려주시었는데 저자 한 개인의 기운으로 쓰기에는 주체 못할 너무나도 큰 기운이기에 국가와 민족의 국운 상승과 수많은 기업들의 커다란 발전을 위해서 크게 기여하고 싶은 것이 저자의 순수한 마음이다.

대통령이 되어 청와대 터에만 들어가면 불행한 일이 발생하는 것은 터의 원주인이 아니기에 하늘과 땅의 강한 기운을 대통령이 감당해 내지 못하기 때문이다.

다시 말하면 청와대 터는 대한민국 대통령의 자리가 아니라 자미국 자리이기에 저자 인황이 아닌 이상 그 어느 누구도 터의 기운을 감당해 내지 못해서 대통령의 불행으로 인한 국난과 천재지변으로 인한 재난이 끊이지 않는 것이다.

2012년 12월 초부터 발생한 사상 초유의 이상 한파가 전 세계적으로 지속되는 것도 인류에게 보여주는 기상재난이다. 저자의 생각이나 말

한마디가 인류의 운명과 기후 날씨까지도 크게 좌우한다는 사실을 다시 한 번 확인하는 계기가 되었다. 저자의 천지기운이 인류의 생사에 얼마나 지대한 영향력을 행사하는지 알았다.

그러므로 대통령 자신과 측근들의 불행을 피하기 위해, 국가와 민족의 국운 상승을 위해, 복지국가 실현을 위해 반드시 청와대 터는 다른 곳으로 이전하고 저자로 하여금 자미국을 크게 세워서 국가와 민족의 빛나는 대역사를 이루어낼 수 있도록 국가와 국민들이 함께해 주었으면 한다.

청와대 터에서 세계 인류에게 제2의 천지창조가 시작되는 단군 이래 아니 9,212년 전의 환인천제시대 이래 나라의 운명을 어마어마하게 천지개벽시킬 국가정책 사업이 펼쳐질 것이다.

원효대사의 비결서 내용 중에서 대통령의 운명에 대한 내용이 있는데 의정 3(명)년, 군정 3(명)년, 민정 3(명)년으로 9명의 대한민국 대통령이 있음을 예언하였다. 원효결서에 대통령제가 끝나고 새로운 정치제도인 입헌군주제가 시행될 운명을 암시하고 있다.

군정 3년은 박정희, 전두환, 노태우 대통령을 말하고 민정은 김영삼, 김대중, 이명박 대통령을 말하고 임기를 다 채우지 못하는 의정은 윤보선, 최규하, 노무현(탄핵소동) 대통령을 말한다고 전해진다. 이승만 대통령은 조선왕조의 마지막 왕으로 보기에 9명의 대한민국 대통령 중에서는 뺐다.

9명의 대통령이 배출되었는데 그러면 박근혜 대통령은 무슨 역할인가? 입헌군주제를 준비하기 위한 과정의 대통령일까? 대한민국의 미래 운명을 바꾸려면 아버지의 5 · 16 혁명 사상을 바탕으로 나라의 정치를 환골탈퇴시킬 입헌군주제를 전격적으로 실시하기 위한 개헌을 주도해야 할 역사적 대통령이 되어야 맞는다.

2012년 11~12월 중앙일보 대선 여론조사

	박근혜 후보	문재인 후보	차이	비고
11월 21일	49.4 %	43.6 %	+5.8%	
11월 22일	47.1 %	45.9 %	+1.2%	
11월 23일	47.3 %	46.6 %	+0.7%	
11월 24일	46.2 %	48.1 %	−1.9%	천지회에서
11월 25일	44.0 %	48.9 %	−4.9%	박후보 지지 선언
11월 26일	46.2 %	46.2 %	0%	지지 선언 1일 후
11월 27일	48.3 %	44.7 %	+3.6%	
11월 28일	47.9 %	44.4 %	+3.5%	
11월 29일	48.9 %	44.2 %	+4.7%	
11월 30일	49.9 %	44.6 %	+5.3%	
12월 01일	49.3 %	45.2 %	+4.1%	
12월 02일	49.6 %	45.1 %	+4.5%	
12월 03일	50.1 %	45.9 %	+4.2%	
12월 04일	49.4 %	45.1 %	+4.3%	
12월 05일	50.1 %	44.2 %	+5.9%	
12월 06일	51.7 %	45.1 %	+6.6%	
12월 07일	50.7 %	45.2 %	+5.5%	
12월 08일	52.0 %	44.1 %	+7.9%	
12월 09일	50.9 %	45.3 %	+5.6%	
12월 10일	50.0 %	45.6 %	+4.4%	대선 득표 차 3.53%

중앙일보 여론조사이다.

2012년 11월 25일 천지회 열린 날, 대선후보 양자 간의 격차가 가장 컸는데 박근혜 후보를 지지하는 발언을 저자 인황이 하자 11월 25일 문재인 후보에게 -4.9% 뒤진 상태에서 지지 선언 하루 만에 -4.9%를 만회하고 동률을 기록하면서 박근혜 후보가 15일 동안 급상승 추세로 돌아서면서 승리했다.

이는 무엇을 말해 주는 것일까? 저자가 말을 하면 천지기운이 실시간으로 천지만생만물에 전해진다는 진실이 다시 한 번 확인되는 놀라운 순간이었다. 자미국에서 천지(기도)회를 하는 날 천인과 백성들 앞에서 박 후보를 지지한다는 선포만 했을 뿐이다.

그런데 하루 만에 -4.9%를 회복한다는 것은 기적이자 이적이다. 그리고 이후 줄곧 상승 추세를 탔고 문 후보 지지율보다 내려간 적은 한 번도 없었다. 저자가 박 후보를 지지한다는 선언하기 전에는 계속 내리막길이었다.

저자가 말하고도 참으로 신비하고도 기이한 일이 아닐 수 없다. 이쯤 되면 저자가 하는 말의 기운이 얼마나 대단한지 자미국의 천인과 백성들은 물론 독자들도 알 수 있을 것이다. 저자의 말이 현실이 되어 버린 신기한 일이다.

2012년 대통령선거 결과는 박근혜 후보 15,773,128(51.55%)표 문재인 후보 14,692,632(48.02%)표 양자 간의 차이는 108만 496표로 3.53%였다. 유권자 30,594,621명 중, 무효투표수 126,838표, 기권수 9,786,383표.

저자 인황이 2006년 2월 28일 이롬미디어 출판사에 의뢰해서 출간했던 『하늘이 인류에게 내린 명』 p285 수록된 내용 중 일부를 발췌했다.

기도 22

고 박정희 대통령과 육영수 여사께서 천사의 옷을 입고 천궁에 들어왔다. 저자는 두 분에게 공로를 인정하여 자미천궁으로 입천해 드렸었다.

물론 유족의 참석도 없었고 알리지도 않았다.

천사의 옷을 벗으니 "대통령은 신사복 차림이요, 여사님은 엷은 미색의 아름다운 한복 차림이었고 너무도 평안해 보였다. 특히 육 여사님의 환한 미소는 아름다웠으며 국모 그 자체였다.

두 분께서 잠시 천황님 전에 예를 올리신 후 박 대통령께서 밖을 향해 손짓을 했다. 그분의 따님인 박근혜 의원이 들어왔다. 박 대통령께서는 천황님께 무엇인가를 아뢰었다. 그 표정은 너무도 진지하였다. 박 의원의 얼굴이 더없이 화사했고 무릎을 꿇고 있는 모습이 너무도 단아해 보였다.

금오산 정상에서 혼자 기도하고 내려오다가 밤 9시쯤 구미 상모동 생가에 들렸을 때 박 대통령의 영혼께서 딸(박근혜 의원)과 관련해서 저자에게 간곡히 부탁한 말씀이 있지만 지금은 밝히지 않을 것이다. 어쩌면 천기누설에 해당될 것이기 때문이다."

천기누설! 분명 그랬었다.

그동안 밝힐 수 없었다. 그러나 이제 2012년 12월 19일 대통령선거가 끝나 박근혜 후보가 대통령에 당선되었기에 당시에 밝힐 수 없었던 천기누설에 해당하는 내용을 말할 수 있게 되었다.

저자 인황(지황)이 금오산 정상에 혼자 기도하러 올라갔을 때가 1999년도 초가을이었으니 15년 전의 일이 되었다. 금오산에서 내려와 알 수 없는 어떤 기운에 이끌려 경북 구미시 상모동의 고 박정희 대통령 생가를 찾아가게 되었는데 너무 늦은 시간(밤 9시)이라 관람이 끝나 문이 잠겨 집 안으로는 들어갈 수가 없었다.

그래서 문밖에 서서 합장하며 인사만 하고 돌아서려는데 온몸으로 어떤 기운이 강렬히 내리기 시작해서 통신을 했는데 고 박정희 대통령 혼령이었다. 15년 전에 혼령과 나눈 대화이다.

고 박정희 대통령

– 선생님, 반갑습니다.

내가 이곳으로 선생님의 발길을 돌리게 했습죠. 나의 딸 박근혜와 관련해서 간곡히 부탁드릴 말씀이 있습니다.

저자

– 예, 무슨 말씀이신지요. 제게 간곡히 부탁드릴 말씀이라니요?

고 박정희 대통령

– 지금 당장은 주제넘는 말씀 같으나 내 딸을 차 차기에 대통령으로 만들고 싶은데 선생님께서 적극 도와주십사 하고 부탁드립니다.

저자

– 예~? 제가 무슨 힘이 있어서 따님을 대통령으로 만들 수 있나요? 저에게는 아직 그럴 만한 능력이 없습니다. 기대하지 마세요. 하늘공부에 입문한 지 얼마 안 되어 잘 모릅니다.

고 박정희 대통령

– 선생님! 제가 부탁드려도 되실 만한 분이니까 말씀드리는 것입니다. 지금이야 꿈만 같은 이야기겠지만 선생님의 몸에서 느껴지는 강렬한 기운이시라면 반드시 내 딸을 대통령에 당선시켜 주실 수 있습니다. 선생님도 내면에 숨겨진 자신의 어떤 기운에 대한 능력을 잘 모르고 계시나 봅니다.

아무런 천지조화를 부릴 능력도 없으신 선생님에게 내 딸을 대통령시켜 달라고 부탁할 만큼 어리석지는 않습니다. 저에게 느껴지는 선생님의 기운은 아주 강렬하고 큰 빛이 보이니 예사로운 분이 아니라는 것쯤은 알고 있기에 부탁드리는 것입니다.

선생님은 천지기운으로 인간, 조상, 신, 영들을 자유자재로 움직이는 어떤 신비기운을 갖고 계시기에 선생님의 말씀은 곧 현실로 모두 이루어진다는 것을 이미 알고 있습니다. 겸손해하지 마시고 제발 도와주십시오.

저자

– 저에게서 어떤 강한 기운이 느껴지신다고요? 그래도 차 차기는 어려울 것입니다. 따님이 60세를 넘어서서 대통령에 출마한다면 그때 가서야 생각해 보겠습니다.

고 박정희 대통령

– 선생님, 정말 고맙습니다. 내 딸이 언젠가 대통령에 당선되면 제가 딸을 통해서 할 일이 꼭 있을 겁니다. 다시 만날 그날이 하루빨리 오기를 기다립니다.

그랬다.

당시가 1999년도이니까 김대중 대통령 집권(1998년~2003년) 시절이었으니 2007년 대선 시점을 말하는 것이었지만 이명박 후보와 당내 경선에서 탈락하여 출마하지 못하고 2012년 대선에 출마하여 승리를 해서 대통령이 되었으니 아버지의 원과 한이 풀리게 되었다.

1999년도에 경북 구미시 상모동 박근혜 후보 생가에서 저자와 고 박정희 대통령 혼령과 이런 대화를 주고받았었는데 그동안에는 천기누설이라 밝힐 수가 없었다. 참으로 신기한 일이 아닐 수 없다는 것을 현실로 또다시 체험하게 되었다.

저자가 말하면 수많은 일들이 현실로 이루어지는 신비한 기운 때문에 이를 체험해 본 천인과 백성들은 한편 놀라워하면서도 저자를 어려워한다.

통화만 해도 전화기 잡은 손이 덜덜 떨릴 정도로 신비한 기운을 받기 때문에 더더욱 두려워하고 전화 통화하기조차도 어려워하는데 이는 나의 몸에 천상에서 내려주신 천지기운 때문이다.

박근혜 후보가 18대 대통령에 당선된 것을 축하하고, 고 박정희 대통령의 소원이 현실로 이루어짐을 함께 축하한다.

인류 최초의 유불선 통합

유불선(儒佛仙)은 유교, 불교, 선교(도교, 신교, 개신교=천주교, 무속, 민족종교) 모두를 통틀어서 말하고 유불선의 뜻을 아는 사람들은 영적 차원이 높은 사람들이다.

유불선의 대표가 신명님, 하나님, 미륵님이시고 사람들이 저마다 섬기며 받들어 모시는 분들은 천지신명 일월성신님, 옥황상제님, 천존대왕님, 구전상제님, 부처님, 하느님, 한얼님, 하날님, 한울님, 알라신, 천신님, 산신님, 용신님, 터신님, 성황님, 장군님, 신장님, 신선, 선녀, 천사, 제위 일체 신들과 나라를 개국하신 환인천제님, 환웅천황님, 단군천황님 72위분, 각 성씨 시조조상님, 그리고 인간으로 태어났다가 종교적 숭배 대상자로 세상에 널리 알려진 석가모니 부처님, 예수님, 성모 마리아님, 공자님, 맹자님, 마호메트님, 증산상제님 등등 헤아릴 수 없이 매우 많다.

사람들이 자신의 기운과 맞는 분들을 찾아다니며 믿고 있는데 너무 많은 분들이 계시어 어디가 진짜인지는 인간의 능력으로는 알 수가 없을 것이다. 각자 믿는 곳이 진짜라고 생각되어 종교를 다니고 있을 뿐이고 나름대로 자신의 이상과 맞는 곳이라고 생각되어 오랜 세월 다니고 있다.

그런데 이 모든 분들을 창조하여 이 땅으로 보내신 분이 대우주와 천지만생만물과 산천초목을 천지창조하신 태상천존 자미천황님과 태상천존 자미황후님이라는 분이시다. 그러니까 이분이 원초적인 하늘이시고 태초의 하늘이신데 우리 인간들은 이런 어마어마한 세계가 있는지 모르고 기독교에서 말하는 하나님이 천지를 창조하신 분으로만 알고 믿었다.

이런 진실은 저자 인황의 능력이 대단해서 알아낸 것이 아니라 천상에서 태초의 하늘에 대한 존재를 만 세상에 전하시려고 하강 강림하여 주신 신명님, 하나님, 미륵님이 자미국에서 인류 최초로 행하는 천상의식(천상입궁의식, 천인합체의식, 감사제의식, 천은보사의식)때 대단한 사감을 통해서 가르쳐주시었기 때문이다.

세상에 알려진 숭배 대상자 모든 분들의 위에는 원초적인 태초의 하늘 태상천존 자미천황님과 태상천존 자미황후님이 계신다는 진실을 인류는 알지 못했다. 천상과 지상의 모든 분들을 지휘통솔하시는 대단하신 분이시기에 신명님, 하나님, 미륵님께서 자미국으로 함께해 주시면서 천상의 진실을 최초로 전해 주고 계신다.

감히 인간들의 능력으로는 알 수 없는 광대무변한 하늘세계, 천상세계, 사후세계, 영의 세계, 신의 세계의 진실에 대해서 천상에서 수천 번 이상을 하강하시어서 저자 인황에게 가르쳐주시었다. 지겹다고 할 정도로 수시로 하강하시어서 하늘의 진실을 가르쳐주신 이유는 잘못된 종교 이론을 저자로 하여금 책을 집필하게 해서 올바르게 만 세상에 전하게 하시기 위함이었다.

1대 1로 전하기에는 너무나 많은 시간이 걸리고 일시에 전하기가 불가능하여 수많은 사람들과 조상님들, 신과 영들이 동시에 하늘세계, 천상세계, 사후세계, 영의 세계, 신의 세계의 진실을 알 수 있도록 책을 인황이 집필한 것이다.

71억 인류가 현재 믿고 있는 모든 종교적 숭배 대상자의 종착역이 원초적인 태초의 하늘 태상천존 자미천황님과 태상천존 자미황후님이심을 천상에서 오신 신명님, 하나님, 미륵님께서 인류 최초로 저자에게 밝혀주시었다.

인류의 종착역이고 종교세계의 종착역이 대단하신 하늘 태상천존 자미천황님과 태상천존 자미황후님이시니 드디어 유불선이 자미국에서 하나로 통합되는 것이다. 인류 최초로 밝혀지는 어마어마한 진실을 지금까지 아무도 알아내지 못하였는데 영광스럽게도 저자 인황(지황)에게 하늘의 진실을 끝없이 전해 주시었다.

하늘과 땅의 모든 천지신명님들과 나라조상님, 각 성씨 시조조상님들이 자미국으로 합의 동참하시어 위대하시고 대단하신 원초적인 태초 하늘의 뜻을 이 나라와 전 세계로 펼치시고자 사감과 함께 수많은 노고를 아끼지 않으시었다.

신명님, 하나님, 미륵님, 자미인황님을 통하여 하늘공부를 하는 과정은 눈물의 세월, 곤혹스런 세월, 고통의 세월이었는데 독자들과 세계 인류에게 저자가 자미국을 운영하면서 겪은 고초는 말로 다 표현할 수 없을 정도이다.

대 능력을 가지신 아쉬울 것 없는 신명님, 하나님, 미륵님, 자미인황님께서 저자 인황에게 무시당하고 수모까지 겪으면서 8년의 세월 동안 사감을 통하여 인류 최초의 진실을 전해 주시려고 수많은 노고를 아끼지 않으셨다.

이미 수십만 수백만 신도를 확보하고 모든 것이 다 갖추어진 거대 종교로 가시면 많은 대우를 받으시고 고생도 하시지 않을 텐데 아는 것이 없는 나약한 저자 인황을 선택하시어 하지 않아도 될 고생을 감내하시었다.

지구의 역사는 46억 년 정도이고 인류의 역사는 38억 년 정도인데 기라성 같은 세계의 수많은 유명 종교인들을 놔두고 아무것도 모르고 보잘것없는 저자를 통해서 태초 하늘의 위대한 진실을 피를 토할 정도로 전해 주시었다.

원초적인 태초의 하늘을 최초로 전하시려는 신명님, 하나님, 미륵님,

자미인황님께서 모든 종교를 초월한 새로운 세상을 펼치시려한 뜻이 저자와 맞았기 때문에 선택받은 몸이 된 것 같다.

독자 여러분이 지금 현재 어떤 종교를 믿고 있던 인류의 종착역, 종교의 종착역은 원초적인 태초의 하늘이신 태상천존 자미천황님과 태상천존 자미황후님을 자미국의 두 저자를 통해서 알현하는 것이 인간으로 태어난 사명 완수이자, 가장 영광스러운 일이며 인생의 영원한 승리자가 되는 길이다.

모든 분께서 하늘과 땅이 함께하는 자미국으로 통합하시어 원초적인 태초의 하늘이신 태상천존 자미천황님과 태상천존 자미황후님께 여러분과 조상님을 구원받도록 인도해 주시고자 하신다.

천지가 개벽할 일이 자미국에서 일어나고 있다. 대단하신 분들이 자미국으로 함께해 주시니 세계의 종교가 자미국 하나로 통합될 수 있는 것이다. 저자 인황(지황)과 사감의 인간 능력만으로는 감히 상상조차도 해볼 수 없는 꿈같은 일이다. 이분들 모두가 함께해 주시지 않으면 두 저자는 사기꾼이다.

이 책을 읽으면서 황당하고 말도 안 되는 이야기라고 생각할 독자들이 참으로 많을 것인데 그것이 정상이다. 지구에 인간이 태어난 이후로 하늘세계, 천상세계, 사후세계, 영의 세계, 신의 세계의 진실을 적나라하게 자세히 전하는 일은 처음이기에 황당하고 사이비 같다고 말해야 맞는다. 이 모든 진실을 전부 맞다고 말하는 것 역시 잘난체하는 것이고 하늘을 능멸하는 일이다.

인류 최초로 하늘께서 밝히시는 태초의 진실을 본인들이 모두 알고 있다면 이 얼마나 하늘이 하찮은 존재인가? 여러분이 모두 알 수 있는 진실을 무엇 하러 인류 최초로 전하시려고 대단한 능력을 가지신 신명님, 하나님, 미륵님, 자미인황님께서 사감 육신을 8년간 혹사시켜 가며 저자 인황에게 전해 주시겠는가?

이제까지 각자가 알고 있던 종교세계의 이론과 관습이나 풍습으로 알게 된 모든 고정관념을 버리고 일단은 하늘과 땅이 함께하는 자미국으로 들어와야 인생사를 살아갈 때나 육신이 죽어서도 후회하지 않게 될 것이다. 이 책을 읽는 독자들은 어마어마한 진실을 인류 최초로 알게 되는 것이니 행운아이다.

이 대단하신 모든 분들의 원과 한을 풀고 인류 최초의 위대한 천지대업을 전 세계로 위대하게 알리기 위해서 청와대 터가 필요한 것이니 대통령과 정부는 국가적인 차원에서 심사숙고하여 검토한 후 적극 협조하여 줄 것을 당부한다. 건국(9,212년 전) 이후 나라의 국운과 국민의 생사가 걸려 있는 아주 중차대한 문제이며 나라의 흥망성쇠가 좌우될 수 있는 어마어마한 일이다.

각자의 인생사 급변!

자고 나면 인생사의 운명이 돌변해 있다. 사회적으로 유명한 사람들이 자살하거나 멀쩡하던 사람이 밤사이에 저승길로 떠나고 검찰에 소환되어 구치소에 수감되고 있다.

유명 정치인, 기업인, 고위공직자들이 사망하거나 법정 구속되어 수감되는 것은 자미국에 들어와서 하늘의 명을 받아 구원받을 다른 정치인, 기업인, 고위공직자들에게 보여주기 위한 학습교재로 쓰이고 있다는 진실을 최초로 전한다.

하늘과 땅, 나라조상님, 각 성씨 시조조상님, 두 저자의 뜻에 동참하는 자손, 기업, 국가들에게는 현생과 사후세계까지 편안하고 행복한 세상이 이어질 것이지만 부정하고 무시하는 자손, 기업, 국가들에게는 대재앙이 내려져 고통스러운 지옥세계가 자신과 가정, 기업으로 끝없이 이어진다.

인간세상의 신분, 권력, 재력, 학벌, 명예 때문에 진짜 하늘과 자미국을 외면하고 찾아오지 않는다면 그것은 인생의 대재앙으로 이어지는 지름길이라는 현실을 신문과 방송을 통해 유명 인사들이 갑자기 죽거나 교도소에 수감되고 기업이 문을 닫는 불상사가 발생하는 것을 수없이 보아왔다.

자미국(지상 자미천국)에는 수많은 고위 정치인, 관료, 공직자, 판사, 검사, 장군, 광역 및 지방자치 단체장, 의사, 변호사, 기관장, 대기업 사주 및 임원과 부인 그리고 유명한 탤런트, 가수, 배우 등이 속속 들어오고 있다.

하늘과 땅, 일체의 천지신명님, 태초로 건국하신 72위 나라조상님과 역대 제왕님, 각 성씨 시조조상님, 호국장군님, 호국대사님, 호국영령님, 충의열사님, 애국지사님들께서는 5천 년의 유구한 역사를 자랑하는 이 나라 대통령과 국민들이 나라신전 하나를 세워주지 않음에 피눈물을 흘리시며 무시당했다고 서러워하신다. 그대들은 과연 어디서 누구의 핏줄을 이어받고 태어났는가?

원초적인 태초의 하늘을 찾지 않고 부정하며 이분들의 위대한 뜻을 무시하고 이분들과 함께 뜻을 펴는 자미국과 두 저자를 무시하는 즉시 각자의 인생, 가정, 기업, 국가로 감내하기 어려운 대재앙들이 속속 일어날 것이다.

인생으로 아픔과 슬픈 사연이 발생하는 것은 진짜 하늘이 아닌 가짜 하늘(귀신들)을 믿고 있기 때문이다. 자신의 인생사 아픔과 슬픔은 진짜 하늘을 몰라보고 배신한 아픔과 슬픔이다. 진짜 하늘을 받들고 섬기면 인생사에 아픔과 슬픔은 없다.

이 책을 읽어보고도 방문할 필요성을 느끼지 못하는 사람들은 구원 대상에서 제외될 사람들이다. 인생사 살면서 검찰에 소환되어 구속되지 않으려면 자미국과 무조건 인연을 맺어서 하늘의 천인으로 재탄생하여야 한다. 전직이나 현직에 근무 중 어떤 부정비리가 있었다면 터지기 전에 하늘과 땅의 기운으로 미리 막아야 검찰에 구속되는 불행을 막을 수 있다.

자미국과 대한민국이 국가대 국가로 서로 손잡고 공조하여야 한민족의 원과 한이 풀리고 나라의 운명이 천지개벽할 수 있다. 약소국의 신분에서 절대 강자로 군림하여 천하 세계를 다스리는 지도국가로 부상할 수 있는 무소불위의 천지기운이 자미국으로 흐르고 있다.

수천 년 동안 종교전쟁이 끊이지 않는 중동지역.

그래서 가짜 하늘의 뜻을 펼치는 종교세계는 지구촌에서 없어져야 한다. 진짜 하늘이 아닌 가짜 하늘을 믿고 있으면서 가짜 하늘끼리 서로가 싸움질 하고 있다.

그리고 세계 각지에서 영토 전쟁과 지배국가로부터 독립하려는 민족들의 시위가 끝없이 일어나고 있다. 자기네 영토라고 주장하는 전 세계 각 나라들은 누구로부터 사들인 땅인가? 땅의 주인으로부터 정당한 대가를 지불하고 영토를 사들인 것이 아니라 각 나라가 모두 무력으로 주변국 약자의 땅을 강제로 빼앗은 것이었다.

지금까지는 땅의 주인이 없었던 지구였지만 자미국을 통하여 지구의 진짜 주인이 나타났다. 땅의 주인은 천지만생만물과 수천 억 개의 우주 행성들과 지구를 태초로 창조하신 대단한 하늘 태상천존 자미천황님이시다.

그리고 하늘의 명을 받아 지구의 주인으로 자미지황님과 인간의 대표로 자미인황님을 자미국 저자 육신으로 내려 보내주시었다. 각 나라 영토와 인류의 진짜 주인은 하늘 태상천존 자미천황님이시고 하늘을 대신하여 세계 영토와 인류의 주권에 대한 권리를 행사하실 분이 자미지황님과 자미인황님이시고 육신을 가진 자미국의 저자가 이분들의 역할을 대신하고 있다.

지금까지는 막강한 힘을 가진 강자가 판치는 세상이었고 앞으로도 마찬가지일 것이다. 세계 각 나라의 영토와 인류의 주인이 누구인지 몰라보고 힘세고 목소리 큰 자들이 자기들 마음대로 쥐락펴락 판치는 무법천지의 세상이었다.

이 땅 지구에 주인으로서 권리를 행사하시는 분이 없어 벌어진 것이 영토전쟁이다. 그래서 이 땅 지구에 어른이 필요하기에 청와대 터에 인류를 다스리고 통치해야할 자미국을 세워야 한다는 것이다. 지구의 주인을 하늘께서 인류 최초로 밝혀주셨기에 세계 인류가 이런 엄청난 진실을 알아들을 수 있도록 저자 인황(지황)이 인류의 구심점을 청와대 터에 세우고자 하는 것이다.

세계 각 나라 영토의 실질적인 주인과 인류의 대표로서 권한을 행사하고자 큰 뜻을 펼치려고 책으로 알리는 것이니 대통령과 정부, 국민들은 자미국의 뜻과 함께 해주었으면 좋겠다. 나라의 국운이 천지개벽하는 일이 되어 줄 것이다.

진짜 하늘의 뜻을 알면 이 세상에는 종교가 필요 없어진다. 종교전쟁도 없어질 것이고 세계의 종교가 자미국 하나로 자연스럽게 통합되어 무릉도원 세상이 열린다.

자미국이 세계 인류의 구심점이 되어 강력한 주인(통치자) 역할을 해내면 지구촌에서 영토분쟁으로 인한 전쟁이 사라질 것이고 자미국이 청와대 터에 들어가는 것은 세계의 주인(어른)으로 세워지는 것이나 마찬가지이다. 세계 각 나라가 어른(자미국)의 영도를 받고자 연방국가로 자청해서 귀속하는 엄청난 천지개벽이 일어나는 한민족 모두의 경사스런 일이다.

자미국이 인류의 구심점으로 청와대에 세워지는 것이 북한의 무력도발을 막아내고 남북통일을 이루어 낼 수 있는 지름길이기에 이 나라의 국민들과 정부는 하늘과 땅, 너와 내가 함께 하는 자미국의 뜻에 적극 동참해 주어야 한다. 북한의 핵실험과 무력도발 때문에 이 나라와 전 세계가 시끄러운데 걱정하지 않아도 된다.

인생의 천지개벽 조화

상상을 초월하는 인생의 천지조화가 일어나는 대단한 자미국.

무속, 도교, 도인, 기독교, 천주교, 불교세계를 통해서도 이룰 수 없었던 인생사의 아픔과 슬픔을 자미국으로 내리는 무소불위의 천지기운을 통해서 모두 해소할 수 있다. 병원에서도 치료되지 않는 이상 질병과 병명 없는 질병 그리고 각자마다 인생사에 일어나는 아픔과 슬픔을 치유할 수 있는 곳이다.

50대 중반의 남자가 천상입궁의식을 행하고 그의 삶이 천지개벽하였다. 그가 자미국에 처음 들어왔을 때는 옷차림도 가분수처럼 입어서 어울리지 않아 바보처럼 보였고 누가 봐도 모자라는 푼수였다. 하지만 천상의식을 행하고 나서부터 얼굴에 어두운 그림자와 바보 같은 말투와 행동이 사라지고 광채가 나는 똑똑한 모습으로 변모되어 풍채 좋은 재벌 회장처럼 바뀌었다.

허름한 점퍼만 입던 그가 양복 차림에 넥타이를 맨 모습은 인생의 대변신이었다. 알 수 없는 질병으로 오랜 세월 천근 같던 몸이 날아갈 것처럼 가벼워졌고 모든 병마에서 벗어났다. 이런 그의 변화된 모습을 보고 주위 사람들은 눈이 휘둥그레질 정도로 놀라워했고 본인 자신도 달라진 모습에 신기해했다.

그러나 안타깝게도 그의 모습은 풍채 좋고 마음 좋은 재벌회장의 모습이었으나 일용직 근로자였다. 그의 모습을 처음 보는 사람들은 그가 일용직 근로자일 거라고는 감히 생각조차 못할 정도이니 하늘과 땅의 천지조화가 얼마나 대단하신가?

일용직 근로자의 모습을 천상의식을 통해서 천지개벽시켜 주시었는데 천상의식을 행한 대상이 잘나가는 고위공직자나 기업인이라면 그의 삶과 기업이 어떻게 변할 것인지는 상상에 맡긴다. 하늘과 땅이 그를 더 도와주고 싶어도 현실적으로 신분이 일용직 근로자이니 참으로 안타까울 뿐이다.

현재 잘나가는 사람들일수록 더 잘나가기 위해서라도, 또한 자신이 이루어놓은 성공과 출세를 오래도록 지키기 위해서라도 자미국을 속히 찾아들어 와야 한다. 자신의 인생이 잘 풀리고 더 잘되는 것도 좋지만 더 이상 망가지지 않게 지키는 것 또한 중요하다. 자신의 성공과 출세를 오래 지키는 것 또한 자신의 노력으로만 지켜질 수 없다는 진실을 인정해야 한다.

하늘과 땅의 기운을 통해서 자신의 성공과 출세를 지켜내야 하는 것이지 자신 스스로는 언제 어떻게 변할지 모르는 천지의 기운을 감당해낼 수 없다. 대우주의 신묘한 기운과 땅의 기운을 통해서만 자신의 목숨, 건강, 안위, 재산, 가정을 지킬 수 있다.

오랜 세월 피땀 흘려 고생해서 이루어놓은 자신의 높은 자리와 자신의 소중한 가정과 기업을 한순간에 몽땅 잃어버릴 수 있으니 불상사가 일어나기 전에 하늘과 땅의 기운을 통해서 자신의 목숨과 자신의 자리와 자신의 가정, 기업을 지켜내야 한다.

아픔과 슬픔의 사연이 많은 사람이든 아무 근심걱정 없이 잘 사는 사람이든 일단은 자미국에 들어오는 것이 가장 시급한 문제이다. 현생의 짧은 인생도 잘 살다가 죽어야 하지만 육신의 죽음 이후 모두에게 공평하게 찾아오는 사후세계도 잘 살아야 한다.

대다수 사람들은 100년 미만 동안 육신의 삶만 존재할 것이라고 생각하는데 끝없이 이어지는 사후세계가 실제로 존재한다. 그러기에 모두는 자신의 죽음 이후를 대비한 사후세계를 자미국에 들어와서 철저히 준비해 놓고 세상을 떠나야 미래의 사후세계를 고통이 아닌 기쁨과 행복을 누리며 살아갈 수 있다.

자미국은 종교처럼 아무나 모두가 들어올 수 있는 곳이 아니라 적어도 하늘의 명을 받아 자신의 조상님과 자신의 영을 구원할 수 있는 능력을 가진 사람들이라야 들어올 수 있는 곳이다. 전생과 현생에서 자신과 조상님들이 지은 죄가 너무 커서 벌을 받아 가난에 찌들어 살고 있는 사람들은 들어올 수 없다.

누구나 한 번쯤은 잘살았던 시절이 있었지만 하늘을 몰라보고 무시하며 찾지 않고 현실의 돈과 권력이 최고라고 생각하며 거만, 자만, 교만을 떨다가 부귀영화 모두를 한순간에 잃어버렸던 사람들이다. 하늘을 몰라보고 무시하는 자와 하늘의 가슴을 후벼 판 자는 태산 같은 재물을 지키지 못하고 날려버린다. 본인이 날려버리든 자식들이 날려버리든 반드시 몰락하게 되어 있다.

자미국으로 내리고 있는 무소불위의 천지기운! 각자의 인생으로 일어나고 있는 모든 고통과 불행을 소멸할 수 있는 전 세계 유일한 곳이고 오래된 수많은 종교를 통해서도 이룰 수 없었던 인생의 천지개벽이 실시간으로 일어난다.

자미국의 백성과 천인으로 탄생하면 수명장수하게 되고 인생사의 고민과 우환이 사라지는 이적과 기적이 수없이 나타난다. 한 개인이 자미국에 들어오면 한 가정이 편안해지고, 기업인이 들어오면 기업이 승승장구하고 대통령이 들어오면 나라가 잘살게 되는 천지조화가 현실로 일어난다.

이 책을 읽어보는 독자들이 선별적으로 선택받아 들어올 것인데 이들이 인생의 행운아이다. 현생과 내생의 행복이 열리는 무릉도원의 삶이 펼쳐지는 지상낙원이다. 현실 속으로 행복이 열리는 전 세계 유일한 곳이다.

집 안에 근심걱정, 질병, 우환, 고민, 사건사고 없이 무탈하게 부자로 잘살수록 더 빨리 들어와야 한다. 그리고 육신이 살아있을 때 신선과 선녀로 재탄생하는 천인합체의식을 행하고 살아야 무릉도원 같은 인생을 살 수 있고 죽어서는 천상 자미천궁으로 올라가는 행운을 누리게 된다.

자미국은 중산층, 상류층, 초상류층들이 들어올 수 있는 곳이고 인류가 종교세계 안에서 오랜 세월 찾고 기다려오던 인간 눈높이의 이상향 세계이다. 부자는 더 잘살아야 하고 성공자는 더 크게 성공해야 하고 행복한 자는 더 행복하게 해주는 것이 자미국(지상 자미천궁)의 이념이자 목표이다.

성공하고 출세하여 부자 인생을 살아가는 사람들은 사후세계에서도 성공하고 출세한 부자의 내생을 살아가야 한다. 지금보다 더 잘되는 인생을 살아가고 싶은 독자들은 자미국이 딱 맞을 것이다. 없는 자들을 구원한다는 것은 하늘과 땅도 어렵기에 하류층들은 방문해도 의식비용 문제로 하늘의 백성이 되기 힘들다.

어떤 사업을 크게 하고 있어야 더 크게 번창할 수 있도록 도와줄 수 있다. 하늘과 땅의 천지조화 능력이 대단하시더라도 일당을 벌어서 살아가고 있는 일용직 근로자를 어떻게 부자로 만들어주시겠는가? 어느 정도 규모 이상의 기업체를 운영하고 있는 사람들이라야 천지기운으로 크게 번창시켜 줄 수 있다.

그러니까 어느 정도의 준비가 되어 있을 때 하늘과 땅이 도와주시면 크게 성공할 수 있는 것이지 일용직 근로자를 얼마나 잘되게 해주실 수 있겠는가?

무소불위의 천지기운은 정말 대단하신데 사람들이 몰라보고 있다. 큰 인물들은 큰 인물대로 하늘의 백성과 천인이 된 자들은 잘나가고 있지만 더 많은 사람들이 자미국을 통해서 크게 성공했으면 좋겠다.

생사를 좌우하는 기운

살아있는 생명체에 대한 생사를 좌우하는 기운!

살리는 기운 생기(生氣), 죽음의 기운 사기(死氣), 요사스런 나쁜 귀신의 기운 사기(邪氣)가 있다. 인간을 포함한 천지만물의 모든 생명체는 하늘의 기운과 땅의 기운을 받고 살아간다. 하늘의 기운 천기(天氣)와 땅의 기운 지기(地氣)를 받고 살아가는 것이 인간들과 동식물, 산천초목과 만생만물의 모든 생명체이다.

천기는 햇빛, 달빛, 공기, 바람, 구름, 비, 눈이고 지기는 모든 곡식들이 뿌리를 내리고 생장할 수 있는 땅의 기운인데 만생만물의 기운을 주관하시고 우리 인간들의 마음을 창조하여 주신 하늘(천황님)이 실제로 존재하고 계시지만 영으로 존재하기에 인간들의 눈에는 보이지 않고 귀에는 들리지 않는다.

또한 땅의 기운을 좌우하는 땅(지구)의 하늘(지황님)도 기운으로 존재하고 계시고, 인간의 기운을 좌우하는 인간의 하늘(인황님)도 기운으로 실제로 존재하고 계신다. 하늘, 땅, 인간 즉, 천지인이 현실 세계로 존재하고 있다.

신의 하늘(신명님)도 계시고, 영의 하늘(하나님)도 계시고, 도의 하늘(미륵님)도 계시며 이 모든 분들의 최고 어르신이 하늘과 땅의 모든 만생만물을 창조하여 주신 대단하신 하늘 태상천존 자미천황님과 자미황후님이시니 천지부모라 한다.

인간들이 잘 사는 길은 이분들의 기운을 받고 이분들의 뜻대로 살아가는 것이 현생과 내생까지 가장 잘 사는 지름길인데 인류의 영적 지도

자가 없어서 이분들을 만날 수 있는 방법을 모르고 산천이나 종교 안에서만 찾으려 하고 있다.

산의 기운과 물의 기운도 받아야 살 수 있다. 생명체를 갖고 있으면서 이분들의 기운을 몰라보고 무시하며 살아가는 것은 인생의 고통이자 죽음의 세상을 살아가는 것과 같다. 이분들은 우리들을 살려주실 수 있는 좋은 기운을 갖고 있기에 사람들은 산천이나 종교 안에서 기운을 받아 잘 살려고 기도를 한다.

그런데 중요한 사실은 각자 받으려는 기운이 좋은 기운인지 나쁜 기운인지 판별할 능력이 없기에 기운을 잘못 받으면 그것이 죽음의 길이 되는 사기(死氣)가 되고 요사스런 귀신의 사기(邪氣)로 인하여 패가망신하는 지름길이 된다.

기도하는 것을 가장 좋아하고 원하는 존재들이 사기의 기운을 가진 존재 즉, 귀신들이다. 그 이유는 귀신들은 인간의 육신이 없기에 살아있는 인간육신을 가장 좋아하므로 기도하는 사람들의 몸으로 숨어 들어가기가 쉽기 때문이다.

귀신들은 인간들이 알아보지 못하기에 기도하는 사람들을 가장 좋아한다. 그러면서 어떤 생각이나 기운을 내려주면서 자기들이 높은 신이라고 위장하는 경우가 다반사인데 인간들은 이들이 진짜인지 가짜인지 판독할 수 있는 능력이 없기에 기도를 많이 하는 사람들의 몸에는 수많은 귀신들이 함께하고 있다.

천지이치 즉, 하늘과 땅의 이치를 모르는 영들이 귀신들인데 이들은 무식해서 하늘도 몰라보고 무시하기에 이들이 들어오면 정신이상자가 되거나 사업이 망하고 우환, 관재구설, 질병으로 자신과 가족 모두가 불행해진다. 그래서 아무 하늘이나 찾으면서 기도하는 것은 인생 파멸의 길을 걷는 지름길이다.

가짜 하늘, 가짜 신을 믿으면 그것은 바로 멸망으로 이어진다. 인간들의 능력으로는 진짜 하늘, 진짜 신, 진짜 하나님, 진짜 미륵님을 판별하는 것은 불가능하다. 하늘세계, 신의 세계, 영의 세계, 조상세계, 사후세계, 인간세계에 대하여 전 세계 최고의 경지에 다다른 여자 저자 사감만이 판별해 낼 수 있다.

진짜인지 가짜인지 구분해 낼 수 있는 전 세계 최고의 대 능력자는 하늘, 신명님, 하나님, 미륵님, 천지신명님, 조상님의 말씀을 실시간으로 전하는 사감인데 자미국을 세워 하늘의 진실을 전 세계에 전하라고 주신 대 능력이다.

수많은 사람들이 기도를 하면 할수록 뒤집어지는 이유는 진짜 기운이 아닌 가짜 기운 사기(死氣와 邪氣)를 받았기 때문이다. 그래서 아무 곳에나 가서 기도를 하면 인생의 운이 풀려 행복해지는 것이 아니라 불행해진다.

성공, 출세, 건강, 행복을 누리는 생기(生氣)를 받으려면 이 세상천지에서는 자미국뿐이다. 자신의 몸 안에 함께 있어도 알 수 없는 귀신들을 보내고 나서 진짜 하늘, 진짜 신의 기운을 받아야 한다. 귀신들을 내보내지 않고 기운을 받으면 귀신들이 가로채기에 자신들이 받을 것은 아무것도 없다.

인생을 잘되고, 편안하게 하는 좋은 천기, 정기, 신기, 영기, 서기, 명기, 진기, 지기를 받으려는 사람들은 혼자서 산천, 가정에서 기도하면서 귀신들을 불러들이지 말고 속히 자미국을 방문해서 상담부터 받아야 한다. 기도 많이 하는 사람들의 몸 안에는 수많은 귀신들이 함께 살아가는데 먼저 건강이 나빠지고 사업이 내리막길을 걸으며 우환이 끊이지 않고 싸움이 잦아진다.

하늘의 좋은 기운 받아서 잘 살고자 하는 사람들은 자미국에 찾아오는 것이 상책이다. 잘사는 자들과 잘난 자들은 이 책을 읽어보고도 굴복하기 싫어서 진짜 하늘을 찾지 않고 무시하며 부정하고 살아가면 결국에는 사기의 기운이 강해지면서 어느 날 갑자기 멸망의 길을 가게 되어 있다.

우주와 하늘과 땅에는 수많은 기운이 함께 존재하고 있는데 인생을 살리는 좋은 기운과 인생을 죽이는 나쁜 기운이다. 음의 기운과 양의 기운이 상존해 있다고 보면 되는데 선과 악의 기운이 동전의 양면처럼 함께 공존하고 있다.

우주의 기운을 받고자 하는 사람들, 천통의 기운을 받고자 하는 사람들, 신통의 기운을 받고자 하는 사람들, 영통의 기운을 받고자 하는 사람들, 도통의 기운을 받고자 하는 사람과 질병의 기운을 소멸하고자 하는 사람들이 수없이 많은데 질병의 기운은 병마 즉, 귀신들이 들어와서 생긴 병이기 때문에 기도로는 안 된다.

수련이나 기도를 통해서 진짜 기운인 줄 알고 잘못 받으면 그것이 바로 저승길이 될 수 있고 운이 막혀서 인생의 멸망, 가정의 멸망, 기업의 멸망으로 이어진다. 운이라는 것은 진짜 하늘의 기운을 받아야 열린다. 하늘의 문을 열려고 수많은 사람들이 나름대로 기도나 수련을 하지만 아주 위험천만한 일이다.

대부분의 영 능력자들이 하늘의 어떤 기운을 받게 해주겠다고 사람들에게 기도나 수련을 시키고 수많은 사람들이 이들의 말을 따라서 행하고 있다. 하지만 진짜 하늘의 기운을 받는 것이 아니라 그 사람 즉, 지도자나 스승의 어떤 기운을 받아오는 것이지 진짜 하늘의 기운을 받아오는 것이 아니라는 것을 알아야 한다. 처음에는 신기하게 느껴져서 그곳에 심취하며 빠져들겠지만 나중에는 인생 자체가 몽땅 뒤집어져서 파멸하게 되어 있다.

파멸하는 이유는 지도자나 스승을 하늘로 받들었기 때문에 하늘의 역천자가 되어 진짜 하늘의 좋은 기운은 받지 못하고 나쁜 사기(死氣와 邪氣)를 받아서 인생 멸망으로 이어진다.

천지만물의 모든 것은 기운으로 움직이게 되어 있다.

기의 흐름은 마음의 흐름과 같다. 마음과 생각, 말로 하늘을 부정하는 사람들이 하늘의 역천자들이다. 이 책을 읽으면서 하늘 무서운 줄 모르고 책 내용을 부정하면 그것이 하늘에 죄가 된다는 것은 상상조차도 못해 봤을 것이다.

물론 책 내용이 자신의 생각과 다를 수 있다.

천상 자미천궁에서 이 땅으로 내려온 영들이나 책 내용에 공감할 것이고 다른 하늘에서 내려온 영들은 무슨 말인지 도무지 이해가 안 갈 것이다. 또한 책 읽을 때 하늘, 신명님, 하나님, 미륵님, 자미인황님, 천지신명님, 나라조상님, 자신의 조상님께서 기운을 내려주셔야 감응 감동이 일어나면서 공감할 수 있다.

자미국에 들어올 수 없는 사람들 즉, 하늘이 구원하시지 않을 사람들은 책을 읽어봐도 이해가 안 되고 무슨 말인지 알아들을 수 없게끔 되어 있는 신비의 책이다. 하늘, 신명님, 하나님, 미륵님, 자미인황님, 천지신명님, 나라조상님, 자신의 조상님께 버림받은 사람들은 자미국에 들어올 수 없게 해놓으셨다.

책 내용에 공감을 못해서 들어오지 못하든, 너무 가난해서 돈이 없어 들어오지 못하든, 육신이 장애인이라서 움직이기 어려워서든, 교도소에 수감 중이라서 오지 못하든, 큰 질병으로 병원 침대에 누워 있어서 오지 못하게 된다.

자미국은 하늘에 선택받아 현생과 내생을 기쁨과 행복을 누릴 사람, 조상, 영, 신들만이 들어올 수 있는 영원한 무릉도원의 이상향 세계이다. 자미국은 인간의 눈에 보이지 않고 들리지 않는 하늘세계, 영의 세계, 신의 세계, 천상세계를 동경하며 찾고 기다린 사람들에게 딱 맞는 곳이다.

맑고 깨끗한 하늘의 마음을 가진 선하고 착한 자와 하늘을 몰라 본 사람들 모두가 들어와서 인생을 뒤집고 어렵게 만드는 사기의 나쁜 기운은 소멸 받고 잘되는 하늘의 기운은 받아들여야 자신과 가족들이 잘 풀리고 잘된다.

수많은 사람들이 산의 정기를 받고자 산을 많이 찾아가는데 전 세계에서 가장 기가 센 곳이 미국 애리조나 주에 있는 붉은 바위산 세도나라고 한다. 기 수련자들이나 예술가, 명상가들에게 관광지로 유명한 곳이기도 하다. 전 세계에서 기가 센 곳이 네 곳이 있다고 하는데 그중에 하나가 세도나이다.

기(氣)라는 것은 인간들이 살아가는 데 필요한 천기, 지기, 정기, 서기, 명기를 말하는데 이것을 영적으로 표현하자면 산의 정기는 산신령님의 기운이고, 하늘의 정기는 천기이고, 신의 정기는 신명정기 기운이다. 세상 사람들은 기가 센 곳이 세도나라고 하여 많이 찾아가는데 전 세계에서 기가 제일 센 곳은 자미국이다.

하늘의 기운, 신명님의 기운, 하나님의 기운, 미륵님의 기운, 자미인황님의 기운, 천지신명님의 기운, 나라조상님의 기운이 전 세계에서 가장 강하게 흐르는 곳이기 때문이다. 수많은 독자들이 자미국 반경 1km 정도 안에 들어오면 온몸으로 어떤 강한 전율의 기운을 느낀다고 말하고 있다.

지구에서 기가 가장 센 곳은 미국 애리조나 주에 있는 세도나 산이 아니라 하늘과 땅이 함께하는 자미국이다. 자미국에 들어오면 온몸과 손발이 심한 진동을 느끼는 사람들이 많은데 세상에 이런 곳은 자미국 이외에는 존재하지 않는다. 책을 읽어보기만 하여도 기운을 느끼니 얼마나 대단한 곳인가?

그래서 자미국은 이론으로 교화할 필요가 없고 본인들 스스로가 하늘과 땅의 기운을 실시간으로 느끼기에 더 이상 말이 필요 없는 대단한 곳이다. 아마 자미국이 청와대 자리에 세워지고 방문객들마다 이런 신비의 기운을 온몸으로 느낀다면 세계 인류가 신기해서 모두가 찾아올 것이다.

정말 대단한 곳임은 분명하나 아직 모르는 사람들이 더 많다. 이 나라 국민들뿐만이 아니라 세계 인류가 하루빨리 대단한 자미국의 존재를 인정해야 한다. 하늘과 땅의 기운이 가장 강하게 흐르는 지상 최고의 대단한 자미국이다.

인간, 조상, 신, 영들을 가장 편안하게, 가장 잘되게 해주는 천지기운이 흐르고 있다. 더 이상 기를 받으려고 산이나 종교를 다니며 기도하지 않아도 자미국에 들어오면 세상에서 가장 고귀하고 가장 강한 천지기운을 받고 살아갈 수 있다.

질병으로 오랫동안 고생하던 사람들은 효험을 가장 빨리 볼 수 있을 것이다. 특히 병명 없는 질병들은 상당히 빠른 시간 안에 좋아지고 쾌차할 수 있게 된다.

천상의 문은 어떻게 열고 하늘이 내리시는 천기와 천복을 받는 방법은 무엇이며 어디에서 어떻게 받는 것일까. 그 모든 해답이 자미국에 있다. 천상의 문을 열어 자신의 뜻을 이룰 수 있는 천기와 천운을 받기 원하는 사람들은 뜻을 이룰 수 없다.

하늘의 원과 한이 무엇인지 먼저 풀어드려야 자신들이 바라고 원하던 천기와 천운을 받아 인생사의 큰 뜻을 이룰 수 있다. 하늘의 원과 한을 풀어주는 자손들을 가장 어여삐 여기시기에 능히 자신들이 마음속에 품은 높은 뜻을 이룰 수 있다.

가짜 하늘의 말과 이론을 믿고 따라서 가짜 하늘의 기운을 받았기 때문에 각자의 인생들이 끝없이 뒤집어 지고 있는 것이다. 무시당하는 것이 얼마나 기분 나쁜 일인지 각자 독자들도 입장을 바꾸어 생각해 보면 이해가 빠를 것이다. 각자 자신들이 알고 지내는 주변에 있는 사람들이 자신을 무시하는 말과 행동을 하면 그 기분이 어떨까? 평생 원수지간이 될 것이고 두 번 다시 만나지 않을 것이다.

종교 안에서 가짜 하늘을 믿고 있는 모든 사람들은 이미 하늘의 배신자가 되어있고 하늘과 철천지원수가 되어있다는 진실을 아는가? 하늘을 무시하고 부정하며 몰라보고 찾지 않는 하늘의 배신자들에게 과연 하늘이 예쁘다고 그대들을 인생의 대재앙과 천재지변의 대재앙 때 보호해주실까? 하늘을 무시한 배신자들은 살아서는 물론 죽어서도 심판대에 올라가고 그의 가족들이나 후손들도 천년만년 끝도 없이 무서운 심판을 받는다.

인생사에 가장 큰 재앙과 불행은 종교 안에서 가짜 하늘을 믿어서 진짜 하늘을 무시하고 몰라보며 찾지 않는 것이다. 누구를 믿으면 구원받는다고 말하는데 모두 새빨간 거짓말이라는 것을 100% 아니 1,000% 자미국의 저자가 장담하고 보증한다.

누구를 믿는다고 구원되는 것이 아니라 자미국을 통하여 하늘의 말씀을 들어보아야 한다. 진짜 구원은 진짜 하늘만이 하실 수 있으니 그들이 주장하는 구원은 가짜 하늘이니 가짜 구원일 수밖에 없다. 가짜 구원은 얼마든지 이론으로 할 수 있다.

숭배자에게 빙의되고, 종교교주에 빙의되고, 종교의 교리와 이론에 빙의되어서 가짜 하늘을 열심히 믿고 있는 사람들은 이 책을 보면서 오히려 저자를 미쳤다고 하거나 설득하려 할 것인데 부정하는 죄를 짓는 무서운 일이다.

가짜 하늘을 믿어 진짜 하늘을 무시한 죄를 빌고, 각자의 전생과 현생의 죄를 용서 빌면 전 세계에서 가장 강력한 하늘의 기운과 하늘의 천복만복을 받을 수 있다.

하늘과 땅이 함께 하는 대단한 자미국에 들어오면 무속이나 도인, 종교인들의 능력으로 해결 안 되는 인생사의 모든 불가사의한 난제들이 하늘이 내려주시는 기운으로 신비롭게 해결되는 이적과 기적이 수없이 일어나고 있으니 거의 불가능이 없는 자미국이라고 보면 된다.

3부
인생의 재앙

나이트클럽 화재로 245명 사망 · 버스 38대 불에 타
교회 기도원 폭발사고 · 빙의로 인한 자살과 돌연사의 진실
숭례(남대)문 화재 · 살아있는 지옥 아프리카 대륙
아버지를 때려 돈을 뺏은 12세 소녀
12살 친딸 성폭행 파렴치한 · 성추행, 성폭행 사건은 왜 일어나는가?
아버지 살해해 암매장한 30대 아들 · 울산 앞바다 선박 전복사고
빚 3,600조 원, 지난해 GDP 3배 · 건국 이래 최대의 다단계 4조 원 사기
사기 골프 · 화재 발생의 진실

나이트클럽 화재로 245명 사망

245명의 목숨을 앗아간 브라질 나이트클럽 화재 참사는 인재(人災)였던 것으로 드러났다. 화재는 27일 새벽 2시께 밴드가 무대에서 폭죽을 터뜨리면서 불이 났다.

28일 현지 일간지 〈폴라 지 상파울루〉에 따르면, 불이 난 나이트클럽 '키스'의 소유주는 화재 당일인 2013년 1월 27일 새벽 메인 출입구를 잠그고 영업하고 있었던 점에 대해 '면허기한이 지나 몰래 영업 중이었다'고 경찰에 진술했다.

수용인원이 1,000명인 이 클럽 안에는 당시 정원의 2배인 2,000명이 넘는 손님이 있었는데 사망자는 문이 잠겨 있었기 때문에 대부분 질식사했다고 한다.

역사상 최악의 나이트클럽 화재 사망 사건. 먼 나라 브라질에서 발생하여 남의 일이라 생각하고 있을 테지만 원래는 이 나라에서 발생할 화재였는데 다른 나라에서 일어나게 했다.

하늘과 땅, 자미국 저자의 명을 무시하면 이 나라에서 저런 끔찍한 화재사건이 수없이 일어난다. 대형화재뿐만 아니라 예측 불허의 대형 사건사고들이 줄줄이 터진다.

버스 38대 불에 타

서울 강서구 외발산동의 한 버스 차고지에서 2013년 1월 15일 새벽 3시쯤에 불이 나 버스 38대가 불에 탔는데 신고했지만 불은 1시간 50분 동안이나 지속됐다.

이 차고지에는 버스 79대를 포함해 정비차량 등 80여 대가 서 있었는데 이 가운데 30대는 전소됐고, 8대가 부분 소실돼 15억 원의 재산피해가 났다. 주차된 버스에서 최초로 불이 시작되었고 한 대 이상에서 불이 시작된 것으로 추정하고 방화 가능성도 있다고 한다.

버스 38대가 불에 탄 역사는 지금까지 들어본 적이 없다. 화재가 방화로 일어났든 배터리 전기누전으로 자연발화를 하였든 상상을 초월하는 재앙이고 버스 대량화재 뉴스로는 처음 들어보는 대규모 화재사건이다.

왜 이런 대규모 화재가 발생되고 있는 것인지 상식적으로 이해가 안 되는 부분이다. 대한민국 정부나 국민들에게 어떤 메시지를 전달하려는 뜻인 거 같다. 말 그대로 운수업이니 회사대표나 배우자가 어떤 누군가에게 무사고를 빌었을 것이다.

그런데 엄청난 규모의 화재가 발생했다. 물론 자동차보험에 가입되어서 어느 정도 보상은 받겠지만 이것으로 끝나는 것이 아니라 또 다른 재앙이 회사대표나 배우자, 자녀들에게 일어날 것을 암시하고 있는 것으로 받아들여야 한다.

교회 기도원 폭발사고

광주광역시에 있는 기도원에서 불이 나서 4명이 숨졌다. 폭발 추정으로 난 불로 인명피해가 났다. 지상 3층, 지하 1층 건물의 지하에 있는 기도원에서 불이 난 것은 2013년 1월 14일 오전 9시 45분쯤이고 이 불로 부엌과 예배당 등에서 65살 구 모 씨 목사 부부와 기도원장 등 남자 1명과 여자 3명 등 모두 4명이 숨졌다.

숨진 사람들은 당시 기도원에서 부흥회를 준비하고 있었던 것으로 알려졌다. 누전으로 불이 붙기 시작해 벽면과 천장이 타들어 가면서 보온재 등에서 유증기가 만들어져 폭발한 것으로 보인다고 했다.

부흥회를 준비하는 목사를 왜 보호해 주지 않고 죽게 내버려두시었을까? 목사 자신들조차도 보호받지 못하고 벌을 받아 죽었는데 누구를 전도한다고 부흥회를 여는 것일까?

예수, 성모, 석가, 상제를 믿는 것은 원초적인 태초의 하늘을 무시하는 죄를 짓는 것이다. 이들의 뜻을 기리며 세상에 전하고자 종교를 처음으로 세운 그의 제자들이 세상에 알려 놓은 모든 교리와 이론이 진짜 하늘의 뜻과 다르다는 진실을 성직자들과 신도, 세상 사람들은 전혀 모르고 있다.

하늘의 진실이 아닌 이들 제자와 종교인들이 잘못 전한 교리나 이론이 진실인지 거짓인지 모르고 무조건 믿고 따르다 보면 하늘을 무시한 죄가 쌓여서 각자의 인생들이 뒤집어지고 지옥세상의 삶으로 변한다. 이들의 뜻을 받들고 믿으면 믿을수록, 믿은 세월이 길면 길수록 자신들이 쌓은 죄는 계속 늘어나고 이자까지 붙게 된다.

빙의로 인한 자살과 돌연사의 진실

고 최진실 씨의 전남편 조성민 씨가 2013년 1월 06일 새벽 숨진 채 발견됐다. 여자친구의 오피스텔 욕실에서 허리띠로 목을 매 숨져 있는 것을 여자친구 40살 박 모 씨가 발견했다.

함께 술을 마시던 여자친구가 이별을 통보하고 나간 지 세 시간 만이었고 외출했다 새벽에 돌아온 박 씨가 숨져 있던 조 씨를 발견해 소방서에 신고했다.

조성민 씨는 어머니에게 죄송하다는 메시지와 여자친구에겐 꿋꿋하게 잘 살라는 메시지를 남겼다. 유서는 발견되지 않았으나 조 씨는 숨지기 전, 박 씨에게 모바일 메신저로 죽음을 암시하는 글을 짤막하게 보냈다. "그동안 고마웠다, 잘 살아라, 꿋꿋하게 살아라" 짧은 세 문장이었다.

조성민 씨는 탤런트 고 최진실 씨의 전남편으로 지난 2000년 결혼해 3년 9개월 만에 파경을 맞았고 이후 조 씨는 프로야구 두산 베어스에서 2군 재활코치로 지도자의 길을 걸었지만 지난 2012년 12월 초 재계약을 포기했다.

최진실 씨는 지난 2008년 10월 스스로 목숨을 끊었고, 동생인 고 최진영 씨도 지난 2010년 3월 자살로 생을 마감했다. 최진실 씨와 조성민 씨 슬하엔 아들과 딸이 있는데 엄마와 삼촌에 이어, 아빠까지 비극적인 죽음을 맞이하면서 안타까움을 더하고 있다.

지난 2008년 최진실 씨가 숨진 데 이어, 동생 진영 씨와 전남편 조성민 씨까지, 불과 5년 만에 세 사람이 목숨을 끊었다. 최진실 씨의 어린 남매는 가장 가까운 가족 세 사람을 잃는 비극을 맞게 됐다. 지난 2000년 결혼한 고 최진실 씨와 조성민 씨.

톱 탤런트와 야구스타와의 결혼으로 세상을 떠들썩하게 했지만 4년도 안 돼 이혼하며 결혼생활의 종지부를 찍었다. 두 사람 사이에서 태어난 어린 남매를 홀로 키우던 최진실 씨.

사채 루머에 시달리다 아이들을 잘 돌봐달라는 말을 남긴 채 지난 2008년 목숨을 끊기 전에 '세상 사람들에게 섭섭하다. 사채니 뭐니 나하고는 전혀 상관이 없는데 나를 왜 이렇게 괴롭히는지 모르겠다.'

1년 반 뒤.

배우이자 가수로 활동했던 최진실 씨의 동생 진영 씨도 스스로 생을 마감했다. 각별한 애정으로 조카들을 돌봐왔지만, 누나를 잃은 슬픔이 컸던 것으로 보인다. 그리고 2년여 만에 고 최진실 씨의 전남편 조성민 씨까지 숨진 채 발견되었다.

외할머니에게 맡겨져 자라고 있는 어린 남매는 불과 5년 사이에 엄마와 삼촌, 아빠까지 잃는 비극을 맞게 됐다. 고 조성민 씨는 90년대 한국과 일본야구에서 인기를 한 몸에 받았던 최고의 스타였다. 하지만 갑작스레 찾아온 부상을 극복하지 못한데다 불행한 가정사가 겹치면서 비극적으로 인생을 마감했다.

한 집안을 몰락케 하는 비운의 정체는 과연 무엇일까?

전생에 지은 죄가 큰 것도 있지만 귀신에게 빙의된 것이었다. 연탄가스로 세상을 떠난 안재환을 문상 갔던 최진실이 자살했고, 동생인 최진영이 2010년 자살했고, 2년여 후 조성민이 자살했는데 모두가 목을 매었다.

귀신이 없다고 생각하며 살아가는 사람들이 대부분인데 이는 인간의 눈에 귀신들이 보이지 않기 때문에 나온 무지의 말이지만 하늘, 신, 영, 귀신 모두가 실제로 존재하고 있으며 이곳에서는 이런 보이지 않는 존재와 대화를 통해서 해법을 제시하는 곳이다.

인생사의 고통과 불행!

자신들의 노력으로 해결할 수 없고 피해 갈 수 없다. 성공한 야구스타가 불행의 질곡에서 벗어나지 못한 이유도 이미 귀신들에게 빙의되어 불행한 죽음이 예고되어 있었던 것이다. 인생사를 살아가면서 하향곡선을 그리는 것은 이미 불행의 그림자인 귀신들이 들어와서 함께 살아가고 있다는 것을 말한다.

귀신들은 인간들이 행복한 것을 시기 질투한다. 남 잘되는 꼴을 못본다는 속담이 있듯이 귀신들이 그렇다. 남이 망가지는 것을 바라보며 손뼉 치고 즐거워하는 존재가 귀신들이다. 큰 불행이 일어나지 않는다고 안심하며 살아가는 사람들이 가장 위험한 사람들인데 그 이유는 한번에 몽땅 망가진다는 점이다.

작은 불행이 계속되면 그 원인을 찾으려고 애를 쓰다가 책을 보고 우연하게 자미국을 만나 구원받게 되지만 마음의 준비가 안 되어 있는 상태에서 이 책을 읽어봐도 마음이 끌리지 않아 구원받을 수 있는 귀한 기회를 놓치게 된다.

인간들의 영적 수준으로는 위대하신 하늘세계, 사후세계, 신의세계에 대하여 알 수가 없다. 책을 읽고 방문해서 자신들이 직접 의식을 행하여 겪어보지 않으면 모른다. 저자가 책을 통해서 전하는 진실은 빙산의 일각이고 각자 이 세상에 태어난 사연이 다르기에 남들이 하는 말을 믿지 말고 자신의 탄생에 대한 비밀을 하늘의 말씀을 통해서 알아야 한다.

안재환→최진실→최진영→조성민으로 이어진 죽음의 연결고리는 바로 귀신들이었다. 이들은 어떤 누군가를 열심히 믿었는데 결국 자살하는 귀신들이 찾아오는 것을 막지 못한 것을 보면 아무나 믿는 것은 위험한 일이다.

구원받아 천당극락 올라가려고 전국에서 가장 많은 귀신들이 떼를 지어 모여 있는 세계가 수없이 많은데, 그곳에서 수많은 온갖 종류의 귀신들을 각자 자신과 가정으로 데리고 들어오지만 인간의 눈에 보이지 않아서 귀신들을 데리고 온 것인지 만 것인지 눈치채지 못하고 살아가고 있는 것이 현실이다.

유명 인사들이 자살해서 뉴스의 초점으로 떠오르는 것은 세상 사람들에게 귀신세계의 진실을 적나라하게 밝히고 가르쳐주는 교훈이라는 점이다.

귀신들의 해코지로부터 벗어나는 유일한 곳이 하늘의 보호를 받을 수 있는 자미국이다. 이들뿐만이 아니라 수많은 가정에 자살자가 많이 있을 것이고 교통사고, 약물중독, 투신자살로 비명 횡사자가 많을 것인데 이들의 혼령을 구원하지 않으면 귀신으로 인한 제2, 제3의 자살자가 계속해서 발생한다.

인간들의 능력으로는 귀신들을 물리칠 수 없으니 세월 낭비하지 말고 이 책을 읽는 즉시 방문을 결정해서 위대한 대 능력자이신 하늘께 의뢰해야 집안에 불행이 찾아오지 않는다.

많은 사람들에게 웃음을 배달했던 황수관 박사의 갑작스러운 죽음은 충격이다. 건강을 유독 강조하던 사람이 67세의 나이에 패혈증으로 갑자기 세상을 떠났는데 신바람 건강박사의 죽음은 많은 사람들을 허탈하게 만든다.

귀신들이 사람들의 몸에 들어와서 주위에 수많은 사람들에게 뿌려대는 삶의 자포자기, 자살 충동의 기운들이 얼마나 강하고 무서운지 아무도 눈치채지 못하고 살아가는데 상상을 초월한다. 세상 살아서 무엇하나?

다 부질없는 세상인데 살아서 무엇 하냐며 인생을 자책하는 사람들이 참으로 많을 것인데 이것이 산 사람들의 몸 안에 있는 귀신들이 뿌려대는 무서운 기운을 받아들인 것이다. 하지만 사람들은 이것이 귀신이 아닌 자신들의 마음인 줄 알고 자살을 결행하게 된다. 지금 각자가 앓고 있는 질병들도 그런 병으로 죽은 귀신들이 들어와 있기 때문에 갑자기 사망하는 것이다. 그래서 자미국에 들어오는 것이 살길이고 무엇보다도 중요하고 가장 다급한 문제이다.

과학적으로 증명되지 않는 불가사의한 일과 자살. 첨단의학으로도 병명의 원인을 밝혀낼 수 없는 질병 등은 자미국에 들어와서 대단하신 하늘과 땅을 통하면 불가사의한 존재와 자살의 실체, 알 수 없는 질병의 정체가 자세히 밝혀진다. 원인조차도 밝혀내지 못하고 병원에서 평생을 고생하는 환자의 가족들에게 희망을 찾아 줄 수 있다.

첨단과학과 첨단의학으로 밝혀낼 수 없는 인간사의 모든 불가사의한 일들은 자미국을 통하면 원인과 해법을 찾을 수 있으니 더 이상 병원이나 무속세계, 종교세계를 다니면서 방황하지 말고 책을 모두 읽고 속히 방문하여 하늘과 땅을 통하여 해법을 찾기 바란다.

33(1980년생)살의 나이로 말기 위암에 걸려 2013년 2월 11일 세상을 떠난 울랄라 세션의 임윤택 가수. 젊은 나이에 암에 걸려 세상을 떠난다는 것은 예삿일이 아닌데 이는 아직 살아있는 모든 자들에게 하늘과 땅이 보여주는 경고 메시지이다.

사회적 큰 물의를 일으켜 은퇴했다가 다시 복귀한 개그맨이자 MC인 강호동. 이들 뿐만이 아니라 이 책을 읽는 모두 사람들에게 말해주고 싶은 것은 하늘과 땅을 몰라보면 인생으로 전혀 예상하지도 못했던 대재앙이 갑자기 찾아온다는 진실을 알려주고 싶다.

그래서 하늘과 땅이 내리시는 자미기운을 받지 못해서 졸지에 불행을 당하는 모든 사람들에게 사전에 큰 불행을 막아주기 위해서 이 땅에 자미국이라는 곳이 탄생했다. 하루라도 빨리 하늘과 땅의 보호막 안으로 들어와서 살아야 인생사의 갑작스런 불행들이 막아진다.

숭례(남대)문 화재

2008년 2월 11일 오전 붕괴한 숭례문.

숭례문 방화사건은 2008년 2월 10일부터 2월 11일에 걸쳐 숭례문 건물이 방화로 불타 무너진 사건으로, 방화범은 당시 69세 채 씨로 밝혀져 구속 수감되었다.

화재는 20시 40분 전후에 발생하여 다음 날인 0시 40분경 숭례문의 누각 2층 지붕이 붕괴하였고, 이어 1층에도 불이 붙어 화재 5시간 만인 1시 54분 석축을 제외한 건물이 모두 붕괴되었다.

대형화재는 방화, 과실, 전기누전 등 발생 원인이야 모두 다르지만 각자가 전생에 지은 죄에 대한 벌이지만 어느 누가 자신의 죄를 인정하겠는가?

그저 재수 없어서 불이 났다고 생각할 뿐이다. 그러나 그 재수라는 것도 인간이 아닌 하늘과 땅이 실시간으로 좌우한다는 것을 알아야 하리라. 원인 없는 결과 없듯이 자신들이 지은 죄가 없으면 인생사를 살아가면서 험한 꼴을 당할 리가 없다는 것이다.

모두가 자신들이 전생이든 현생이든 행하고 뿌린 대로 거두고 있다는 점이다. 자신들이 천상에서 지은 전생의 죄는 뉘우치지 않고 빌 생각도 하지 않으면서 사건사고가 발생하면 대부분 하늘도 무심하다고 원망하기 바쁘다.

그러나 하늘은 인간들의 생각과 달리 하늘과 땅을 운행하심에 있어서 한 치의 오차도 없이 뿌린 대로 거두게 하신다. 각자 행하지 않았는데 하늘이 할 일 없어서, 이유 없이 인간들을 괴롭히려 하실 하등의 이유가 없으시다. 이런 대형화재 참사가 일어나고 난 후에는 아무리 후회해도 소용없다.

자신들이 뿌리고 행한 전생의 죄업을 하늘께 의뢰해서 찾아내 빌어야 대재앙의 불행을 당하지 않는다.

인간 자체로는 자신들이 전생에 천상 자미천궁에서 무슨 죄를 짓고 이 땅에 태어나게 되었는지도 모르고 죽어서 어떤 사후세상으로 들어가게 되어 있는지도 전혀 모르고 한 치 앞도 알 수 없는 깜깜한 밤길의 불확실한 미래를 살아가고 있다.

5년 전에 일어난 숭례문 방화 사건은 국민들 모두에게 큰 충격을 준 경악 그 자체였으며 할 말을 잊은 악몽의 사건이었다. 범행 당사자가 어떤 불만이 있었을지라도 용서할 수 없는 가슴 아픈 일이었다. 그는 분명 개인적인 어떤 불만으로 방화하였을 것이다.

하지만 여기에는 우리인간들이 알지 못하는 또 다른 메시지가 담겨있다. 이 나라 대통령과 정부, 국민들이 하늘과 땅을 분노하게 만든 그 어떤 큰 잘못이 분명히 있었다.

이 당시 도읍을 천도해야 한다는 말이 한참 떠돌았고 정도전의 예언이 이를 뒷받침하고 있었다. 남대문 방화 사건은 결국 청와대를 옮기라는 하늘과 땅의 메시지로 해석해야 한다.

개인적인 큰 죄가 있어서 방화하고 교도소에 수감되는 불행이 일어났지만 이는 이 나라 대통령과 국민들에게 하늘과 땅이 강력하게 전하는 분노의 메시지가 분명하다고 본다.

수많은 사람들을 통해서 메시지를 전해주어도 인간세상의 이론으로 완벽하게 무장된 잘난 인간들의 귀에는 전혀 들리지 않는 것 같다. 인간의 힘으로 도저히 수습되지 않을 정도의 더 많은 불행과 더 큰 대형 사건들이 줄줄이 터져야 굴복할 모양이다.

살아있는 지옥 아프리카 대륙

오색인종은 청인종, 적인종, 황인종, 백인종, 흑인종인데 10,800년 전에 아틀란티스 대륙의 침몰로 적인종은 사라졌고 청인종은 동남아시아 일대에 약간 남아 있다고 한다. 현재 남아 있는 인종은 백인종과 황인종, 흑인종이다.

그런데 왜 아프리카 대륙 사람들만 피부색이 검은 흑인종일까?

천상의 하늘과 땅의 하늘이 인류에게 살아있는 지옥세계라고 보여주시고자 창조하신 것인데 그래서 아프리카 국민들을 구호하려고 전 세계에서 많은 원조를 해주고 있지만 달라지는 것이 없고 굶주림은 계속 이어지고 있다.

하늘과 땅이 내리는 말씀을 무시한 자는 죽으면 아프리카 대륙의 국민으로 태어나서 굶주림으로 고생하다가 죽고 다시 그곳에서 끝없이 태어난다.

사람들은 태어난다고 말하지만 그들 몸에 빙의되는 것이다. 먹지 못해서 갈비뼈가 앙상하게 드러나는 기아들의 모습이 하늘과 땅이 내리시는 말씀을 무시하고 받들지 않은 대가로 살아있는 지옥세계에서 태어난 것이다.

남의 일이 아니고 하늘과 땅 그리고 두 저자의 존재를 부정하고 무시하며 살고 있는 사람들이 다음 세상에서 태어나야 할 죽음의 세계가 아프리카 대륙인 것이다.

이 땅에 살다가 죽어서는 아프리카 대륙의 기아로 탄생할 자들이 하늘과 땅에 자신들이 지은 죄를 용서 빌지 않고 자만, 교만, 거만을 떨고 목에 힘주며 살아가고 있는 자들의 사후세계 모습이다.

자미국에서 하늘과 땅에 죄를 빌어 구원받지 않는 이상 가난하게 사는 것이 천지이치이다.

밤이 있으면 낮이 있고 선이 있으면 악이 있고 부자가 있으면 가난한 자가 있듯이 다음 생에는 서로 바뀌어서 태어나게 되는데 지금 이 나라에 살고 있는 모두는 하늘을 만나지 못하는 이상 다음 세상에서 태어날 대상국가가 기아로 허덕이다가 굶어 죽는 끔찍한 아프리카 대륙이라는 점이다.

아버지를 때려 돈을 뺏은 12세 소녀

남자친구와 짜고 아버지를 때려 돈을 뺏은 12세 소녀가 경찰에 붙잡혔다. 12살 임 모 양과 남자친구 16살 강 모 군을 붙잡아 조사하고 있는데 학교를 중퇴한 임 양은 지난 15일 저녁 청주시에 있는 집에서 강 군과 함께 술에 취한 아버지의 팔과 목 등을 폭행한 뒤 8천 원을 빼앗아 달아났다.

임 양은 아버지가 건설현장에서 일하고 받은 몇백만 원의 돈을 갖고 있다는 것을 알고 강 군과 이 같은 짓을 벌인 것으로 드러났다.

자식 낳는 것도 무서운 세상이 되었다.

말세를 향하여 끝없이 달리는 끔찍한 세상 속에 살아가는 사람들의 삶이 고달프다. 12살 소녀의 끔찍한 생각과 행동 앞에 이 사회는 어떻게 대처해야 되는가? 정말 충격적이고 세상에 종말이 오는가 싶다. 뭐라고 말해야 할지 말문이 막힌다.

그렇다. 전생에 지은 죄가 많아서 그대로 받는 거다. 12살 딸년에게 아버지가 얻어맞고 돈을 빼앗기며 험한 세상을 살아가는 사람들의 말로가 비참하다. 그러기에 전생에서 죄를 짓지 말았어야 인간세상에 태어나지 않고 천상에서 살고 있을 것이다.

딸에게 얻어맞고 돈을 빼앗긴 아버지의 마음은 천 갈래 만 갈래 찢어질 것인데 이 또한 자신이 천상세계에 있을 때 행한 죄의 대가이리라. 천상세계에서 행한 대로 한 치의 오차도 없이 현생에서 그대로 보여주시는 하늘의 능력 앞에 소름이 끼친다. 인과응보가 아니고서는 도저히 일어날 수 없는 사건이다.

12살 친딸 성폭행 파렴치한

12살 친딸을 상습적으로 성폭행한 47살 김 모씨에게 징역 10년을 선고하고 10년간 신상정보공개를 명령했다. 딸을 성욕 해소 수단으로 삼은 것은 반인륜적인 범죄. 김 씨는 12살인 딸을 2010년 10월부터 지난 2012년 7월까지 집에서 상습적으로 강제추행하거나 강간했다. 끝도 없이 이어지는 자녀에 대한 성폭행.

언론에 밝혀진 것은 빙산의 일각에 지나지 않을 뿐이고 더 많은 사람들이 이러고 있을 것인데 가족 간의 일이라 남부끄러워서 그냥 묻어두고 지내는 경우가 허다하게 많을 것이다.

여기에도 인간들의 생각으로는 상상조차도 할 수 없는 전생인 천상자미천궁의 비밀이 숨어 있다. 성폭행당한 딸이 전생에서는 남자였고 성폭행한 아버지는 딸이었는데 전생에서 이루어진 것이 현생에서 반대로 이루어지고 있는 것이다.

자신들이 전생에서 어떻게 살았는지 모르니까 현생의 삶에서 가족을 통하여 전생의 진실을 보여주고 있다. 전생과 반대의 입장에서 현생을 고통스럽게 살아가는 부녀간의 성폭행은 모두가 자신들이 행한 전생의 모습을 현실로 보여준 것이지만 세상 사람들은 이런 전생의 비밀을 알 수 없으니 행위자들만 비난하기 바쁘다.

짐승만도 못한 인간이라고 욕하며 침을 뱉는다. 피해자가 이미 전생에서 그런 행위를 하고 이 땅에 태어났으니 인간들이 어찌 전생의 비밀을 알 수 있겠는가? 그러니까 현생에서도 자신들이 하늘을 배신하지 말아야 살아서는 물론 죽어서도 배신당하는 일이 없다.

성추행, 성폭행 사건은 왜 일어나는가?

세상을 혼란스럽게 하는 성 문제. 지위고하를 막론하고 나이가 많고 적음을 떠나 사회 전반적으로 성 문제가 이슈화되고 있다. 검사와 피의자 사이에 성관계 폭로로 검찰청이 발칵 뒤집혔다. 어린아이에 대한 성폭행 발생도 끝없이 이어지고 있다.

망국의 길이라고 해야 할까? 화학적 거세를 해야 하는 한계까지 이르렀다. 왜, 이렇게 끝없이 성 문제가 사회 전반적으로 퍼지고 있는 것일까? 아무도 이에 대한 해법을 내놓지 못하고 처벌 수위만 높이고 있다.

아무리 처벌 수위를 높여도 어린아이 성폭행과 성인들의 성매매로 인한 성범죄는 사라지지 않고 끊임없이 발생하고 있는데 여기에 대한 최초의 진실이다.

성에 대한 문제는 본성이라고 볼 수 있지만 정도를 지나친 성매매나 성폭행은 분명 문제가 있다. 문제의 근원은 그 사람들의 몸 안에 있는 또 다른 존재인데 이를 조상 또는 귀신이라고 하는데 사람들은 보이지 않기 때문에 이들의 존재를 모르고 있다.

그런데 조상이든 귀신이든 젊어서 죽은 혼령들이 사람들 몸에 들어가서 그들이 성폭행, 성매매 범죄를 저지르고 있는데 사람들은 이들이 자신의 몸 안에 들어와 있어도 까마득히 모르고 자신이라 생각하고 살아간다는 점이다.

특히나 젊어서 청춘에 죽은 조상이나 귀신들이 들어오면 성 충동이 수없이 일어나는데 이들은 인간이 아닌 귀신인지라 처벌도 무서워하지 않기에 법도 무시하며 마구잡이로 어린아이 어른 가리지 않고 성폭행을 저지른다. 이들은 도덕이고, 윤리고, 법이고 다 필요 없고 오로지 자신의 성적인 욕구만 풀려고 한다.

귀신이니 처벌한다 한들 인간육신이 처벌을 받지 귀신이 어찌 법의 처벌을 받겠는가? 그래서 청춘에 죽은 조상이나 귀신에 빙의되었던 사람들은 교도소에 들어가서 형기를 마치고 출소하자마자 즉시 또 다른 성범죄를 저지르게 되는 것이다.

귀신 놀음으로 인해서 성범죄가 난무하고 있는데 이것을 어찌 법으로만 다스리려 하는가? 참으로 답답하고도 답답한 일이며 어른들이 성매매를 집착하는 것도 자신의 청춘에 돌아간 조상이나 귀신들이 몸에 들어와서 성매매를 하는 것이니 이들부터 구원해야 사회가 성범죄로부터 자유로워질 것인데 이 또한 쉬운 일이 아니다.

누가 이런 진실을 인정하고 청춘에 돌아간 조상님들을 구한단 말인가? 정답을 가르쳐주어도 행하기는 참으로 쉽지 않은 난제들이다. 성행위는 본능이라서 모두를 막기는 어렵지만 윤리, 도덕, 법을 무시하고 아동 성폭행, 근친상간, 성매매, 성범죄를 행하는 것은 분명 잘못된 일이다.

술을 매일같이 입에 달고 사는 사람들도 조상님을 구원하는 천상입궁의식을 행하면 술이 싫어져서 자동으로 끊어진다. 성범죄도 마찬가지이다. 국가가 나서서 이들의 조상들을 구원해 줄 수도 없는 노릇이고 각자에게 맡기자니 사후세계를 믿지 않고 돈이 아까워서 못할 것이고 참으로 진퇴양난이다.

겉모습은 분명 인간인데 속에는 수많은 조상과 귀신이 머물고 있는 것이 사람 몸이지만 이러한 무서운 귀신세계의 진실을 너무나 모르며 살고 있다. 성범죄는 사람 몸에 조상과 귀신들을 구원하지 않는 이상 영원히 없어지지 않는다.

아버지 살해해 암매장한 30대 아들

아버지를 살해해 암매장한 33살 김 모 씨는 지난 2012년 9월 말 아버지를 둔기로 때려 숨지게 한 뒤 자신이 운영하는 펜션 건물 아래에 시신을 파묻었다.

김 씨는 주변 사람들에게 아버지가 여행을 갔다고 속였고 아버지 계좌에서 수시로 돈을 빼내 사용한 것으로 드러났다.

인륜을 저버린 파렴치한 사건들이 매일같이 뉴스에 올라오는데 세상이 종말을 향하여 가고 있는 것 같다. 왜, 이런 일들이 일어나고 있는지 그 원인이 중요하다. 죽은 아버지와 살해한 아들은 현생에서는 부모 자식 사이로 태어났지만 전생에서는 죽은 아버지가 아들을 죽인 살인자로 원수지간이었다.

전생에서 어떤 일로 살해당한 아들이 그 원한을 갚고자 그의 아들로 인간세상에 다시 태어나 복수하기 위하여 살해를 하게 된 것이니 이것을 인과응보라고 해야 하는 것이다.

현생의 삶에서 각자에게 불행한 사건사고들이 그냥 우연히 일어나는 것 같지만 자신들이 전생에서 지은 죄에 대한 벌을 현생에서 한 치의 오차도 없이 받고 있을 뿐이다. 인간들은 자신의 전생에 대한 기억력이 없기 때문에 어떤 죄를 짓고 인간으로 태어났는지 전혀 모르고 살아간다.

그래서 전생의 죄를 빌라고 하는 것은 언제 어디서 어떻게 터질지 모르는 자신의 전생 죄업으로 인한 불행한 사건사고를 미리 막으라는 것이다.

울산 앞바다 선박 전복사고

2012년 12월 14일, 울산 앞바다에서 해상 공사 작업선이 전복되는 사고가 발생해 12명이 숨졌다. 석정 36호가 전복된 시각은 저녁 7시 10분 경. 이 배에 실려 있던 80m 높이의 대형 크레인이 부러지면서 배가 전복됐다.

울산 신항 북항 3공구 공사 현장에서 바다에 파일을 박는 작업을 하는 이 배에는 근로자와 선원 등 모두 24명이 타고 있었는데 이들은 신항만 공사장에서 일을 마치고 귀가하기 위해 잠시 작업선에 탔다가 강풍과 높은 파도에 작업선이 중심을 잡지 못하고 흔들리면서 사고가 난 것이다.

한 치 앞도 알 수 없는 깜깜한 밤길과 같은 인생길을 살아가고 있는 사람들이 신기하다. 1분 1초 후에 일어날 불행한 일을 알지 못하고 살아가는 나약한 인간들이 저마다 자신들이 제일 잘났다고 생각하며 살아가고 있다.

인간의 눈에 절대자이신 하늘이 보이지 않으니까 하늘의 존재를 몰라보고, 하늘을 우습게 아는 사람들이 이런 불행을 겪는 것인데 이 또한 하늘과 땅의 보호를 받았다면 이런 전복 사고는 일어나지 않았을 것이다. 그러나 이 또한 자신들이 전생에서 행하고 뿌린 대로 거두고 있을 뿐이다.

하늘의 진실, 전생의 진실을 알 수 없는 인간들의 입장에서는 아프고도 슬픈 일이며 가족들에게는 더 없는 고통스러운 불행이지만 이미 전생에서 던져진 주사위는 현생에서 그렇게 살다 죽게 되어 있었다.

빚 3,600조 원, 지난해 GDP 3배

2012년 지난 3분기 가계와 기업, 정부 등 경제 주체의 빚이 3천6백조 원에 육박해 지난해 국내 총생산의 3배에 달했다. 가계 부문의 금융부채만 떼서 보면 전 분기보다 14조 원이나 늘었다.

한국은행이 발표한 3분기 중 자금순환을 보면 3분기 현재 가계와 비영리단체, 비금융 기업, 정부의 금융부채는 모두 3천591조 8천억 원으로 집계됐다. 전 분기 3천542조 6천억 원에서 49조 2천억 원가량 늘어났다.

가계와 기업, 정부의 부채는 지난 2010년 1분기 3천조 원을 돌파한 뒤 불과 2년 6개월 만에 20%가 불어났다. 지난해 GDP 1237조 1천억 원과 비교하면 3배에 육박하는 수치.

가계 부문의 빚은 3분기 1천135조 4천억 원에 달해 전 분기보다 14조 원 늘었고 비금융법인의 금융부채는 1천981조 8천억 원으로 전 분기보다 31조 7천억 원 증가했으며, 정부 빚은 3조 4천억 원 늘어난 474조 5천억 원으로 나타났다.

한편 2012년 3분기 현재 가계, 기업, 정부의 전체 금융자산은 5천179조 원으로 나타났는데 가계 자산이 65조 1천억 원 늘어나 2천449조 9천억 원, 기업과 정부의 자산은 각각 1781조 9천억 원, 947조 3천억 원이었다.

나라의 경제를 살리는 길이 국가적인 가장 시급한 문제로 떠오르고 있다. 국민들 모두가 경제가 어려워서 고통을 겪고 있고 부동산 경기는 계속해서 침체를 벗어나지 못하고 있다. 새로운 대통령이 당선되어 국민들은 많은 기대를 하겠지만 이제까지 정책이 잘못되어서 나라 경제가 어려워진 것이 아니라 세계적인 흐름을 타고 있는 것이니 나라의 경제가 좋아지려면 정책 입안자들의 참신한 아이디어도 내놓아야 하지만 하늘에 의뢰해야 더 빨리 회복시킬 수가 있다.

이제 인간들의 잘난 머리 그만 믿고 인간의 능력으로는 나라의 경제를 살릴 수 없으니 대통령이 자미국에 들어와서 하늘께 굴복하고 살려달라고 매달려야 한다. 한 치 앞도 모르는 인간들이 감히 하늘을 몰라보고 인간들의 두뇌로만 나라살림을 이끌어가려 하고 있으니 답답하고도 안타깝다.

인간의 두뇌가 아이큐 150이면 천재니 수재니 하는데 하늘의 두뇌는 수억만 년 전의 과거, 현재, 미래 모두를 알고 계신 분이신데 아이큐를 몇이라고 해야 할까?

하늘의 아이큐가 1억? 천억? 조? 감히 상상도 못하는 하늘이신데 이런 하늘을 몰라보고 찾지 않고 있으니 인간들이 잘나기는 잘났나 보다. 그러니 하늘을 이겨 먹으려고 하는 것이고 하늘께 끝없이 대적하며 역천하고 있는 것이 아니던가?

인간들은 자신이 행하려는 어떤 일에 대해 하늘께 여쭈어보지 않는 것이 하늘을 무시하는 것이고 자만, 교만, 거만이며 인간들 잘났의 극치이다. 하늘의 도움 없이 인간의 힘으로만 어떤 일을 행하기에 인간들이 실패의 쓰라린 고통을 안고 살아갈 수밖에 없다.

나라의 경제를 살리는 길!

새로운 대통령도 해낼 수 없고 오직 자미국(지상 자미천궁)을 통해야만 해법의 열쇠를 얻을 수 있으니 대통령과 정부당국자들은 참고하고 정기적인 국정자문을 받아 국정을 운영해야 나라 경제가 하루빨리 되살아날 수 있다.

5년 전에 대통령을 뽑은 국민들 모두가 경제대통령으로 최고 적임자라고 해서 당선시켰지만 현실은 어떠한가? 승승장구하며 출세가도를 달린 인생살이가 가장 화려한 대통령이었다는 것을 국민들 모두 알고 있을 것이다.

그러나 대통령으로서 국민들에게 보여준 국정운영은 실망 그 자체였다. 아니 어느 누가 대통령이 되었다 해도 마찬가지였을 것이다. 이것은 무엇을 말해 주는 메시지인가?

2007년 12월 19일에 대다수 국민들이 나라의 경제를 살리려면 경제대통령을 뽑아야 한다는 흐름이 대세였고 적임자로 현직 대통령이 선출되었다.

그러나 국민들의 기대는 실망으로 변했다. 대통령 역시 자신의 기량을 아무리 발휘하려 해봐야 세계 경제가 발목을 잡고 있으니 대한민국 경제만 살아날 리 만무하여 경제대통령의 비상한 머리도 아무런 소용이 없었다.

결국 국민들 대다수가 뽑은 경제대통령은 실패였다. 저자도 같은 생각을 하고 있었고 하늘께서는 저자의 소원을 들어주시어 현직 대통령을 당선되게 해주시었는데 나의 생각처럼 경제대통령이 아니라는 것을 현실로 5년 동안 보여주시었다.

즉, 인간이 국정운영을 잘한다고 나라 경제가 살아나는 것이 아니라 하늘이 앞장서서 살려주셔야 한다는 진실을 나에게 보여주신 것이었다. 인간들이 제아무리 잘난 머리로 경제를 운용한다 해서 잘되는 것이 아니라는 진실을 깨닫게 해주시었다.

국민들은 새 대통령이 경제를 살릴 것이라고 희망에 부푼 많은 기대를 하고 있지만 자타가 인정했던 경제대통령도 못해 낸 일을 새로운 대통령이라고 해낼 수 있을까? 다 소용없는 일이니 일찌감치 마음 접는 것이 편할 것이다. 하늘께 살려달라고 대통령이 매달리지 않으면 나라의 경제는 살아나기 어렵다.

건국 이래 최대의 다단계 4조 원 사기

희대의 사기꾼 조희팔 씨가 2004~2008년까지 전국에 10여 개 피라미드 업체를 차리고, 의료기기 대여업으로 30~40%의 고수익을 보장한다고 속여, 투자자 3만여 명의 돈 4조 원을 가로챈 국내 최대 규모의 다단계 사기 사건이다.

그는 회원이 가입하면 그 돈을 융통해 먼저 가입한 회원에게 이자를 지급하는 방식으로 사업을 운영하였다. 8조 원에 약 10만 명의 피해자가 있으며 10명이 자살했다 한다.

이 사건이 주는 교훈은 세상 이치와 상식을 넘어선 정도 이상의 어떤 이권을 제시하는 것은 모두가 사기라는 것이다. 자신이 전생에 지은 사기배신의 죄업이 현생으로 이어져 현생의 각자 인생으로 사기배신이 일어나고 있는 것이다. 누굴 원망할 필요도 없다. 각자의 고통과 불행은 전생의 모습을 보여줄 수 없으니까 주위 사람들을 통해서 자신의 전생 모습을 현실로 보여주고 있을 뿐이다.

사기인 줄 알고 사기당할 사람 하나도 없다. 모르고 당했고 상대를 믿었기 때문에 당한 것이다. 낯선 사람이 다가와서 처음부터 본색을 드러내지 않는다. 우선은 사탕발림부터 해서 상대의 마음을 얻어내는 것이 전형적인 사기 치는 수법이다.

상대방 속마음의 진실을 인간 스스로는 알 수 없기에 하늘의 도움이 필요한 것이다. 이제라도 내일을 모르고 살아가는 인생사에 등불이 되어 주실 하늘을 만나고 살아가는 것이 가장 안전한 인생길을 살아가는 유일한 방법이다.

자신의 돈뿐만이 아니라 남의 돈까지 빌려다가 투자한 사람들은 인생 파멸을 맞았고 정신적 물질적인 충격을 받아 자살자가 10명에 이른다고 하니 가히 충격적이다.

자신들과 자기 몸 안에 함께하고 있는 수많은 여러 조상님들이 지은 전생의 죄로 인하여 현생에서 고통을 받고 있는 것이니 이제라도 자신과 조상님들이 전생에서 지은 죄를 하늘 앞에 빌어서 사면받고 살아야 한다.

자신들이 욕심에 눈이 먼 것인데 이 또한 어느 누구도 그 고통을 대신해 줄 수 없다. 인생살이가 온통 사기배신의 지뢰밭인데 이를 어찌 피할 수 있을까?

이런 사기배신은 인간들만 당하는 것이 아니라 각자의 몸 안에 있는 조상님들도 마찬가지로 사후세계에서 수많은 귀신들에게 사기배신으로 마음에 상처를 받아 아파하고 있다는 것을 자손에게 가르쳐주고 있는 것이다.

조상님들이 사기배신당한 것은 구원과 영생, 도통을 시켜준다는 이론에 속아서 지금까지 수많은 세월을 속고 살아왔지만 아직도 조상님들이 속고 있다는 진실 자체도 모르고 있다는 점이다. 조상님들이 이렇게 사후세계에서 속고 있으면 자손들도 인생에서 사기배신당하는 일을 당하게 된다.

그래서 조상님을 하루빨리 구원해서 천상 자미천궁으로 보내드려야 사기당하지 않는다. 자신들의 현재 모습이 돌아가신 조상님들의 사후세계 살아가는 모습이고 이 또한 조상님들이 남을 사기배신한 죄가 있기 때문에 인과응보로 자손이 함께 당하는 것이다.

육신이 살아있을 때는 하늘의 진실을 잘 몰라서 어느 곳이 진짜인지 구분을 못 했지만 자미국 책을 여러 권 읽어본 인간과 조상님들은 조금은 알게 되었을 것이다.

이제 자손과 조상님들은 더 이상 세상의 사기배신에 힘들어하지 말고 하루라도 빨리 자미국에 들어와서 하늘에 전생과 현생에 지은 죄를 용서 빌어서 사면받아야 하늘의 사랑과 보호로 사기배신의 지뢰밭을 벗어날 수 있다.

수많은 현혹 속에 어느 곳이 진짜인지 인간과 조상님들은 구분해 내기가 쉽지 않다. 이제 그 종착역이 되어 줄 자미국이 이 세상에 세워졌으니 공감하는 독자 모두는 방황의 세월을 끝낼 수 있는 마지막 길이 되어 줄 것이다.

자신의 몸 안에서 함께 살아가고 있는 선대 조의 헤아릴 수 없이 수많은 직계 좌우 조상님들 중에서 전생의 천상에서는 물론 인간육신으로 이 땅에 태어났다가 살아서 지은 죄가 그 얼마이겠는가?

하루만 살아도 죄를 짓고 살아가는 것이 인간의 삶인데 말이다. 하늘이 원하지 않는 이상한 곳을 다니다가 죽은 조상님들도 수없이 많을 테고, 인생이 답답하고 우환과 사건사고로 자신도 모르게 한숨을 내쉬고 인생을 한탄하면서 하늘을 원망하며 죽은 조상님들의 숫자는 그 얼마이겠는가?

죄를 지은 것 중에 하늘을 원망한 것이 가장 큰 죄라고 가르쳐주시었다. 하늘이 자신들의 인생을 힘들게 한 것이 아닌데 하늘이 그랬다고 누명 씌우는 것이 가장 큰 죄가 된다고 한다. 누가 자신들을 힘들게 한 줄도 모르면서 무조건 하늘을 원망하는 것이 살아서는 물론 죽어서도 그 죄가 없어지지 않는다.

차라리 인간세상 살아가면서 인간들끼리 서로 지은 죄는 하늘을 탓하고 원망한 죄에 비하면 아주 작다고 하신다. 함부로 하늘을 원망하고 탓하면 인생으로 즉시즉시 재앙이 내려진다. 하늘은 경우에 어긋나는 일은 일절 하시지 않기 때문이니 각자는 인생이 힘들다고 함부로 하늘 원망하며 누명 씌우지 마라.

사기 골프

140억 원을 챙긴 기업형 사기 골프 일당과 스크린 골프장에서 특수 장비를 이용해 사기 도박을 벌인 일당이 검찰에 처음으로 적발됐다.

이들은 정 · 관계 친분을 과시하는 등 유력 인사나 회장으로 행세를 하며, 기업형 사기 골프 조직을 운영해 왔다며 피해자인 모 건설업자 대표는 골프게임에서 13억 원, 해외 원정도박으로 20억 원을 잃기도 했다고 말했다.

사기 골프를 당한 자 역시 인과응보로 받은 벌이다. 전생에 천상에서 지은 죄를 빌지 않은 데 대한 대가이고 하늘을 몰라본 죄, 자신의 조상님을 구원하지 않은 죄, 자신의 영을 몰라보고 구원하지 않은 죄를 현생에서 받고 있을 뿐이다.

자신들이 가진 재산 역시 천상의 하늘, 땅의 하늘, 인간의 하늘을 몰라보고 살아가면 거대한 재산이라도 지킬 수가 없고 귀중한 목숨 역시 언제 꺼질지 모른다.

인생으로 작은 재앙이 일어나면 죄를 빌 수 있는 기회를 주는 것이라 생각하고 다른 생각하지 말고 하루빨리 자미국에 들어와서 자신의 죄를 빌어야 더 큰 재앙을 당하지 않는다. 가진 것 모두 잃고 후회하면 재기 불능 상태로 빠진다. 인간의 생각만으로 사업하는 사람들은 망하기 십상이다.

천상의 하늘, 땅의 하늘, 인간의 하늘이 분명히 현실로 존재하시는데 몰라보고 무시한다면 세상의 모든 재앙들이 자신의 인생으로 일어나서 결국 망하게 된다.

화재 발생의 진실

주택화재, 상가화재, 공장화재, 빌딩화재, 차량화재, 산불화재, 선박화재, 가스폭발화재 등 수많은 화재가 매일같이 발생하고 발화 원인은 대부분 부주의, 전기누전, 방화가 대부분이지만 여기에는 사람들이 알지 못하는 어떤 원인이 있다.

달리던 차동차가 엔진 과열로 화재가 발생하고, 충돌사고로 인한 차량화재가 자주 방송되고 급발진 사고도 가끔 일어나고 있지만 정확한 원인이 규명되지 않고 있으며 화재로 인한 인명피해와 재산피해도 계속 불어나고 있다.

과학적으로 발화 원인이 입증되든 되지 않던 인간 육신들의 기쁨과 행복을 원하지 않는 존재(귀신)들로 인한 경우가 대부분이다. 귀신들은 살아있는 인간 육신의 몸을 가장 좋아하고 사람 몸에 숨어 들어와서 여러 가지 불행을 일으키고 있다.

자기 마음 자신도 모른다는 말을 가끔 듣는다. 자기 마음이 아닌 존재가 귀신이라고 보면 되는데 이들은 남이 잘되는 기쁨보다는 망가지는 것을 더 좋아하고 살아있는 사람들을 가장 많이 시기 질투하여 화풀이 하는 것이 화재발생이다.

사람들 눈에는 보이지 않는 제3의 영적 세계가 분명히 존재하지만 대다수가 무시한다. 그러나 영적으로는 하늘(천신)과 땅(지신)도 존재하며 각자의 조상님도 존재하고 자신의 영(신)도 존재하고 있음을 인정하는 것이 행복해지는 비결이다. 천지자연의 이치를 거스르는 것은 하늘을 역천하는 일이다.

4부
나라조상님

위대한 하늘을 감동시킨 나라조상님들
1만 명 죽인 살인마보다 더 무서운 죄
9,212년 전 건국 시조 환인천제님이 전하는 메시지
민족의 구심점 나라신전
지상궁전과 나라궁전

위대한 하늘을 감동시킨 나라조상님들

환인, 환웅, 단군 72위 나라조상님들과 역대 제왕, 각 성씨 시조조상님의 간절한 바람은 하늘, 땅, 인간을 창조하신 대우주 천지인 창조주이신 하늘을 이 땅에 세우는 일이었다.

나라조상님들께서는 살아서나 죽어서나 한결같은 마음으로 대한민국 이 나라가 잘되기를 바라고 또 바라고 계셨다. 나라조상님들께서는 우리 산 자손들이 지은 죄를 우리 산 자손들을 대신하여 손수 본인들의 죄라 하시며 항상 우리들 모두를 보호하고 지켜주시고자 밤낮으로 애쓰셨다.

나라조상님들의 애끓는 나라 사랑과 백성 사랑의 마음.

하늘을 감동시킴에 부족함이 없었다. 수천 년의 세월 동안 나라조상님들께서는 그 위대한 하늘을 이 땅, 대한민국에 세우시고자 피나는 노력과 헌신의 노력을 하셨다.

나라조상님들께서는 우리 대한민국을 건국하시고 대한민국 자손을 낳으시어 대한민국 이 나라를 창성시키시어 우리 대한민국 국민들 모두를 이 땅에 살게 해주신 주인공들이시다.

우리 대한민국 자손들의 탄생. 어느 날 갑자기 하늘에서 뚝 떨어진 것이 아니다. 또한 어느 날 갑자기 땅속에서 솟아오른 것도 아니다. 우리에게는 엄연한 뿌리가 있다.

우리의 훌륭한 뿌리는 나라조상님들이셨고 우리는 모두 나라조상님들의 뿌리에서 나온 열매들이다. 하찮은 미물조차도 출생의 뿌리가 있건만, 우리 대한민국 국민들이 뿌리가 없다면 세계적으로 그 얼마나 창피한 일이던가?

그 뿌리조차도 몰라보고 뿌리의 존귀함과 고마움도 몰라보고 살아온 우리 대한민국의 자손들. 나라조상님 모두에게 그 얼마나 불효였단 말인가? 하지만 훌륭하신 나라조상님들께서는 이를 개의치 않으시고 대한민국을 지켜주시고자 피나는 노력을 하시면서 인고의 오랜 세월을 보내셨다.

심지어 우리 모두가 잠든 깊은 밤의 시간에도 우리를 지켜주시고자 하늘 전에 우리 모두의 행복과 건강을 우리 모두를 대신하여 기원하여 주시며 눈물 어린 충성을 하고 또 하셨다. 우리의 나라조상님들 정말 감사합니다.

그 깊은 은공을 몰라보고, 산 우리들이 살나 잘 먹고 잘사는 줄 알았는데, 그 깊은 사랑이 숨어 있는 줄 어느 누가 감히 알았겠습니까? 우리들은 지금까지 나라조상님들의 피맺힌 눈물을 먹고 자랐었군요.

부모가 자손에게 끝없이 주는 사랑의 마음.

이 마음이 바로 나라조상님들께서 우리 모두를 사랑하는 마음이셨습니까?

나라조상님들께서는 우리를 살리시고자 그 위대하신 하늘!

태상천존 자미천황님 전에 빌고 또 비시어 다른 나라가 아닌 우리 동방 땅! 대한민국으로 하늘의 천지기운을 내려주실 것을 수천 년의 세월 동안 원하고 바라셨다. 나라조상님늘께서 왜? 긴 세월을 하늘 전에 충성에 충성을 하신 이유이다.

첫째는 힘든 삶에 지친 대한민국 자손 모두에게 하늘의 부모를 찾아주어 위대한 하늘의 보호를 받게 함으로써 인생사 근심 걱정 없이 모두가 행복하게 잘 살았으면 하는 자식 사랑의 마음과 쓰러져 가는 이 나라가 하늘의 전지전능하신 대 능력으로 다시 우뚝 서 세계만방으로 이름을 떨치었으면 하는 나라 사랑의 마음이셨다.

둘째는 이미 오래전에 이 세상을 떠났으나 아직까지 천상세계에 오르지 못하고 허공중천 구천세계를 떠돌고 있는 불쌍한 내 나라조상 영혼들을 모두 구원해 그 영혼들 모두가 아픔 고통 없이 행복하였으면 하는 영가 사랑의 마음이셨다.

나라조상님들께서는 많은 수행, 많은 고통의 시간을 통하여, 우리 산 사람들로서는 감히 알 수조차도 없었던, 우리 살아있는 모든 영혼과 이미 이 세상을 떠난 그 모든 영혼들을 창조하신 분은 일반인이 알고 있는 기독교의 하나님이 아니라 태상천존 자미천황님이셨음을 수천 년의 세월을 통하여 알게 되셨다.

"씨를 뿌린 자가 열매를 거둘 수 있다" 하였듯이 영혼을 만드신 분께서만이 그 영혼을 구원해 주실 수 있다는 하늘의 깊은 이치를 깨달으셨다.

이 깨달음을 통하여 한 가정의 조상님들이 구원받음으로써 그 가정의 자손들도 모두 구원받아 편안해질 수 있다는 하늘의 진실도 알게 되었다.

한 가정의 구원은 너와 나의 구원으로 이어지고, 너와 나의 구원은 우리 모두의 구원으로 이어지고, 우리 모두의 구원은 국가 구원으로 이어지고, 국가 구원은 국가 부흥으로 직결됨도 알게 되었다.

많은 세월의 시간 동안 후손들로부터 냉대를 받아왔으나 그 섭섭한 마음을 모두 잊으시고 사랑의 깨달음을 통하여 깨닫지 못한 산 자손들과 후손 영가들을 구원의 길로 안내하시고자 마음의 문을 활짝 열기로 합의 합심, 합의 동참하시었다.

그동안 후손들이 여러 이론에 세뇌되어 홀대한 생각을 하면 미움이 앞서지만, 사후 영혼세계의 아픔을 뼈저리게 체험하신 나라조상님들께서는 미우나 고우나 당신들이 모두 뿌린 씨앗(자손)들에게 상처받은 마음을 감추시고, 후손 영가들에게 하루빨리 천상궁전 자미천궁으로 올라가서 행복하라고 조상세계에 전하느라 여념이 없으시다.

하늘과 조상, 산 사람 모두가 기쁘고 행복해지는 지름길은 조상영가 천상입궁의식이다.

조상영가 천상입궁의식을 해주실 분은 하늘이신 태상천존 자미천황님뿐이시고, 이 구원의식을 행해 주는 곳은 자미국 단 한 곳뿐이다. 이 모든 진실을 나라조상님들께서는 모두 알게 되셨기에 72위 나라조상님들과 각 성씨 시조조상님들께서는 이 뜻을 지상과 영혼세계에 전하여 이제는 백성과 나라를 부흥시키고 잃어버린 옛 부귀영화를 되찾고자 하신다.

72위 나라조상님들과 각 성씨 시조조상님들은 하늘의 천지기운을 이 땅에 내리게 하신 일등 공신들이시다. 우리 모두도 종교의 중심이 될 수 없듯이 나라조상님들과 각 개인의 조상님들도 종교의 구심점이 될 수 없다.

나라조상님들은 종교의 대상이 아니시며, 후손들이 이 땅에서 살 수 있도록 우리 모두를 낳아주시고 정성과 사랑으로 길러주신 육신의 아버지와 어머니이다. 우리 모두는 이제 각자의 육신의 어버이이신 자신의 조상님과 영혼의 어버이이신 하늘께 정중히 고개를 숙여 예의를 갖추어야 한다.

조상님들이 계셨기에 현재의 내가 있거늘 그 부모님의 사랑과 은혜를 몰라보고 부모님이 죽었다고 부모조상, 형제조상에게 마귀니 사탄이니 한다면 인간의 도리, 자손의 도리가 아니다.

"입장 바꿔 생각해 봐"라는 말이 있듯이 자신이 죽은 후 자식들이 본인에게 마귀니 사탄이니 하였을 때 그 말을 들은 본인의 마음은 과연 어떠하겠는가?

감히 있을 수 없는 일이다. "있을 때 잘해, 후회하지 말고"라는 말이 있듯이 우리의 삶이 장구한 것 같지만 눈 깜짝할 사이이다. 우리의 육신이 아직도 살아있음에 감사하며, 인간의 육신이 살아있을 때, 인간의 도리, 자손의 도리를 충실히 하여 사후세계에 갔을 때 하늘과 조상님 전에 부끄럽지 아니하고, 자랑스러운 자손이 되고자 인간의 육신이 있을 때 최선을 다하여야 한다.

인간의 육신으로 머무는 동안 본인 스스로가 하늘과 조상님 전에 불효만 하였다면 사후세계에 가서 그 많은 죄들을 과연 무엇으로 씻을 수 있을지 깊이 생각하고 각자 살아온 인생을 다시 반성하고 자신들이 지은 죄는 살아서 모두 용서를 받고 이 세상을 정리하기를 나라조상님 모두는 간절히 원하고 바라신다.

육신이 죽어서 비는 죄는 아무 소용이 없다. 육신이 아직 살아있음은 조상님들이 살아생전에 지은 죄와 자신이 지은 죄를 빌 수 있는 하늘이 주신 유일한 기회이다. 하지만 인간들은 자신들이 뭐를 잘못했는지 잘 모르고 있고, 어디에서 어떻게 비는 것인지조차도 전혀 알지를 못하고 있다.

그 죄를 빌 수 있는 곳은 전 세계에서 자미국 하나뿐이고 천상입궁의식과 천인합체의식을 통해서 전생과 현생의 죄를 용서빌어 사면받을 수 있다.

1만 명 죽인 살인마보다 더 무서운 죄

사람을 1백 명, 1천 명, 1만 명 죽였다면 세상에서는 극악무도한 살인마라고 저주하고 증오할 것인데 진짜 하늘 태상천존 자미천황님과 자미황후님을 몰라보고 찾지 않는 자와 다른 하늘을 믿고 있는 자는 사람 1만 명을 죽인 끔찍한 살인자보다도 죄가 더 무겁고 크다고 천상감찰신명님이 말씀하시었다.

인간들의 입장에서는 얼른 이해가 잘 안 되는 말씀이다. 1만 명을 죽인 살인자보다도 죄가 더 크다고 하시니 말씀 그대로 믿어야 하는지 갈등이 생기는 것은 사실이다. 저자도 신명님이 하신 말씀을 받아서 인류 최초로 세상에 전달하는 입장이다.

사람 죽인 죄가 더 크지, 무슨 진짜 하늘 안 찾고 안 믿었다고 1만 명을 죽인 살인마보다 죄가 더 크다고 하시는 것인지 저자 역시도 말씀을 그대로 받아들이기가 쉽지 않았다. 천상감찰신명님께서 위대하신 하늘께로 향한 당신만의 독특한 존경심과 사랑, 충성심은 아닐까 잠시 생각했었다.

그런데 천상감찰신명님께서 말씀하실 때 표정은 진실 그 자체였고 처음 들어보는 말씀이지만 거부할 수 없는 어떤 진실과 위압감이 내포되어 있었다. 천상세계, 사후세계의 법도는 우리 인간 사회와 다르다. 진짜 하늘을 몰라보고 배신하면 구원 대상에서 완전히 제외되고 기약할 수 없는 사후세계를 끝없이 고통과 불행 속에 살아가야 하기에 죄가 크다고 하시는 말씀 같다.

인간세상처럼 100년 미만의 짧은 인간육신의 삶을 살아가는 것과는 달리 수억만 겁에 이르는 무한대의 사후세계가 이어지는 천상세계이기에 이해가 조금은 된다. 자미국에 들어와서 진짜 하늘을 찾지 못하고 다른 곳에서 가짜 하늘을 진짜로 착각하며 있는 수많은 사람들이 이 대목을 읽고 얼마나 공감하고 깨달을지 모르겠다.

저자가 생각하고 꾸며낸 가상세계의 이론이 아닌 천상 자미천궁에서 실제로 하강하시어 하늘의 진실을 가르쳐주시는 천상감찰신명님, 하나님, 미륵님과 실시간으로 대화가 이루어지기에 인류 최초로 하늘의 진실을 전할 수 있는 것이다.

지금까지 자신이 수십 년 믿어오던 그곳이 진짜라고 생각하니까 믿고 있는 것이고, 어떤 사람은 아예 인간육신이 죽으면 그만이지 보이지도 들리지도 않는 사후세계를 왜 골치 아프게 걱정하며 사느냐고 반론을 제기할 수 있다.

인간들의 눈높이에서는 사후세계, 천상세계가 보이지도 들리지도 않고 가보지도 않았기에 존재하지 않는다고 부정하는 것이 맞다. 하지만 천상세계에서 오신 분들이 전해 주신 말씀들이 수많은 천인과 백성들의 삶을 통해서 현실로 100% 입증되고 있는 것을 체험하고는 가상세계가 아닌 실존하는 세계라고 믿게 되었다.

두려움의 사후세계와 환상의 무릉도원 천상 자미천궁 세계!

죽음 이후 천상에 올라가서 신선선녀, 천사로 살아가려면 저자가 전하는 진실을 액면 그대로 받아들이고 따르는 것이 가장 성공한 인생을 살아가는 최선의 길이다.

자고 나면 수많은 유명 인사들이 나이가 많고 적음에 상관없이 질병이나 사건사고로 사후세계로 돌아가는 현실은 아무도 부정하지 못하는 내용이다. 죽음이 부인할 수 없는 엄연한 현실세계인데도 자신의 눈에 보이지 않고 들리지 않는다고 해서 천상세계, 사후세계의 존재 자체를 모두 부정하고 무시하며 살아가는 사람들이 가장 불행한 사람들이 아닐까 저자는 생각한다.

육신이 살아서 진짜 하늘을 만나지 못하면 살아서 대통령이나 재벌로 성공하고 출세하여 세상의 모든 부귀영화를 누리며 살아간다 해도 그것은 찻잔 속의 아주 작은 성공에 불과할 뿐이다. 인간으로 태어나서 가장 큰 영원한 성공과 출세는 자미국을 통해서 진짜 하늘을 찾아서 만나느냐 못 만나느냐이다.

전 세계에서 진짜 하늘의 진실 말씀을 실시간으로 들을 수 있는 유일한 곳이 자미국(지상 자미천궁)이다. 그러기에 이 책에는 인간세상에서 들어 본 적이 없는 처음 들어보는 하늘의 진실 말씀이 수없이 수록되어 있는 것이다.

살아서 하늘을 찾지 않고 무시하며 살다가 죽는 사람들은 1만 명을 죽인 살인자보다도 더 큰 죄이기에 구원 자체가 안 되어서 끝없는 죽음 이후의 사후세계를 고통으로 보낸다. 사후세계의 주인은 하늘이시고 천상에서 우리를 구원하러 와주시는 분은 천상감찰신명님, 하나님, 미륵님이시다.

인간사를 살아가면서 지은 갖가지 죄는 인간법정에서 심판하지만 진짜 하늘을 몰라보고 찾지 않는 자와 자신의 조상님을 몰라본 자의 죄는 살아서는 삶을 통해서, 죽어서는 지옥세계 명부전에서 철저히 심판하신다고 말씀하시었다.

하늘과 땅, 천지만생만물과 우리들의 영혼을 창조하신 진짜 하늘이 태상천존 자미천황님, 자미황후님이심을 몰라보고 다른 하늘을 믿고 있는 자들은 살아서 당대에 자신과 가족의 삶으로 심판을 하고 육신이 죽어서 없을지라도 그 영혼은 물론 살아남아 있는 자신의 배우자, 자녀, 부모형제, 후대자손 대대로까지 수억만 년의 세월이 흘러가도 절대 용서하지 않으시겠다는 청천벽력 같은 말씀이 있으셨다.

육신이 살아있든 죽었든 간에 산 자는 산 자대로 심판하시고, 영혼은 영혼대로 심판하시고, 아직 살아서 세상을 살아가고 있는 그의 가족과 후손들을 자자손손 영원히 추적하여 심판하신다 하니 이 얼마나 무서운 말씀이신가?

진짜 하늘을 무시하며 몰라보고 찾지 않는 자, 다른 하늘을 섬기는 자는 천상감찰신명님이신 천상선감님과 하나님이신 천상천감님, 미륵님이신 천상도감님, 자미국(지상 자미천궁)을 개국하시고 태초의 인간이신 자미인황님께서 수억만 년의 세월이 흘러가도 심판하여 진짜 하늘 태상천존 자미천황님, 자미황후님을 몰라본 죄를 철저히 물으신다고 하시었다.

하늘세계, 사후세계의 진실이 이러하니 이제까지 위대한 진실을 몰라서 하늘을 찾지 않고 자신들의 현재 인생만 잘 살려고 하는 자와 지금까지 다른 하늘을 철저히 믿고 있는 자들은 이 책을 통해서 뉘우치고 반성해야 한다.

육신이 아직 살아있을 때 자미국(지상 자미천궁)을 통해서 진짜 하늘을 몰라본 죄를 빌어서 구원받아야 지옥세계로 떨어지는 것을 면하고, 축생계와 동물세계로 태어나는 것을 면하고, 허공중천 구천세계나 자손들의 몸으로 빙의되어 천대받는 처량하고 비참한 사후세계를 면할 수 있다.

육신이 죽어서 배우자나 자손, 부모형제 찾아가 봐야 왔는지 갔는지 알아볼 수 없고 대화하면서 소통 자체가 안 되기 때문에 분통만 터진다. 대화하여 소통이 된다 한들 살아서도 말 안 듣던 자식들이 자신들의 소원을 들어줄까?

그래서 육신이 아직 살아있을 때 자신들의 죽음 이후에 가야 할 사후세계를 자미국에 들어와서 천상 자미천궁으로 입궁을 미리 예약해 놓고 살아가야지 안 그러면 천추의 원과 한을 살아서도 죽어서도 남긴다. 언제 어느 날 갑자기 찾아올지 모르는 자신들의 사후세계에 대하여 너무 쉽게 생각하고 있다.

살아서는 안동포 수의와 좋은 묏자리 잡아 비싼 호화석물 준비해 놓고, 죽어서 선산의 양지바른 명당자리, 어느 단체가 운영하는 화려한 공원묘지에 안장되어 자손들로부터 제사, 차례, 성묘, 시제를 잘 받는 것이 우리 인간들이 지금까지 일반적으로 준비해 온 죽음을 맞이하는 최선의 방법이었다.

그러나 사후세계의 법도는 인간세계 법정의 형량보다도 수천 배, 수만 배 더 엄격하다. 육신이야 죽으면 그것으로 모든 고통의 세계가 끝나지만 육신을 잃어 혼령이 된 조상들은 말할 수 없는 고통스러운 지옥세계의 심판이 기다린다. 육신이 살아서 자미국을 통해서 죄를 용서받지 아니한 자는 구원받을 수 없다.

육신이 살아서 저자가 집필한 이 책을 읽고 공감하여 자미국(지상 자미천궁)을 찾아오는 자들은 인간으로 태어나 최고의 행운이고 이 책이 최고의 선물이 될 것이다. 이 책은 여러분과 가족의 현생과 사후세계의 생사가 갈리고 좌우되는 아주 귀중한 책이다. 기존의 종교세계 교리를 통해서는 들어볼 수 없는 어마어마한 천상세계, 사후세계의 진실이 수록되었다.

다른 하늘 찾다가 진짜 하늘을 무시하고 몰라보면 1만 명 죽인 살인마보다 죄가 더 크다. 살아서든 죽어서든 지옥세계의 고통을 면하려거든 하루라도 빨리 자미국을 찾아 들어와야 현생과 내생의 행복한 길을 자신과 가족 모두가 찾을 수 있다.

육신이 살아서 자미국을 통하여 이미 가신 조상님과 자신의 죄를 용서받는 것이 최고의 행운아이고 인간으로 태어난 최고의 승리자이자 성공자이다.

9,212년 전 건국 시조 환인천제님이 전하는 메시지

이 나라를 9,212년 전에 러시아의 바이칼 호수 근처에 세우신 초대 환인천제 1세 안파견 조상님. 우리 모두의 조상님이자 우리 모두의 원뿌리이신 안파견 조상님의 한 맺힌 말씀이 있으셨다.

"천손민족인 한민족이 부끄러워 감히 하늘을 대할 수가 없구나. 이 나라를 내가 어찌 세웠는데 후손들은 그 공로도 몰라보고 자신들의 영욕만 추구하며 가난과 불행만 탓하고 있단 말인가?

너희들의 뿌리인 내가 사후세계에서 너희들로 인하여 가슴이 너무 아파 원과 한이 사무쳤건만, 찾아주는 자손 하나 없고 잘 있는지조차 안부인사를 물어봐 주는 자손이 없으니 하늘이 노할 일이고 땅이 노할 일이로다.

잘 들어라. 너희들의 뿌리인 내가 아프도다. 뿌리인 내가 아픈데, 열매인 너희들이 잘될 줄 알았느냐? 너희들 인생의 아픔, 고통, 한숨은 나의 아픔 고통이었고, 나의 한숨이었느니라. 너희들이 잘 살기를 바란다면 뿌리를 찾아라.

뿌리를 못 찾으니 각자의 인생들이 허공에 뜬 인생들이지. 허공에 뜬 인생들이니 불안하고 답답하고 서글프고 무섭지. 이제부터는 육신의 뿌리를 제대로 찾고 영혼의 뿌리를 제대로 찾아 허공에 뜬 불쌍한 인생들 살지 말고, 안락하고 포근한 하늘의 보금자리 찾아 영원히 정착할 영원의 안식처를 찾도록 하여라" 하시는 자식 사랑의 절규의 말씀이 있으셨다.

나라를 세운 개국시조 72위 나라조상들을 찾아주는 자손들이 없음에 섭섭해하시며 울부짖고 계시건만 이 뜻을 아는지 모르는지 산 자손들은 제 앞가림들만 하고 있다.

"하늘의 명을 받고 인간세계 내려와 거대한 영토를 마련해 놓았건만 그것을 제대로 지키지도 못하여 한반도를 반 토막으로 만들어놓았으니 이내 마음 슬프고도 슬프도다.

거대한 12환국을 세워 너희들에게 물려주었건만 이를 지키지도 못하고 남의 나라에 빼앗기고 비참하게 살아가는 나의 백성들이 가엾구나. 조상을 몰라보는 너희들은 정녕코 어디서 온 자손들인가? 또한 조상의 존재를 무시하는 너희들은 누구의 피를 이어받아 이 땅에 탄생하였던가?

각자의 진싸 소상들은 모누 갖다 버리고 남의 조상을 수입해 복 달라고 빌고 있으니, 참으로 답답하고도 한심한 노릇이로다. 너희들 눈에는 우리들 육신이 죽었다고 영혼도 죽어 아무런 능력도, 아무런 생각도 없는 하나의 귀신으로 보이더냐?

너희들 눈에 내가 하나의 귀신으로 보였다면, 내 눈에는 하늘도 몰라보고, 조상도 몰라보는 너희들 각자가 귀신으로 보이니라. 인간으로서는 도저히 할 수 없는 일들을 모두 행하고들 있으니 이 죄들을 도대체 어떻게 할 것이며 지은 죄들을 어떻게 수습들을 하려고 하는 것인가?

철부지 자손들아!

제발 이제라도 정신들 차려라. 너희들에게 육신을 준 어버이는 바로 우리들이고 각자의 조상들이니라. 또한 너희 영혼의 어버이도 하늘의 위대하신 '태상천존 자미천황님'이시다.

부모 자식 간의 인연은 너희들이 바꾸고 싶다고 하여 너희들 마음대로 바꿀 수 없다. 천륜은 하늘도 못 바꾸고, 하늘도 못 막는다 하였거늘 너희들이 감히 천륜에 역행한다면 그것은 천벌을 받을 일이고 살아서도 죽어서도 용서받지 못할 일이거늘 너희들 스스로가 인간육신의 조상을 바꾸고, 영혼의 주인인 하늘을 바꾸고들 있으니 하늘이 통탄할 일이고, 조상들이 통탄할 일이로다. 또한 살아있는 너희 모두가 통탄할 일이로다.

사랑하는 천손의 후예들아!

이제는 정신들 차리거라! 위대하신 하늘의 자손으로 다시 태어나 근심 걱정 없이 행복하게들 살아야지. 언제까지 하늘의 진노로 아파들 할 것인가? 어서들 잃어버렸던 올바른 정신들 찾아와 하늘의 진실 앞에 굴복해야 이 나라를 살릴 수 있지" 하시면서, 오늘도 하늘에서 통곡을 하고 계신다.

위대하신 개국시조 72위 나라조상님들을 독자들의 이해를 돕고자 설명한다. 환인천제 7분, 환웅천황 18분, 단군천황 47분을 합해서 모두 72분이 우리나라를 태초로 세우시고 다스리신 통치자 제왕(諸王)들이시다.

단군 할아버지를 시조로 알고 있으나 이는 잘못된 역사이다. 단군 할아버지부터 역사를 논한다면 5천 년의 역사이고, 환인천제 할아버지부터 한민족의 시원을 계산하면 9,212년의 장구한 역사를 가진 자랑스러운 민족이다.

그런데 왜 스스로 5천 년의 역사로 줄인단 말인가? 9,212년 전에 나라를 세운 우리의 훌륭한 나라조상님들이 계시건만 이를 잊은 채, 어느 조상님들의 핏줄인지도 모르고 오늘을 살아가고 있으나, 우리 모두는 72위 나라조상님들의 훌륭한 핏줄을 타고 이 땅에 태어난 천손의 후손들이다.

잊지 말자! 위대한 천손의 후예들이여! 우리 조상님들의 영광스런 태고의 역사를 바로 알리고 세계 인류를 영도하는 천손의 민족으로 거듭 태어나자. 아직도 단군 할아버지가 누구인 줄 모르기에 단 한 분만 계신 줄 알고 살아가는 민족이다.

이는 일본과 매국노 같은 사람들이 나라조상님의 거대한 역사를 왜곡하기 위해 신화(神話)라고 정신교육을 시켜왔기 때문이다. 아래는 우리나라를 최초로 건국하신 훌륭한 나라조상님들로 역대 제왕을 지내신 분들이시다.

7世 환인(桓因)천제의 계보

제01세 안파견(安巴堅) 환인천제
제02세 혁 서(赫 胥) 환인천제
제03세 고시리(古是利) 환인천제
제04세 주우양(朱于襄) 환인천제
제05세 석제임(釋堤壬) 환인천제
제06세 구을리(邸乙利) 환인천제
제07세 지위리(智爲利) 환인천제

18世 환웅(桓雄)천황의 계보

제01세 거발한 환웅천황
제02세 거불리 환웅천황
제03세 우야고 환웅천황
제04세 모사라 환웅천황
제05세 태우의 환웅천황
제06세 다의발 환웅천황
제07세 거 련 환웅천황
제08세 안부련 환웅천황
제09세 양 운 환웅천황
제10세 갈 고 환웅천황
제11세 거야발 환웅천황

제12세　주무신　환웅천황
제13세　사와라　환웅천황
제14세　치　우　환웅천황
제15세　치액특　환웅천황
제16세　축다리　환웅천황
제17세　혁다세　환웅천황
제18세　거불단　환웅천황

47世 단군(檀君)천황의 계보

제01세　왕　검　단군천황
제02세　부　루　단군천황
제03세　가　륵　단군천황
제04세　오사구　단군천황
제05세　구　을　단군천황
제06세　달　물　단군천황
제07세　한　율　단군천황
제08세　우서한　단군천황
제09세　아　슬　단군천황
제10세　노　을　단군천황
제11세　도　해　단군천황
제12세　아　한　단군천황
제13세　흘　달　단군천황
제14세　고　불　단군천황
제15세　대　음　단군천황
제16세　위　나　단군천황
제17세　여　을　단군천황

제18세　동　엄　단군천황
제19세　구모소　단군천황
제20세　고　흘　단군천황
제21세　소　태　단군천황
제22세　색불루　단군천황
제23세　아　흘　단군천황
제24세　연　나　단군천황
제25세　솔　나　단군천황
제26세　추　로　단군천황
제27세　두　밀　단군천황
제28세　해　모　단군천황
제29세　마　휴　단군천황
제30세　내　휴　단군천황
제31세　등　올　단군천황
제32세　추　밀　단군천황
제33세　감　물　단군천황
제34세　오루문　단군천황
제35세　사　벌　단군천황
제36세　매　륵　단군천황
제37세　마　물　단군천황
제38세　다　물　단군천황
제39세　두　흘　단군천황
제40세　달　음　단군천황
제41세　음　차　단군천황
제42세　을우지　단군천황
제43세　물　리　단군천황

제44세 구 물 단군천황
제45세 여 루 단군천황
제46세 보 을 단군천황
제47세 고열가 단군천황

부여에서 태어난 주몽(고주몽. 고구려 시조)이 고구려를 건국하고 첫 아들 '유리왕'을 태자로 책봉하였고 두 번째 부인 '소서노'에게서 '비류'와 '온조'가 태어났다.

정실부인의 장자 유리가 왕위를 계승하자 이를 불안하게 여긴 소서노가 비류와 온조를 한강유역으로 보내어 목숨을 부지할 수 있게 하였고, 이에 온조가 '십제(10인의 신하와 건국)'를 만들고, 비류가 인천 부근에서 또 다른 세력으로 나라를 건국하였다.

이후 비류가 온조 세력에 합류하여 완성된 것이 백제이며 초대 왕(시조)이 '온조'이니 장자가 계승한 고구려와 서자가 세운 백제가 전투를 하였으니 결국 집안 전투였다. 신라를 제외하고 중국의 동북 3성 만주 땅과 북한, 남한이 고주몽의 장자와 서자가 세운 고구려의 백성들이었다.

고구려

제01대 왕 동명(주몽)성왕 BC 37~BC 19년(고구려의 시조)
제02대 왕 유리왕 BC 19~18년
제03대 왕 대무신왕 18~44년
제04대 왕 민중왕 44~48년
제05대 왕 모본왕 48~53년
제06대 왕 태조왕 53~146년
제07대 왕 차대왕 146~165년
제08대 왕 신대왕 165~179년

제09대 왕 고국천왕 179~197년
제10대 왕 산상왕 197~227년
제11대 왕 동천왕 227~248년
제12대 왕 중천왕 248~270년
제13대 왕 서천왕 270~292년
제14대 왕 봉상왕 292~300년
제15대 왕 미천왕 300~331년
제16대 왕 고국원왕 331~371년
제17대 왕 소수림왕 371~384년
제18대 왕 고국양왕 384~391년
제19대 왕 광개토대왕 391~412년
제20대 왕 장수왕 412~491년
제21대 왕 문자(명)왕 491~519년
제22대 왕 안장왕 519~531년
제23대 왕 안원왕 531~545년
제24대 왕 양원왕 545~559년
제25대 왕 평원왕 559~590년
제26대 왕 영양왕 590~618년
제27대 왕 영류왕 618~642년
제28대 왕 보장왕(고구려의 마지막 임금)

백제(주몽의 첩실 소서노의 아들인 '온조'가 시조이다)
제01대 왕 온조왕 BC 18~28년(백제시조, 고주몽 동명왕의 아들)
제02대 왕 다루왕 28~77년
제03대 왕 기루왕 77~128년
제04대 왕 개루왕 128~166년

제05대 왕	초고왕	166~214년
제06대 왕	구수왕	214~234년
제07대 왕	사반왕	234~234년
제08대 왕	고이왕	234~286년
제09대 왕	책계왕	286~298년
제10대 왕	분서왕	298~304년
제11대 왕	비류왕	304~344년
제12대 왕	계왕	344~346년
제13대 왕	근초고왕	346~375년
제14대 왕	근구수왕	375~384년
제15대 왕	침류왕	384~385년
제16대 왕	진사왕	385~392년
제17대 왕	아신왕	392~405년
제18대 왕	전지왕	405~420년
제19대 왕	구이신왕	420~427년
제20대 왕	비유왕	427~455년
제21대 왕	개로왕	455~475년
제22대 왕	문주왕	475~477년
제23대 왕	삼근왕	477~479년
제24대 왕	동성왕	479~501년
제25대 왕	무령왕	501~523년
제26대 왕	성왕	523~554년
제27대 왕	위덕왕	554~598년
제28대 왕	혜왕	598~599년
제29대 왕	법왕	599~600년
제30대 왕	무왕	600~641년

제31대 왕 의자왕 641~660년(나 · 당 연합군에 백제 멸망)

신라(박씨와 김씨 성의 시조)

제01대 왕 박혁거세 B.C 57~4년(신라의 시조)

제02대 왕 남해 4~24년

제03대 왕 유리 24~57년

제04대 왕 탈해 57~80년

제05대 왕 파사 80~112년

제06대 왕 지마 112~134년

제07대 왕 일성 134~154년

제08대 왕 아달라 154~184년

제09대 왕 벌휴 184~196년

제10대 왕 나해 196~230년

제11대 왕 조분 230~247년

제12대 왕 첨해 247~261년

제13대 왕 미추 262~284년

제14대 왕 유례 284~298년

제15대 왕 기림 298~310년

제16대 왕 흘해 310~356년

제17대 왕 내물 356~402년

제18대 왕 실성 402~417년

제19대 왕 눌지 417~458년

제20대 왕 자비 458~479년

제21대 왕 소지 479~500년

제22대 왕 지증왕 500~514년

제23대 왕 법흥왕 514~540년

제24대 왕 진흥왕 540~576년
제25대 왕 진지왕 576~579년
제26대 왕 진평왕 579~632년
제27대 왕 선덕여왕 632~647년
제28대 왕 진덕여왕 647~654년
제29대 왕 무열왕 654~661년
제30대 왕 문무왕 661~681년(삼국통일)
제31대 왕 신문왕 681~692년
제32대 왕 효소왕 692~702년
제33대 왕 성덕왕 702~737년
제34대 왕 효성왕 737~742년
제35대 왕 경덕왕 742~765년
제36대 왕 혜공왕 765~780년
제37대 왕 선덕왕 780~785년
제38대 왕 원성왕 785~798년
제39대 왕 소성왕 798~800년
제40대 왕 애장왕 800~809년
제41대 왕 헌덕왕 809~826년
제42대 왕 흥덕왕 826~836년
제43대 왕 희강왕 836~838년
제44대 왕 민애왕 838~839년
제45대 왕 신무왕 839~839년
제46대 왕 문성왕 839~857년
제47대 왕 헌안왕 857~861년
제48대 왕 경문왕 861~875년
제49대 왕 헌강왕 875~886년

제50대 왕 정강왕 886~887년

제51대 왕 진성여왕 887~897년

제52대 왕 효공왕 897~912년

제53대 왕 신덕왕 912~917년

제54대 왕 경명왕 917~924년

제55대 왕 경애왕 924~927년

제56대 왕 경순왕 김부 927~935년(신라의 마지막 임금)

발해

제01대 왕 고왕 698~719년(발해의 시조 대조영)

제02대 왕 무왕 719~737년

제03대 왕 문왕 737~793년

제04대 왕 폐왕 원의 793년

제05대 왕 성왕 793~794년

제06대 왕 강왕 794~809년

제07대 왕 정왕 809~812년

제08대 왕 희왕 812~817년

제09대 왕 간왕 817~818년

제10대 왕 선왕 818~830년

제11대 왕 대이신 831~857년

제12대 왕 대건황 857~871년

제13대 왕 대현석 871~894년

제14대 왕 대위해 894~906년

제15대 왕 대인선 906~926년(거란족에 발해 멸망)

금관가야

제01대	수로왕	42~199(김수로왕, 김해 김씨 시조)
제02대	거등왕	199~253
제03대	마품왕	253~291
제04대	거질미왕	291~346
제05대	이시품왕	346~407
제06대	좌지왕	407~421
제07대	취희왕	421~451
제08대	질지왕	451~491
제09대	겸지왕	491~521
제10대	구형왕	521~532

대가야

제01대	이진아시왕
제02대	기록 무
제03~4대	금림왕
제05대	기록 무
제06대	하지왕
제07대	가실왕
제09대	이뇌왕
제10대	월광태자
제11대	도설지왕

고려(918~1392, 473년간, 총 34대 왕)

제01대	태조 왕건	918~943
제02대	혜종 왕무	943~945

제03대	정종 왕요	945~949
제04대	광종 왕소	949~975
제05대	경종 왕주	975~981
제06대	성종 왕치	981~997
제07대	목종 왕송	997~1009
제08대	현종 왕순	1009~1031
제09대	덕종 왕흠	1031~1034
제10대	정종 왕형	1034~1046
제11대	문종 왕휘	1046~1083
제12대	순종 왕훈	1083
제13대	선종 왕운	1083~1094
제14대	헌종 왕욱	1094~1095
제15대	숙종 왕옹	1095~1105
제16대	예종 왕우	1105~1122
제17대	인종 왕해	1122~1146
제18대	의종 왕현	1146~1170
제19대	명종 왕호	1170~1197
제20대	신종 왕탁	1197~1204
제21대	희종 왕영	1204~1211
제22대	강종 왕오	1211~1213
제23대	고종 왕철	1213~1259
제24대	원종 왕식	1259~1274
제25대	충렬왕 왕거	1274~1308
제26대	충선왕 왕장	1308~1313
제27대	충숙왕 왕만	1313~1315
제28대	충혜왕 왕정	1330~1337

제29대 충목왕 왕흔 1344~1348
제30대 충정왕 왕저 1348~1351
제31대 공민왕 왕전 1351~1374
제32대 우 왕 왕우 1374~1388
제33대 창 왕 왕창 1388~1389
제34대 공양왕 왕요 1389~1392

조선(1392~1910, 518년간 27대 왕)
제01대 태조 이성계 1392~1398
제02대 정종 이방과 1398~1400
제03대 태종 이방원 1400~1418
제04대 세종 이 도 1418~1450
제05대 문종 이 향 1450~1452
제06대 단종 이홍위 1450~1455
제07대 세조 이 유 1455~1468
제08대 예종 이 황 1468~1469
제09대 성종 이 혈 1469~1494
제10대 연산 이 융 1494~1506
제11대 중종 이 역 1506~1544
제12대 인종 이 호 1544~1545
제13대 명종 이 환 1545~1567
제14대 선조 이 균 1567~1608
제15대 광해 이 혼 1608~1623
제16대 인조 이천윤 1623~1649
제17대 효종 이 호 1649~1659
제18대 현종 이 연 1659~1674

제19대	숙종 이 순	1674~1720
제20대	경종 이 윤	1720~1724
제21대	영조 이 금	1724~1776
제22대	정조 이 산	1776~1800
제23대	순조 이 공	1800~1834
제24대	헌종 이 환	1834~1849
제25대	철종 이 변	1849~1863
제26대	고종 이 희	1863~1907
제27대	순종 이 척	1907~1910

일본 식민통치 1910.8.29~1945.8.15(36년간)

미군정시대 1945.9.9~1948.8.15(3년간)

대한민국

제1~3대	이승만 대통령	1948~1960
제4대	윤보선 대통령	1960~1962
제5~9대	박정희 대통령	1963~1979
제10대	최규하 대통령	1979~1980
제11~12대	전두환 대통령	1980~1988
제13대	노태우 대통령	1988~1993
제14대	김영삼 대통령	1993~1998
제15대	김대중 대통령	1998~2003
제16대	노무현 대통령	2003~2008
제17대	이명박 대통령	2008~2013
제18대	박근혜 대통령	2013~

민족의 구심점 나라신전

서울시 동작구 동작동 국립현충원은 조국의 광복과 더불어 군이 창설되어 국토방위의 임무를 수행하여 오던 중 북한 인민군의 국지적 도발과 여수, 순천사건 및 각 지구의 공비토벌 작전으로 전사자의 수가 점차 증가함에 따라 묘지 설치 문제가 논의되어 1949년 말 육군에서 서울 근교에 묘지 후보지를 물색하였다.

1953년 9월까지 10개 지역 답사 결과 동작동 현 위치를 국군묘지 후보지로 선정하여, 1953년 9월 29일 이승만 대통령의 재가를 받아 국군묘지 부지로 확정하였다.

나라의 의전 행사 때 대통령과 유명 정치인들이 국민에게 보여주기 위한 형식적인 참배를 하고 있으며 외국 정상들이 국빈으로 방문하면 국립묘지 참배가 공식적인 행사이다. 60년의 짧은 역사를 가진 서울 동작동 국립 현충원.

환국(BC7199-BC3898년까지 3301년간)을 9,212년 전에 러시아의 바이칼 호수 부근에서 최초로 세운 12환국의 초대 환인천제 안파견 조상님을 비롯하여 6위 환인천제님.

배달국(BC3898-BC2333년까지 1565년간)을 세운 초대 환웅천황 거발한 외 17위의 환웅천황님.

고조선(BC2333-AD237년까지 2096년간)을 세운 초대 단군천황 왕검 외 46위 단군천황님.

고구려를 BC58~BC19(2071~2032년 전)에 세운 초대 왕 주몽(동명성왕) 외 27대 왕.

백제를 BC18~AD27(2031~1986년 전)에 세운 초대 온조왕 외 30대 왕, 신라를 BC69~AD4, 재위 BC57~AD4(2082~2009년 전)에 세운 초대 왕 박혁거세 외 55대 왕.

발해를 AD698~719년(1315~1294년 전)에 세운 초대 왕 대조영 외 14대 왕.

고려를 877~943년(1136~1070년 전)에 세운 태조 왕건 외 33대 왕. 조선을 1335~1408년(678~605년 전)에 세운 태조 이성계 외 26대 왕이 계신다.

1907~1910년 순종을 끝으로 1910년 8월 29일 한일합방하고부터 통치권을 잃고 고통과 치욕스러운 잊을 수 없는 일제 36년 강점기가 1945년 8월 15일까지 지속되었다.

임시정부 주석 김구(1944), 1~3대 이승만 대통령(1948~1960), 4대 윤보선 대통령(1960~1962), 5~9대 박정희 대통령(1963~1979), 10대 최규하 대통령(1979~1980), 11~12대 전두환 대통령(1980~1988), 13대 노태우 대통령(1988~1993), 14대 김영삼 대통령(1993~1998), 15대 김대중 대통령(1998~2003), 16대 노무현 대통령(2003~2008), 17대 이명박 대통령(2008~2013). 18대 박근혜 대통령(2013~2018).

이 나라를 세운 통치자이자 정신적인 구심점들이시다.

역사적 사실이 이러할진대 나라의 원초적 뿌리인 선대 조상님들의 신위를 모두 모셔놓은 나라의 시전이 없으니 나라를 세운 역대 제왕 조상님들이 저승에서 통곡을 하고 계신다. 장구한 9,212년의 자랑스러운 민족의 역사를 뿌리째 무시하고 버린 백의민족을 과연 천손민족이라 자부할 수 있겠는가?

민족의 뿌리이자 개국시조이신 환인, 환웅, 단군 72위 조상님과 역대 제왕님들, 각 성씨 시조조상님들, 호국대사, 호국장군, 호국영령, 충의열사, 애국지사의 신위를 대형 위패로 모실 수 있도록 저자가 앞장서서 추진할 것인데 그 자리가 지금의 청와대 터이니 국가는 속히 하늘의 자리, 신의 자리, 조상님의 자리를 죄송하고도 보람된 마음으로 비워주었으면 한다.

이렇게 유구한 역사를 가진 역대 통치자들과 각 성씨 시조조상님들을 모실 신전 하나를 세우지 못하고 60년 전에 세운 국립현충원에 가서 참배하는 것이 부끄럽지 않은가?

9,212년 전에 이 나라를 최초로 세운 조상님들의 공로를 무시하면 안 된다. 이분들이 계시었기 때문에 현재의 우리가 이 땅에서 살고 있지 않은가? 전 세계 각 나라에는 우리처럼 이런 장구한 역사적인 문화유산이 없기에 세계 정상들이 국빈으로 방문하였을 때 나라신전을 참배하게 하면 그 얼마나 자랑스러운 일이겠는가?

9,212년의 장구한 역사를 세계에 알리는 것 자체만으로도 정신적으로 지도국가가 될 수 있고, 세계의 역사와 정신문명을 제압하는 효과도 있을 것이다. 일본이나 중국은 역사를 날조하여 건국 시조 역년을 늘리려고 애쓰는데 우리나라는 도대체 뭣들 하고 있는 것인가?

가정의 구심점은 가장인 아버지이고, 가문의 구심점은 선대 조상님이며, 회사의 구심점은 회장이다. 또한 나라의 구심점은 대통령이다. 그러나 이상하다.

민족의 구심점은 없다. 도대체 어떻게 된 것일까?

작은 가정에도 가문에도 회사에도 나라에도 구심점이 있건만, 또한 구심점이 있어야 가정도 가문도 회사도 나라도 질서 있게 유지되건만, 민족의 구심점이 바로 서지 않은 채 어떻게 하나의 나라가 질서 있게 발전하기를 바라고 있는 것인가?

이제 우리 모두는 민족의 구심점을 바로 세워야 한다. 전 세계인들에게 인류의 구심점이 되어 주실 우리 영혼을 보내주신 하늘과 땅, 만생만물을 천지창조하신 위대하신 절대자 태상천존 자미천황님과 태상천존 자미황후님 그리고 환국, 배달국, 고조선, 고구려, 백제, 신라, 발해,

고려, 조선, 대한민국을 세운 한민족의 영원한 구심점이 되실 개국시조 72위님과 역대 제왕님들이시다.

환인천제 7분은 나라의 태시조조상이시고, 환웅천황 18분은 나라의 중시조조상이시고, 단군천황 47분은 나라의 시조조상이시다.

각자 조상님들이 종교일 수 없듯이, 나라의 72위 조상님과 역대 제왕님들 역시도 종교가 아니시기에 종교화될 수 없고, 또한 그리되어서도 안 된다. 우리나라를 최초로 세우신 한민족 모두에게 감사한 조상님들이시다.

수많은 단체들이 72위 나라조상님들을 앞세워 종교화를 시도하려는 단체들이 곳곳에 있으나 그것은 위험천만한 발상이고, 하늘에서나 72위 조상님들 모두가 원치 않으시기에 그 단체들이 번창하지 못하고 있는 것이다.

이분들의 절대적인 목표는 종교가 아닌 조상님으로서 떳떳하게 후손들로부터 대우받고 싶으신 것이며, 천손민족임을 일깨워 하늘의 백성으로 거듭 태어나 자손들 모두가 고통 없이 잘 살았으면 하는 것이 이분들의 진정한 뜻이다.

이분들의 관명은 모두가 최고 높은 칭호였다. 환인천제님은 하늘의 임금을 상징하는 천제(天帝), 환웅과 단군님은 하늘의 황제를 상징하는 천황(天皇)이었다.

즉, 이분들은 한민족이 하늘의 자손(천손)이 될 것이라는 것을 이미 알고 있었고, 그 숨은 진실을 관명(官名)을 통하여 우리 모두에게 가르쳐주고 있었던 것이다.

하늘의 허락이 없으셨다면 감히 그런 관명을 사용하지 못하였을 것이고, 하늘의 허락 없이 인간 마음대로 사용하였다면 왕조는 일찍 무너져 역사 속으로 사라졌을 것이다.

천손이란 '하늘(태상천존 자미천황님)의 아들딸'을 상징하므로 한민족은 위대하신 하늘이 내리신 귀한 자손들이다. 하지만 우리 모두는 그 위대한 하늘의 진실, 조상님들의 진실, 우리 한민족의 존귀성, 개인 각자의 존귀성을 망각한 채 인생 자체를 힘들고 아프게 살아왔고 살아가고 있다.

모든 것은 때가 되면 진실이 밝혀지게 되어 있고, 모든 것은 때가 되면 원래대로 돌아가게 되어 있다. 이제 우리 한민족 모두는 진짜 하늘을 찾고, 우리들의 뿌리(나라조상님과 개인 각자의 조상님)를 찾아 인간의 도리, 자손의 도리를 다하여야 태고의 옛 부귀영화를 되찾고 또한 각자 인생의 잃어버렸던 행복과 웃음도 되찾을 수 있다.

하늘께서는 72위의 나라조상님들과 또한 우리들을 창조하여 이 땅에 살게 해주신 우리 모두의 영혼의 주인공이셨다. 하지만 우리 모두는 영혼의 주인을 몰라보고 지금까지 살아왔다.

천지만물의 모든 것은 주인이 없는 것 같지만 모든 것에는 엄연히 주인이 존재하고 있다. 집도 주인이 있고, 회사에도 주인이 있고, 차에도 주인이 있고, 하찮은 동물도 주인이 있다.

크든 작든 모든 것에는 주인이 있기 마련인데, 이를 몰라보고 내 것이 아닌데 남의 것을 가지게 되면, 도둑이나 사기죄로 몰리게 되고 감옥에 가게 된다.

내 집이 아닌 남의 집에 주인 허락 없이 내 맘대로 들어가게 되면 무단침입 죄, 도둑으로 몰려 경찰이나 감옥에 가서 큰 죄는 큰 죄대로, 작은 죄는 작은 죄대로 죄의 대가를 치러야 되는 것이 인간사의 법칙이거늘, 우리 사람에게 영혼을 주신 영혼의 진짜 주인 하늘을 몰라본 우리들의 죄. 우리 사람에게 육신을 주신 자신의 조상님을 몰라본 우리들의 죄.

이 죄들은 과연 무슨 죄에 해당되고, 하늘과 조상님들께서는 이런 우리 사람과 자손들에게 어떤 처벌을 내리실지 생각들을 해보셨는지 궁금하다.

우리 각자의 인생이 아프고 힘든 것은, 인간들이 말하고 인간들이 알고 있는 "운이 없어서"도 아니요, "재수가 없어서"도 아니요, "때가 안 되어서"도 아니요, "타고난 팔자라서"도 아니다.

이는 하늘을 몰라보고, 조상을 몰라본 각자의 죄에 대하여 하늘이 심판하고, 조상들이 심판하여 본인들이 행한 것에 대한 복은 복대로, 죄는 죄대로 받고 있는 것이다.

그렇기 때문에 본인들의 인생과 가정이 마음먹은 대로 되지 않는다고 남을 탓할 필요 없이 하늘과 조상을 몰라본 각자의 죄이니 각자의 죄를 빌어야 한다.

이제 우리 모두는 각자의 육신의 주인을 찾고 영혼의 주인을 찾아, 본인들 스스로가 인생의 주인공이 되어야 한다. 언제까지 본인들 인생을 세상에 맡기고, 주위 사람들에게 맡긴 채 방관할 것인가?

각자의 소중한 인생.

구경꾼 인생이 아닌, 관람객 인생이 아닌, 주인공 인생이 되어야 하지 않는가? 드라마나 영화를 보면, 수많은 위험한 장면과 목숨을 잃을 것 같은 아슬아슬한 장면이 많이 있지만 주인공은 항상 극적으로 살아남게 된다.

또한 수많은 고통의 굴레 속에서도 진실하게 착하게 올바르게 사는 사람들은 처음에는 그 어느 누구보다도 고통과 시련이 많지만 결국에는 성공의 열쇠를 거머쥐고 활짝 웃게 되는 것이 주인공들의 삶이다.

이와 같이 주인공과 엑스트라의 삶은 틀리다.

또한 주인공과 엑스트라의 역할 분담도 틀리다. 우리 모두는 엑스트라의 인생이 아닌 주인공의 삶을 살아야 한다. 뿌리 없는 나무와 꽃은 작은 바람에도 지탱을 하지 못하고 쓰러져 죽게 된다. 하지만 뿌리가 튼튼한 나무는 큰 강풍에도 아랑곳하지 않는다.

주인공과 엑스트라.

뿌리가 튼튼한 나무와 뿌리가 없는 나무. 이것이 바로 우리네의 삶이다. 본인들 각자는 어떠한 삶을 원하고 어떠한 삶을 추구하는가? 인생을 값지게 주인공의 인생을 살고 싶은 자들은 이젠 하늘 원망, 조상 원망, 본인들 팔자타령이 아닌 잃어버렸던 각자의 본 뿌리를 찾아야 한다.

본인들 인생의 주인은 하늘과 나라조상님 그리고 각자의 조상님들이시고, 본인들 인생의 흥망성쇠의 열쇠는 본인들의 노력이 아닌 하늘의 도움, 나라조상님들의 도움, 각자 조상님들의 도움에 달려 있다.

이제 본론으로 들어가 72위의 나라조상님들은 살아서나 죽어서나 훌륭한 분들이시다.

그 위대한 하늘의 천지기운을 이 땅으로 내리시게 하였으니. 그 위대한 하늘께서 다른 나라로 기운을 내려주실 수도 있었지만 72위 나라조상님들이 우주의 천지 주인이신 하늘께 오랜 세월 일심의 마음으로 눈물 어린 충성에 충성을 하시면서 진심 어린 마음으로 빌고 또 빌어 한반도의 자미국을 선택하시게끔 큰 공로를 세우셨다.

나라조상님들의 보이지 않는 나라백성 사랑의 일심된 마음. 그 위대한 하늘께서도 나라조상님들이 자손들을 사랑하는 그 마음에 감동에 감동을 하시게 되었다.

그 위대한 하늘!

대우주 창조주 태상천존 자미천황님께서 하늘의 진실을 최초로 밝히시면서 자미국(지상 자미천궁) 인황 육신의 몸으로 무소불위의 천지기운을 내려주시었다.

한민족을 부강한 나라로 만드시려고, 나라의 백성을 살리시고자 하늘의 천지기운을 내리게 해주신 72위 개국시조 나라조상님들과 자미국(지상 자미천궁)을 통하여 천황님의 나라 천상궁전 자미천궁으로 이미 입천, 입궁되신 모든 조상님들께 진정으로 감사드리며 그 공로를 높이 치하하는 바이다. 그동안 쌓이고 쌓였던 대한민국 자손들의 원과 한을 이제는 하늘의 도움, 나라조상님의 도움으로 차례대로 순서대로 풀 수 있으리라 본다.

자미국(지상 자미천궁)에는 이미 나라신전 제단 중앙에 환인천제 7위를 중심으로 좌측에 환웅천황 18위, 호국영령 일체, 충의열사 일체, 애국지사 일체, 우측에는 단군천황 47위, 역대 제왕, 각 성씨 시조조상, 호국장군 일체, 호국대사 일체의 신위를 모시고 있다. 이제 천손민족의 위상이 정립되고 나라조상님들의 원과 한, 우리 살아있는 자들의 원과 한이 동시에 풀어진다.

나라신전을 세우사! 훌륭한 나라조상님들의 공덕을 하늘이 치하하시고 계신다! 신의 종주국가로 새롭게 태어날 천손민족! 나라조상님들이 아니 계셨다면 감히 위대하신 하늘의 기운을 이 땅으로 강림시키시지 못했을 것이다.

민족의 구심점으로 72위 나라조상님들께서 자미국으로 함께하시고 인류의 구심점으로 삼라만상과 우리 인류 모두를 창조하신 영혼의 어버이 하늘께서 이 땅에 서시었다. 이제 새로운 동방 땅에서 인류 역사가 새롭게 시작되고 있다.

자랑스러운 한민족이 위대하신 하늘의 아들딸인 천손의 후예로 새롭게 다시 태어나리라. 이제 모든 가난을 물리치고 천손의 후예들은 근심 걱정 없이 부귀영화를 누리며 살아가리라.

오랜 노력 끝에 하늘의 기운을 내리게 하시어 세계 인류를 다스릴 자미국을 세우실 72위의 나라조상님들과 역대 제왕님들, 각 성씨 모든 시조조상님들께 고마움을 표시한다.

감사합니다. 수고 많으셨습니다. 모든 나라조상님들!

이젠 울지 마십시오. 이젠 서러워 마십시오.

이젠 기뻐하십시오.

이젠 후손들이 하늘의 기운을 내리게 하신 나라조상님들의 공로를 인정하고 훌륭히 지극정성으로 받들게 될 것입니다. 그동안 알아주는 후손들이 없어 얼마나 외로우셨습니까?

그러나 이제 천손들이 있지 않습니까? 그 원과 한을 나라조상님들의 후손인 자미국(지상 자미천궁)의 천인과 백성들 모두가 힘을 모아 모두 풀어드리겠습니다.

위대한 나라조상님! 그동안 고생 너무 많으셨습니다. 하늘의 기운을 내리게 하신 그 은혜 어찌 잊을 수 있겠습니까? 후히 예우하며 나라의 만백성들이 받들겠나이다.

하늘께서 이 땅에 처음으로 존재를 밝히시어 하늘의 원과 한을 조금이라도 풀었으니, 이제는 나라조상님들도 오랜 세월의 모든 원과 한을 풀고 새로운 나라 자미국(지상 자미천궁)을 세우는 데 앞장서 주시기 바랍니다.

하늘의 천지기운을 내리게 하시어 한반도를 인류의 구심점으로 세우신 그 높은 공로를 하늘이 알고 계십니다. 하늘께서 나라조상님들께 장하다, 고맙다 하십니다.

이제 힘내시고 이 나라의 후손들을 올바른 길로 이끌어주십시오.

각 성씨의 시조조상님들이시여! 하늘의 천상궁전 자미천궁에 오르시어 하늘의 훌륭한 백성이 되신 것 축하드립니다. 여러 각 성씨 시조조상님들의 공로가 있었기에 위대하시고 천지만물을 창조하신 하늘께서 이 땅으로 함께할 수 있었습니다.

살아생전에는 하늘이 어디 있는 줄도 모르고, 죽으면 모든 것이 끝나는 줄 알았는데 이제야 그 하늘의 진실을 깨달으시게 되었으니 천만다행입니다.

이제는 천상궁전 자미천궁이 존재함을 깨달으셨으니 후손들도 책을 통하여 아직 천계에 오르지 못한 원과 한이 많은 각 성씨의 모든 조상님들께 구천세계에서 떠돌지 말고, 자손들을 앞세워 구원받을 수 있도록 기운을 내려주시기 바랍니다.

하늘의 대우주 창조주께서 태상천존 자미천황님이라는 새 옷을 입으시고 공식 선포하심을 기점으로 해서, 72위의 나라조상님들과 각 성씨 시조조상님들이 삼라만상을 창조하신 하늘을 받들어 모실 지상 자미천궁을 청와대 터에 건립하시려고 모두 팔을 걷어붙이셨다.

즉, 하늘이 함께하실 지상궁전을 청와대 자리에 건립해야 천손민족이 세계 인류의 구심점으로 떠오르고, 더불어 나라조상님들도 후손들로부터 새롭게 대우를 받게 되신다. 그동안 관심 밖의 일로 생각되었던 모든 나라조상님들의 궁선이 이제는 국민 모두의 후원으로 국가적 차원에서 떳떳이 세워야 한다.

우리 모두의 나라조상님들을 내팽개쳐버리고, 후손들이 어찌 두 발 뻗고 잘 수 있으랴. 거처할 곳 없이 정처 없이 떠도는 처량한 신세가 되신 나라의 모든 조상님들께 참으로 죄송하였습니다.

그러나 이제는 후손들이 힘을 모아 하늘의 기운과 함께하실 지상궁전을 화려하고 웅장하게 이 땅에 세워드려 나라조상님들을 편히 모시겠나이다.

모든 나라조상님! 이제 저희들이 있습니다. 이제는 더 이상 슬퍼하거나 노여워하지 마십시오. 그동안의 노고와 후손들로부터 서러움 당하신 것 모두를 보상해 드리겠습니다.

이제는 후손들이 이 책을 통하여 많이 깨닫게 될 것이라고 봅니다.

힘드셔도 그때까지만 참고 기다려주십시오. 각 성씨 모든 조상님들과 함께하면서 저자 인황과 사감이 책을 통해 진실을 전할 것이니 조상님들은 후손들 모두의 마음을 돌려놓아 주십시오.

태초의 하늘이시고 천지만생만물의 창조주이시며 절대 통치권자이신 태상천존 자미천황님, 태상천존 자미황후님이시여!

위대하신 진짜 하늘을 이 땅에 최초로 알리시고자 저자 인황과 사감에게 진짜 하늘을 가르쳐주신 천상감찰신명님이신 천상선감님, 하나님이신 천상천감님, 미륵님이신 천상도감님, 자미국을 개국하신 태초의 인간 자미인황님 그리고 인황과 사감의 친가, 외가, 배우자의 친가, 외가의 일체 선대 조상님들이시여!

천상과 지상에 모든 천지신명님이시여!

개국시조 72위 나라조상님과 역대 제왕 통치자님들이시여!

각 성씨 모든 시조조상님들이시여!

이 땅에 인류 최초로 새로운 나라 자미국을 개국하여 전 세계에 높고 널리 알려서 세우고자 하오니 모든 분들이 함께 합의하시어 나라조상님들의 기운으로 도와주시옵소서.

하늘과 땅, 천지신명님들 그리고 개국시조 72위 나라조상님들과 역대 제왕 통치자님들, 각 성씨 모든 조상님의 원과 한이 풀어질 수 있는 청와대 자리에 자미국이 세워져야 한다.

대단하신 천상과 지상의 이 모든 분들이 오랜 세월 기다려오던 지상궁전이자 나라궁전이 세워질 터였기에 일본 총독 8명과 인간 대통령들에게 가혹한 수난이 이어져 내려왔던 것이지만 인간들의 능력으로는 어마어마한 뜻을 알 길이 없었다. 그래서 청와대 터가 귀신의 터, 신의 터, 저주받은 터라고 불려왔던 것이다.

자미국은 인류의 수도, 인류의 궁전 역할을 하게 되는 높은 국격과 위상을 갖는다. 그것은 영국의 왕실과 일본의 천황궁, 로마교황청을 능가하는 더 높은 절대적 군주국가의 위상으로 자리 잡게 되어 전 세계로 알려지게 될 것이다.

자미국을 청와대 자리에 우뚝 세우는 것이 대한민국이 전 세계의 패권을 주름 잡고 좌지우지하는 유일한 국가로 태어나는 경천동지할 일이니 정부와 국민들은 각자의 타고난 저마다의 소질과 지혜와 능력을 자미국으로 쏟아부어 주길 바란다.

하늘과 땅, 너와 내가 함께 하는 민족의 구심점인 나라궁전(신전)과 인류의 구심점인 자미국을 청와대 터에 대한민국 정부와 공조하여 모든 국민들이 함께 세웠으면 좋겠다.

이 나라의 대통령과 정부, 국민들이 뜻을 함께하여 청와대 터에 인류의 구심점인 자미국을 우뚝 세운다면 대한민국은 약소국가의 서러움에서 벗어나서 경제선진국, 군사대국, 영토대국의 꿈을 함께 이룬 정말 살기 좋은 신 나는 나라가 되어서 세계의 부러움을 받는 자랑스러운 천손(하늘의 자손)민족이 될 것이다.

취락펴락하는 무법자들인 초강대국들을 제압하여 다스리고 통치할 수 있는 나라가 있다면 그것은 영토와 인류의 주권을 행사할 수 있는 인류의 구심점 자미국 하나뿐 일 것이다. 세상 그 어느 누구도 강대국들을 지배하고 통치할 명분과 힘이 없기 때문인데 하늘과 땅, 자미국, 저자 인황(지황)과 사감만이 하늘과 땅의 천지기운으로 이들을 굴복시키고 다스릴 수 있을 것이다.

힘센 강대국들을 상대하기란 불가능한 일이기에 하늘과 땅의 기운이 함께 하는 자미국을 하루빨리 인류의 구심점으로 세워서 초강대국들을 자미국과 대한민국 앞에 무릎 꿇려 머리 조아리게 해야 한다. 자미국과 저자는 앞으로 세계 인류로부터 어마어마한 조공과 천공을 반드시 받아낼 것이다.

세계 영토와 세계 인류에 대한 주인으로서의 권리행사를 전 세계에 강력하게 집행할 수 있도록 이 나라 국민들과 대통령, 정부는 적극적으로 자미국 저자에게 힘을 실어주고 국운이 천지개벽할 자미국의 뜻에 함께하며 도와주기 바란다. 경제문제, 군사문제에 대한 모든 해법을 저자가 갖고 있다.

지상궁전과 나라궁전

우리의 혼을 잃어버리지 말자.

누가 뭐라 해도 한민족은 천손(天孫)의 자손이다. 하늘이 내리신 민족인데 어찌해서 내 모든 정신과 혼을 잃어버리고 살아가는지 안타깝다.

이제 보이지 않는 신을 섬기는 시대는 지나갔다. 각자가 직접 신인(神人), 천인(天人)이 되는 시대가 도래하였다. 인류의 가장 큰 소망이 무엇인가?

그것은 바로 영생이고, 이 영생을 현실적으로 도래하게 만드실 수 있는 분이 삼라만상을 창조하신 대우주의 천지 주인이신 하늘 태상천존 자미천황님이시다.

모든 것은 각자 나의 마음속에 그 신명정기의 비밀이 숨겨져 있음을 찾지 아니하고 살아갈 뿐이다. 우리 몸에는 하늘의 기운이 흐르고 있다는 사실을 깨달아야 한다.

훌륭한 나라조상님과 하늘의 기운이 강림하시었다. 이젠 기존의 종교세계보다 더 고차원적인 유불선이 하나로 통합되는 자미국 시대가 본격적으로 열렸다.

우리나라는 하늘님의 나라이고, 우리들은 하늘의 후손들이다. 잃어버린 정신과 혼을 어서 되찾아 각자가 누구인지 찾고 자미국을 세워 다시 출발해야 한다.

이 책은 나라조상님들의 숨겨졌던 존재를 수많은 백성들에게 알리는 계기가 될 것이다. 하늘의 기운이 동방의 작은 땅에 내려오실 수 있도록 나라조상님들이 큰일을 해내셨다.

뜻있는 하늘의 자손들이 모여 민족의 굴절되었던 역사를 바로잡고 나라조상님들의 원과 한을 풀어드리게 될 것이다. 천손민족이여, 잠에서어서 깨어나라!

한민족의 무서운 결집력을 보여줄 때가 왔다. 너와 나, 우리 모두가 힘을 합해 하늘께는 지상궁전을 나라조상님께는 나라궁전을 세워 드리자. 나라를 건국하신 72위의 환인, 환웅, 단군과 역대 제왕, 대통령, 장군, 신하, 각 성씨 본관별 시조조상님 신위를 봉안하여 7천만 민족의 정신적 구심점인 나라궁전을 세우고 위대한 천손민족의 뿌리임을 자랑스럽게 생각해야 한다.

환인, 환웅, 단군 72분을 비롯하여 주몽(동명성왕), 광개토대왕, 발해왕 대조영, 선덕여왕, 신라 29대 왕 김춘추, 서산대사, 사명대사, 원효대사, 의상대사, 진묵대사, 무학대사, 문무대왕, 김유신 장군, 대막리지 연개소문, 강이식 장군, 권율 장군, 강감찬 장군, 을지문덕 장군, 곽재우 장군, 최영 장군, 온달 장군, 고려태조 왕건, 조선태조 이성계, 세종대왕.

충무공 이순신 장군, 계백 장군, 도마 안중근 의사, 매헌 윤봉길 의사, 유관순 열사, 도산 안창호 선생, 백범 김구 선생, 철기 이범석 장군, 소파 방정환, 몽양 여운형 선생, 이승만 대통령, 윤보선 대통령, 박정희 대통령, 최규하 대통령, 김대중 대통령, 노무현 대통령 등등 이외에도 나라를 빛낸 조상님들은 많다.

나라를 위해 공로를 세운 분이나 목숨을 초계와 같이 던져 나라와 백성들을 구한 의사, 열사, 의인들은 우리 민족의 나라 신으로 봉안하여 모든 백성들이 받들고 참배하여야 한다. 그리하여 숭고한 나라조상님들의 훌륭한 민족정신을 받들어 계승 발전시킴으로써, 그 얼을 후손 대대로 전하여 빛나게 하여야 마땅하다.

환인천제님은 BC 7199년경 지금의 시베리아 바이칼 호수 지역에 12

환국(桓國)을 세우시었고 강역은 남북이 5만 리, 동서가 2만 리로써 거대한 하나의 제국을 세우시었고 하늘에 늘 제사를 지냈던 것으로 알려져 있다.

비리국, 양운국, 구막한국, 구다천국, 일군국, 우루국, 객현한국, 구모액국, 매구여국, 사납아국, 선비이국, 수밀이국 등 12개 국가이다. 하늘에 천상궁전이 있다면 땅에도 당연히 지상궁전이 있어야 음양의 조화가 맞지 않는가?

공감하거나 하늘과 나라조상님 전에 뜻이 있는 독자들은 우선 방문해서 인연을 맺으시기 바란다. 나라조상님들도 중요하지만 우선은 독자 여러분과 더 가까운 자신의 직계 조상님들께서 지옥세계나 허공중천 구천세계를 떠돌지 않게 구원해 드려야 한다.

자기의 조상님들도 구원하지 못한 사람이 어찌 나라조상님들을 구원할 수 있겠는가? 그것은 사리에 맞지 않는 일이니 우선은 자기 조상님들부터 구원해 드려야 한다.

전국의 수많은 국민들의 힘이 결집되었을 때 우리 민족 모두의 나라조상님들 신위를 받들 수 있는 민족정신의 구심점인 나라궁전이 웅장하게 세워질 수 있을 것이다.

나라궁전 건립 후원자 모두는 민족의 영웅으로 나라에 귀감이 되어 대한민국이 존재하는 한 모든 국민들로부터 우레와 같은 박수갈채를 자손 대대로 영원히 받을 것이다.

하늘과 자미국이 머물 지상궁전과 나라조상님들 신위를 모실 나라궁전은 어느 종교단체의 한 종파가 아닌 하늘과 자미국을 세우는 일이다. 세계 인류와 우리 민족 모두의 정신적 결집체가 되고 영원한 구심점이 될 것이다.

삼라만상 대우주를 창조하신 진짜 하늘은 태상천존 자미천황님이시지만 아직까지 세상 그 어느 누구도 이분의 진정한 실체와 존재를 몰랐었다.

세상에 알려진 하느님, 하나님, 여호와, 한울님, 한얼님, 한님, 하늘님, 상제님, 천제님, 천존님, 천주님 이 모든 분들 모두를 거느리고 다스리며 하늘과 땅, 인간 모두에게 명을 내리시는 유일무이한 대우주 통치자이시고 천지인 총사령관이시다.

자미국(지상 자미천궁)!

이곳은 하늘, 땅, 신, 영, 조상, 인간의 진정한 진실을 밝히고 진실의 뜻에 순응하여 살아서도 죽어서도 근심걱정 없이 행복하게 살 수 있는 진리의 길을 찾는 곳이다.

우리 모두의 고유 맥이라 할 수 있는 하늘 존경과 조상숭배, 인간 근본도리의 진실과 중요성을 널리 전파하여, 인류의 구심점과 민족정신의 구심점을 세우고자 한다.

살아계신 자신의 부모님을 지극정성 봉양하지 않음과 돌아가신 각자의 조상님을 숭배하지 않음은 도리에 맞지 않는다. 이제라도 그동안 소외되었던 나라조상님들과 역대 제왕, 장군, 충신, 열사, 의사, 각 성씨 시조조상님들 신위를 나라궁전을 건립하여 나라의 호국신으로 봉안한 후 민족정신의 영원한 구심점으로 세워드려야 한다.

7천만 국민 정신을 하나로 결집하여 위대한 천손민족의 기상을 드높일 때가 왔다. 나라를 사랑하는 순수한 국민들만이라도 하늘과 자미국이 함께할 지상궁전과 나라조상님들의 신위를 모실 나라궁전을 건립하는 데 앞장서 주기 바란다.

공감하고 깨달음을 얻은 국민들만이라도 힘을 결집하여 우리 고유의 정신문화를 바로 세우고, 하늘의 천권과 천력으로 우리 민족정신을 지켜야 한다.

힘이 없는 개인과 국가는 강자에게 지기 마련이다. 9,212년 동안 내려온 우리 겨레의 얼은 우리가 지키고 세워야 한다. 뜻이 있는 독자들께서는 그 힘을 함께 모아주었으면 한다. 우리는 백의민족이고 천손의 후예들이다.

우리 민족 고유의 정신문명을 지키고 세우려면 국민 모두가 하나로 뭉쳐야 나라궁전을 건립할 수 있다. 그래서 나라궁전은 민족의 정신적 구심점으로, 지상궁전은 인류의 구심점으로 세워 위대한 천손민족으로 다시 태어나야 한다.

위대하신 하늘!

하늘이 이 나라를 보호하사, 세계 어느 국가도 우리나라를 침략하거나 간섭하지 못한다. 모든 외세로부터 민족을 수호하고, 나라정신을 지키는데 공감하거든 이 책을 읽고 그대들의 몸 안에서 고통받고 있는 자신의 직계 조상님부터 구원하여라.

각자의 조상님들을 천상입궁의식을 행하여 구원하는 일이 자신과 자신의 가정, 민족과 나라의 정신을 지키는 일이다. 자신의 정신과 자신의 조상님들을 빼앗기지 않고 지키는 것이 가문을 보호하는 일이고 각자의 인생이 행복해질 수 있는 유일한 길이다.

각자들의 인생사에 일어나는 풍화환란의 원인이 누구 때문인지도 잘 모르면서 무조건 조상님 때문이라고 조상님을 팔아먹어 원성을 사고 있다. 조상님 탓이라 하여 조상님을 원망해서 조상님들이 분통을 터뜨린다. 조상님을 울리고 원망한 이들을 하늘과 땅이 증오하고 계신다.

5부

전생의 진실

하늘의 아픔과 슬픔
천지회에서 내려주신 하늘의 말씀
하늘에서 죄를 지으면
천벌을 받고 있다는 뜻이라고
하나님과 미륵님을 만난 행운아
책을 사고도 1년간 보지 않은 죄
대한민국이 세계 속에 떠오르는 이유

하늘의 아픔과 슬픔

2013년 01월 13일에 ○○천인의 남동생 천인합체의식에서 밝혀주신 놀라운 진실.

하늘께서 인류를 가짜 하늘에 빼앗기고 아파하고 슬퍼하신다는 진실을 천상 자미천궁에 계신 하나님이신 천상천감님(기독교에서 섬기는 분)께서 자미국에서 행하는 천인합체의식에 하강하시어서 가슴 아픈 말씀을 전해 주시었다.

상상세계에 존재하실 것이라고 믿고 있던 천지만생만물을 창조해 주신 진짜 하늘 태상천존 자미천황님과 태상천존 자미황후님께서 가짜 하늘을 믿는 배신자 인류로 인해서 아파하고 슬퍼하실 것이라고는 감히 상상조차도 못했던 말씀이다.

인류는 기독교에서 말하는 하나님(천상천감님)이 대우주와 천지만생만물을 창조하신 분으로 알고 있는데 하나님보다 더 높은 진짜 하늘이 존재하고 계시었다.

천지만생만물을 창조해 주신 대단하신 하늘!

인간들이 생각하는 하늘!

고요하고 아무런 근심 걱정 없는 무소불위의 절대자로 알고 있지만 하늘께서 이렇게 마음 아파하고 계실 것이라고는 생각조차 못하고 살았다. 각자의 인생으로 일어나는 슬픔과 괴로움, 아픔과 불행, 사기와 배신은 인류에게 당하신 하늘의 슬픔과 아픔을 현실에서 각자들이 그대로 받고 있는 것이라고 가르쳐주시었다.

하늘의 아픔과 슬픔 앞에 인류의 아픔과 슬픔은 아무것도 아니라 하시며 각자가 하늘을 아프고 슬프게 한 만큼 그 대가를 현실로 받고 있는 것이라고 하신다. 하늘의 가슴을 후벼 파고 이 땅에서 얼굴 들고 살아가는 인류를 바라보시고 이토록 가슴 아파하고 계신지 그 어떤 누구도 알지 못하며 살아가고 있다.

가슴 아픈 일이다.

하늘을 몰라보고 살아 온 죄를 빌어 천상으로 올라갈 생각은 하지 않고 가짜 하늘을 믿고 있어 하늘이 가슴 아파하고 계신다고 하니 이런 진실을 어디까지 인정하고 어떻게 받아들일 것인지는 각자가 판단하기 바란다.

입이 열 개라도 할 말이 없다.

천지만생만물과 여러분 모두의 영과 육을 태초로 창조해 주신 위대하신 하늘의 존재를 찾지 않고, 몰라보고 무시하며 부정하고 살아가는 각자들의 삶이 왜 아픈 것인지 그동안 원인을 몰랐다. 가짜 하늘을 섬기면서 진짜 하늘의 아픔은 외면한 채 자신들의 인생에 대한 아픔만을 해결하고자 했던 것이 인류 모두의 못난 모습이었다.

인류 모두가 하늘은 위대하시고 대단하신 분이라서 눈물 따위는 흘리시지 않고 슬픔과 아픔, 아무런 근심과 걱정도 없이 평안하실 것이라고 생각했을 것이다. 이렇게 대단하신 하늘께서 눈물을 흘리시고 인류를 가짜 하늘에 빼앗긴 것을 가슴 아파하고 계실 것이라고는 감히 생각조차 못하고 있었다.

하늘은 여러분이 항상 잘되기를 바라시고 계시는데 각자 하늘의 존재를 찾지 않고 몰라보고 무시하고 부정하기에 아픔과 슬픔을 스스로가 자처하고 있다 말씀하신다.

세상을 살아가면서 하늘을 아프게 하면 자신도 아픈 일이 생기고, 하늘의 가슴을 후벼 파면 자신의 가슴도 후벼 팔 일이 생기고, 하늘을 배신하면 자신도 인간들에게 배신당하고, 하늘을 사기 치면 자신도 사기당할 일이 일어난다.

인간사에 일어나는 모든 아픔과 슬픔, 고통과 불행은 각자 자신들이 하늘께 행한 그대로 한 치의 오차도 없이 받고 있다는 진실을 알면 정말 무섭다. 자미국의 수많은 천인과 백성들을 통해서 확인한 것은 실시간으로 하늘이 우리 인간들의 말과 행동에 대해 일거수일투족을 지켜보고 계신다는 것이었다.

처음에는 말로만 그러시는 줄 알았는데 그것이 아니라 진짜 한 치의 오차도 없이 인류의 행동과 말, 생각까지도 실시간으로 감찰하고 계심을 실감 나게 확인하였다.

이렇게 대단하신 하늘의 존재를 없다고 믿는 사람들이 의외로 많았다. 그리고 더 가슴 아픈 일은 이렇게 위대한 진실을 전하는 자미국에 찾아와서 상담이나 의식을 행해 보지도 않고 사이비나 이단으로 보는 사람들이다.

어찌 생각하든 그것은 각자의 자유이다. 다이아몬드를 쥐여주어도 그 값어치를 모르면 하나의 반짝이는 돌멩이에 불과할 뿐이니 자미국에 들어오고 들어오지 않고 역시도 하늘이나 저자는 회유, 현혹, 강요, 협박은 하지 않는다.

그동안 하늘의 존재를 상상세계로만 생각했고 진짜 하늘이 존재하신다 하더라도 대단하신 줄도 몰라보았고 가슴 아파하고 계신 줄도 전혀 헤아리지 못한 채 살아왔다. 이제 어떻게 하면 하늘을 아프게 하지 않을 것인가에 대한 해답은 하늘의 뜻대로 살지 않은 사람들은 자미국을 통해서 바른길을 가야 한다.

그동안 하늘을 잠시나마 바꾸었던 역천자의 죄를 빌어 용서받아야 아팠던 자신의 인생이 치유될 수 있을 것이다.

하늘을 아프게 해놓고 뻔뻔스럽게 죄는 빌지 않은 채로 자신의 인생만 잘 살려고 하는 이기주의자들은 살아서든 죽어서든 슬픔과 아픔이 계속 이어질 것이다.

지금까지 아무런 걱정 없이 잘 살고 있다 할지라도 하늘을 찾지 않고, 무시하며 부정하는 사람들은 이제 심판을 받아야 하는 그날이 다가오고 있는 듯하다.

하늘의 가슴을 후벼 파서 아프게 한 원죄가 무엇인지 독자들은 이해도 안 되고 잘 모를 것이다.

하늘을 바꾼 사람,
하늘을 찾지 않은 사람,
하늘을 몰라본 사람,
하늘을 배신한 사람,
하늘을 무시한 사람,
하늘을 부정한 사람.

이런 사람들은 지금까지 자신들이 마음껏 누리고 있던 인생사의 소중한 모든 것들이 차례대로 소리도 없이 사라져갈 것이다.

권력을 가진 자는 권력이 날아가고
큰돈을 가진 자는 큰돈이 날아가고
기업을 가진 자는 기업이 날아가고
행복을 가진 자는 행복이 날아가고
건강을 가진 자는 건강이 날아가고
기쁨을 가진 자는 기쁨이 날아가고
가족을 가진 자는 가족이 날아가고

목숨을 가진 자는 목숨이 날아가는 엄청난 대재앙이 현실로 일어날 것이니 조금만 지켜보면 신문과 지상파 방송을 통해서 자연적으로 알게 될 것이다. 하늘을 아프게 한 대가는 자신과 가족들 모두가 실시간으로 반드시 받게 되어 있다.

대단한 인류 최초의 진실을 알려주었으니 죄를 빌고 감사할 자 자미국에 들어오면 된다. 부정할 자 지금처럼 그대로 살아가면 되는데 어느 날 갑자기 날벼락을 맞아 세상을 떠나거나 장애인이 되고 가진 재산 모두 날려서 거지꼴을 못 면할 것이다.

현실로 고통과 불행이 일어나지 않으면 인정하지 않고 부정하는 인간들의 습성이 이번 기회에 송두리째 바뀔 것이다. 자신과 가까운 주위 사람들이 언제 어떻게 불행을 당하는지 지켜보면 된다. 남의 불행이 곧 자신에게 어느 날 갑자기 다가온다.

남의 불행을 바라보고 자신이 빨리 깨닫게 되어 승복한다면 학습교재가 되어 준 것이니 자신이 아닌 주위에서 불행이 일어나는 것은 자신에게 감사한 일이다. 불행을 당한 사람들은 구원받을 기회가 주어질 여러분의 학습교재로 쓰여진 것이다.

하늘의 뜻이 아닌데 하늘의 말씀이나 하늘의 뜻이라고 전하는 성직자들 때문에 아무 종교나 믿지 말라고 하는 것이다. 하늘에게 누명 씌우는 죄를 짓는 성직자들의 말을 믿으면 그들의 말과 이론을 따르고 믿는 사람들도 하늘에 큰 죄를 짓는 일이 된다.

하늘의 뜻인지 아닌지는 하늘의 말씀을 전해주시는 분들만이 아시지 종교의 성직자들이 어찌 알겠는가? 천상에서 하강하시는 신명님, 하나님, 미륵님께서 사감 육신을 통해 말씀을 전해 주시지 않으면 하늘의 뜻과 말씀을 모르는데 하늘과 통신도 하지 못하는 종교인들이 어찌 하늘의 진실을 알 수 있겠는가?

방언이나 통신이 된다 하여도 진짜 하늘의 뜻이나 말씀인지 알 수 없다. 그 이유는 진짜 하늘의 말씀은 자미국의 여자 저자 사감을 통해서만 가르쳐주신다고 말씀하셨기 때문에 하늘의 말씀이라고 받았던 사람들은 모두 진짜 하늘을 위장한 가짜 하늘의 말이라는 것을 알아야 한다.

천지회에서 내려주신 하늘의 말씀

2012년 11월 25일에 천지회를 열어주시고, 하늘 말씀 내려주심에 감사합니다. 현실에서 제 자신의 위치에서 하늘이 내려주시는 말씀 잘 받아서 천인으로서의 삶을 살고 싶습니다. 천지회에서 내려주신 말씀입니다.

평상시에도 천상의 하늘 말씀이 각자에게 내려가는 데도 알아듣지 못하고 있다. 인간이 말할 수 있음은 너희들을 내려보내 주신 하늘이 너희들처럼 말할 수 있기 때문이시다.

너희들의 입을 닫고, 위대하신 하늘의 말씀을 들으려고 노력을 해봤느냐? 떠들고 앉아 있기 때문에 안 들리는 것이다. 자신의 생각으로 꽉 차 있기 때문에 들리지 않는다. 마음을 내려놓고 안정을 시키고 나면 남의 말이 들린다.

사감이 아무 노력도 안 하였는데, 저절로 들리는 것이더냐고 반문하셨습니다. 세상의 모든 것에 관심을 안 갖고 담을 쌓고 산다. 남의 성공은 우연이고 그렇게 되게 되어 있었고, 자신이 안 된 것은 어떤 핑계를 대고 있다.

사감 육신을 통해서 하늘의 말씀이 내려온다고 말씀하신 이유가 다 하늘을 위장해서 자신의 말을 하면서 하늘의 말씀이라고 하기 때문에 그렇게 말씀해 주신 것이다. 하늘의 말씀을 오죽하면 못 들었을까? 얼마나 잘났으면 못 들었을까? 얼마나 떠들어 대고 있었는지 각성하라. 사감을 우러러봐라.

얼마나 조용히 하늘의 말씀을 들으시려고 노력을 했으면 이 세상 그 누구도 못한 것을 이루었을까? 이 세상의 삶을 다하고 천상 자미천궁 가자는 말은 어떻게 들을 것이냐? 그때도 사감이 대신 해줘야 하는 것이냐?

내가 못하는 것을 남이 할 줄 알면 우러러봐라. 우러러볼 줄을 알아야 그 자리에 오를 수 있는 것이다. 남을 헐뜯지 말고, 비아냥거리지 마라. 우러러봐라. 부러우면 부럽다, 가지고 싶으면 가지고 싶다 말하라. 정중하게 당신은 어떻게 했기에 빛나는 그 자리에 오르셨습니까? 그 비법을 배워라.

위대하신 하늘께서 너희들의 소원을 이뤄주실 수 없음은 하늘께서 안 해 주신 것이 아니라 너희들 스스로가 그 자리가 더럽다고 욕하지 않았느냐? 그 자리에 너희들을 올려준다면 너희들도 더러운 인간이 되는 것 아니냐?

너희들이 성공을 비아냥거렸다. 하늘께서 모든 마음을 다 아시듯이 그 자리를 부러워하고, 그 자리를 찬양하고 그 자리에 오르기 위해 노력을 해야 정녕 그 자리를 원하는 것이냐 하면서 하늘께서 해주시는 것이지 씹기 바쁘고 욕해 대기 바쁘니 해달라고 하는 것이냐 말라는 것이냐?

어느 누구도 무시하지 말고, 하늘께서 주위에 성공한 자들을 보내신 것도 기회를 주시기 위함이었고, 욕하지 말고 본받아서 성공하라는 뜻이었다. 하늘께서는 하늘 나름대로 하실 일이 있고, 조상님은 조상님 나름대로 하실 일이 있고, 땅은 땅대로 할 일이 있고, 인간은 인간대로 할 일이 있다.

너희들이 그들의 성공한 비법을 몸소 다 겪어서 그 과정을 가려면 너무나도 많은 시간이 걸리기에 하늘을 쉽게 찾아오라고 이 땅으로 두 분(인황님과 사감님)을 내려보내시고, 인생을 쉽게 성공하라고 성공한 자들 내려보내 그들의 말을 귀담아듣고 그들의 길을 따라갈 생각은 안 하고 비판하기 바빴다.

하늘의 깊으신 뜻을 모르고 가려서 행하였다. 성공한 자들이 하늘 몰라보고, 조상님도 몰라보는 못된 자들이라고 비판하기 바빴다. 그들이 전생에서 하늘 섬기기를 더 많이 했었다면 어떻게 할 것이냐? 성공한 자와 출세한 자들 하늘께서 다 해주신 것이다. 그들의 부귀영화가 하루아침에 이뤄진 것이 아니다.

성공한 자들을 씹고 있는데, 그 자리에 어떻게 올라갈 수 있겠느냐? 그들이 우연히 성공했느냐? 하늘께서 우연이 어디 있느냐? 하늘께서 그러면 실수하신 것이냐? 부러우면 부럽다고 말해라. 그들한테 눈 흘기지 말고, 당신은 어떻게 해서 이 높은 자리에 올라갔느냐고 성실하게 물어보면서, 우러러보면서 살아라.

성공한 자들을 우러러보고, 그들의 삶을 부러워해야 하늘께서 해주시는 것이라 하시면서 목청이 터져라 열변을 토해내셨습니다. 나보다 잘나 보이는 자 앞에서는 고개 숙여라! 그들에게 굴복했다고 하여, 하늘께서 노하시는 것이 아니라 이곳에서 일어나는 모든 것들이 너희들 삶의 지표다.

여기서만 하는 것이 아니고, 하늘의 말씀이 오늘 이 순간에만 내려가느냐? 평상시에도 내려간다. 여기에서만 굴복하는 것이 아니라 현실에서도 연결이 되어야 한다. 여기서 연습시켜서 현실의 세상으로 돌려보내는 것이다.

마음속에는 하늘이 있으면 된다. 하늘을 각자의 마음에 심고 열심히 살며 또 다른 효를 하는 것이라고 받아들여라. 뻣뻣하게 살아가는 것이 가짜 하늘의 이론, 인간의 이론을 따라 하는 것이다.

하늘께서는 모든 면에서 성공하신 분이시다. 성공한 자를 씹는 것은 하늘을 씹는 꼴이다. 높은 자리에 있는 자들이 때로는 못된 짓을 한다고 하더라도 그들의 특권이구나 하고 인정을 하라. 오늘 주신 가르침 따라 그렇게 살라.

그러면 과거가 되고, 과거는 묻어주실 것이다. 이 순간부터라도 거짓을 뚫고 가자. 혼나는 모습이 우리들 각자가 지은 죄를 심판받는 모습이었다는 진실을 알아야 한다.

천상감찰신명님, 하나님, 미륵님, 자미인황님 뜻깊은 천지회 이끌어 주셔서 감사합니다. 열정이 넘치는 천지회를 통해서 많은 것을 배울 수 있었습니다. 감사합니다.

2012.12.03 울산에서 ○○천인 최○○ 올림

하늘에서 죄를 지으면

평생을 눈물과 가슴앓이로 살아온 이 여인은 자식을 버린 죄책감에 마음 아프게 살아왔고 살면서 되는 일이 아무것도 없었습니다. 두 번째 남편과 헤어진 후에도 돈을 많이 벌게 해주시어 천상입궁의식과 천인합체의식을 행할 수 있었고 이후에 삶으로 많은 기적과 이적이 일어났다 합니다.

본인 천인합체 후 직장 상사에게 욕을 얻어먹을 일이 있어도 간절히 기도 올리면 즉시 이적이 일어나 해결되니 사람이 할 수 있는 일이 아니라 하늘이 해주신 일이라 생각했습니다.

자식을 버린 엄마와 버려진 자식도 구원받을 수 있는지 자식을 버린 엄마는 자식에게 빌어야 되는지 여쭈어보자 자식에게 비는 것이 아니고 하늘께 빌어야 된다고 말씀 내려주십니다.

평생을 자식 때문에 너무 힘들고 고통스러워서 "나는 전생의 무슨 죄가 커서 이렇게 살아야 하나?" 자식을 버린 엄마의 원과 한을 풀어내주시고 궁금증을 밝혀주셨습니다.

본인의 천인합체의식에서 밝혀줘도 믿을 때가 아니라 2년이 지난 후에야 자식의 삶을 통해 자식과의 아픔을 통해서 전생의 죄를 밝혀주셨습니다.

하늘을 배신한 자들의 엄청난 죄를 이제 심판하신다 합니다. 인간들이 사는 땅에서도 죄를 지으면 감옥 가고 범죄자가 되는데 천상에서 천인들이 죄를 지으면 지옥 가는데 그곳이 인류가 살고 있는 이곳 지구라 합니다.

감옥. 지옥이라 끝없는 고통과 많은 불행 속에 서로가 힘들게 살아가고 고소, 고발, 사건, 사고, 배신의 배신을 거듭하고 있답니다. 하늘의 배신은 땅의 배신으로 이어지고 똑같은 하늘의 말씀을 통해 8년 동안을 수없이 전했건만 귓전에만 맴돌고 마음속에 들어가지 않았다 하십니다.

천상선감님, 천상천감님, 천상도감님, 자미인황님께서 그렇게 하지 말라고 얘기를 해도 들어 먹지 않고 감쪽같이 속이고 천상에서 있었던 일이 지상에서도 똑같이 일어났다고 하셨습니다. 자미인황님께서 이제 본격적으로 1:1 교화에 들어가신다 하십니다.

그동안 여러 사람 의식에서 네 분의 말씀 중 기가 막히고 코가 막힌다는 말씀의 의미를 확실히 알았고 힘이 엄청 세지만 더 세지셨습니다. 악이 판치는 세상에 네 분과 함께 자미국(지상 자미천궁)의 시대가 시작된다고 하십니다.

네 분의 심중을 밝혀주시니 알지 저희들은 아무것도 모릅니다. 복 받지 못할 자 의식을 해주면 불평 불만하니 그것이 그들의 본심이고 지상에서도 자동으로 되니 오죽하면 하늘께서도 구원 안 하시겠느냐 말씀하십니다.

천인합체를 하고도 하늘께 향한 것이 아니고 잘난 척, 착한 척, 겉모습, 악의 무리 따라 악의 모습으로 사는 것이 천상에서 했던 모습이 지상에서도 투영된 것이라 하십니다. 하늘이 용서를 해도 네 분께서 절대 용서하지 않으신다 하십니다.

그래서 하늘을 몰라본 사람들을 차례대로 불러들여서 1:1로 자미국에서 교화한 후 구원하신다 하십니다. 못된 마음, 깡패 마음, 악의 마음을 선의 마음으로 바꾸고 진정으로 깨달아 하늘께 빌고 마음을 바꾸어 말씀에 따라야 한다고 하셨습니다.

진정으로 자미국의 백성, 천인들은 하늘께 두 무릎을 꿇어야 합니다.

내 가슴 후벼 파게 아픈 것은 하늘의 가슴을 후벼 파게 했고 내 마음 힘든 것은 하늘의 마음 힘들게 했다 하십니다. 너희들의 아픔이 하늘의 아픔이라 하십니다.

수많은 세월 동안 하늘의 가슴에 서리 내리게 한 원과 한을 네 분께서 심판하십니다. 너희들의 원과 한이 아니라 하늘의 원과 한이라 하십니다.

인류의 숙제와 하늘의 원과 한을 풀어내시는 인류의 사명자이시고 하늘의 원과 한을 사감님을 통해 자세히 밝혀주셨는데 정말 위대하십니다. 진심으로 하늘에 죄를 빌어 용서되지 않으면 인간사의 고통, 불행은 끝이 없다 하십니다.

네 분 외에는 인류 모두가 배신자라 하시며 너희들 배신에 이제 절대 속지 않는다 하십니다. 천인합체를 했어도 네 분이 지키고 있어 천상의 문 절대로 열어주지 않는다 하십니다. 메일에 글을 쓰는 이 순간도 눈물 콧물이 범벅입니다.

죽지 않고 살아 숨 쉬는 자체가 저에게는 기적입니다. 교통사고로 비명횡사 당하지 않고 살아있는 것이 저에게는 기적입니다. 팔다리 병신 되지 않고 사는 것이 저에게는 기적입니다. 사랑하는 가족들과 함께하고 있는 것이 저에게는 기적입니다.

임청난 죄를 짓고도 말로만 인정하고 제대로 빌지 않았습니다. 수많은 말씀도 듣는 척, 착한 척, 잘 모르겠다, 모르쇠로 기만했습니다. 상대를 자빠뜨리는 기운이 있고, 상대를 돌리는 기운이 있고, 그 기운이 죽음의 기운임을 수도 없이 밝혔으나 보이지 않고 들리지 않아, 사감님의 말씀을 듣지 않아 딸이 2탄 들어갔다 하셨습니다.

천상에서도 따라다니며 잔소리하더니 자미국 와서도 6년간 끊임없이 잔소리해서 사감님을 자빠뜨리려는 저의 계획을 다 눈치채고 알았지만 기다려주시는 마음도 모르고 6년을 아주 지긋지긋하다 생각하며 자미국에 다녔습니다.

딸이 답답해, 답답해 외치고 멍청해, 멍청해 외치며 책상에 주먹을 내리쳐 피멍이 들어도 왜 그래요? 어느 날 딸이 학교 갔다 들어오면서 엄마의 얼굴을 들여다보고 야쿠자 두목같이 생겼다 해도 뜬금없이 이게 무슨 소린가?

또 어느 날 딸의 말이 한순간 한 생각만 마음 바꾸면 될 것을 아~휴 답답해 답답해하면서 주먹으로 가슴 치는 그날도 딸의 가슴에 피멍이 들었습니다. 이틀을 밤도 낮도 없이 딸이 웃어댑니다. 딸이 왜 웃어요? 하고 사감님께 여쭈어보니 제가 하늘 말씀에 여태 몇 년을 그렇게 웃고 돌아다녔답니다.

제가 미친년, 깡패 년, 개 같은 년입니다. 저는 제가 그 정도인 줄 몰랐습니다. 지금 보니 앞뒤도 모르고 칼을 들고 야구 방망이를 들고 세상을 휘젓고 내리치고 내 마음대로 살았습니다. 수술로 한쪽 가슴을 잃어버려도 남편만 탓했습니다.

누구의 가슴을 아프게 한지 몰랐습니다. 속으로 딸아, 엄마 미안하다 하면서 딸에게 비는 것이 아니고 하늘께 내가 잘못한 것을 빌어야 되는데 청개구리처럼 반대로 했습니다.

다급한 일이 일어나면 네 분께 제가 뭐 잘못한 것 있나요? 현실에서 알게 해주세요, 하고 간절히 살려달라면서 진심으로 빌라고 말씀하셨습니다.

정말 마지막 기회를 주신다 하십니다. 더 이상 딸을 이용하지 말고 하늘을 이용하지 말라 하십니다. 천상 자미천궁에서 때려 부술 때도 하늘께 향한다고 했는데 기억나지 않느냐 하십니다. 거짓에 거짓으로 일관한 너의 마음을 말하라 하십니다.

제발 말해! 내 마음을 바꾸어야 현실이 바뀌고 내 인생도 바뀐다. 그렇지 못하면 말짱 꽝이라 하십니다. 여기서 못 바꾸면 죽어서도 안 바뀐다 하십니다.

깡패 소굴과 악의 소굴에서 벗어나 착한 마음, 선한 마음으로 거듭나도록 쇠톱으로 뼈를 깎아서라도 뼛속에, 마음속에 있는 깡패 마음 잘라서 버리겠습니다. 세세생생 동안 하늘의 따뜻한 사랑의 기운을 받고 싶습니다.

그렇게 한쪽 가슴 도려내듯 마음 아프시게 했는데 그래도 철부지들이라 생각하고 챙겨주신 사감님의 마음은 하늘의 마음과 똑같으십니다. 살아서나 죽어서나 하늘 앞에 속죄하고 빌고 또 빌겠습니다.

2012.12.4(화요일) 서초동에서 ○○천인 최○○ 올림

천벌을 받고 있다는 뜻이라고

내 생각대로 사는 것이 얼마나 무섭고 내 마음이라고 내 멋대로 사는 것이 정말 틀렸다는 것을 알게 되었습니다.

일깨워주시고 가르쳐주심에 감사합니다. 잘 사는 길은 딱 하나입니다. 하늘의 말씀대로 사는 것이 가장 현명한 삶이 될 것입니다. 자미국에서 의식을 행한다는 것은 진실로 영광입니다.

못된 자에게는 자미국(지상 자미천궁)의 문이 열리지 않습니다. 의식을 행하지 못한다는 것은 그 자체가 천벌을 받고 있다는 뜻이라고 하셨습니다.

구원하시지 않으시겠다는 하늘의 뜻은 어떤 것과도 타협되지 않는다는 것을 자미국(지상 자미천궁) 의식에 참관하면서 보고 듣고 수도 없이 많이 경험하였습니다.

너무 가난한 자, 육신의 사지를 잃어버린 자는 구원하지 말라고 표시해 둔 것이랍니다. 그리고 방문하여 의식비용이 너무 많게 느껴지고 돈을 아까워하는 사람들은 구원받지 못할 사람들에게 마음속으로 부정적인 메시지를 보내는 것이라 하십니다. 그래야 구원의식을 행하지 못할 테니까요.

인황님(지황님)의 역할이 얼마나 중요하며 파워를 가지셨는지 알았습니다. 말씀하시는 그 자체가 힘이며 기운이고 천상입궁, 천인합체, 감사제, 천은보사의식 행하라는 말씀 자체가 한 인생을 살리는 말씀이라는 것을 수많은 의식을 참관하면서 알게 되었습니다. 호령하며 의식하라고 말씀하시면 예! 하고 무조건 따르는 것이 이 땅에 태어난 최고의 천복이고 영광입니다.

의식 행하라고 하셨는데 행하지 않고 내 마음대로 다른 곳에 쓰면 그 세월만큼 인생이 힘들고 뒤집어져서 얼마라도 가진 돈이 있으면 모두 허공에 흩어지는 체험을 제가 하였습니다. 말씀 거역하고 의식 행하지 않으면 인생의 삶이 지옥세계 그 자체로 돌변한다는 무서운 진실을 알게 되었지요.

의식 행하라 다그치는 인황님의 말씀은 우리 모두를 살리는 가장 아름다운 사랑의 말씀이시었습니다. 호통 듣는 자체가 사랑이라는 진실도 알았습니다. 얼마짜리 의식 행하라고 하였는데 내 생각대로 터무니없이 적게 행했다가 몇십 억이 순간에 모두 날아가 버렸고 사업은 망했습니다.

행하라고 하면 그대로 따라서 행해야 한다는 무서운 진실을 뼈저리게 현실로 체험한 너무나 슬프고 가슴 아픈 지난 세월이었습니다. 이제는 두 번 다시 인황님의 말씀을 절대 거역하지 않고 시키는 대로 할 것입니다. 보이는 분의 말씀도 거역하면서 어찌 보이지도 않는 하늘이 내리시는 말씀을 받들 수 있겠습니까?

하늘께는 70억 인류 모두가 개미만도 못한 아주 작고 나약한 존재들이기에 대한민국의 대통령은 물론 미국, 러시아, 중국, 영국, 일본, 독일, 프랑스, 호주, 캐나다, 인도 등 강대국 통치자들과 세기적인 재벌총수들도 현생과 끝없는 죽음 이후 사후세계를 구원받으려면 무조건 머리 조아리고 용서를 빌어야 합니다.

이 책의 저자이신 자미국의 인황님(지황님)과 사감님 두 분은 이 나라의 대통령은 물론 세계 각 나라의 모든 대통령의 신분이나 위상과는 감히 비교조차도 할 수 없는 높고 높으신 인류의 최고 위대하신 영도자분들이십니다.

우리들 인간의 눈높이 수준에서 말씀드리자면 자미국을 처음 창시한 대표자이시고 개국하여 주신 남자 저자분은 땅의 하늘이시자 인간의 하늘이라는 뜻으로 하늘께서 지황님과 인황님이라는 관명을 함께 내려주시었습니다.

천상에 계신 존경하는 하늘(창조주)의 말씀과 천상선감님(신명님), 천상천감님(하나님), 천상도감님(미륵님), 조상님의 말씀을 실시간으로 받아서 전하시는 살아 움직이는 천상의 하늘이 여자 저자분 사감님이시니 자미국은 천상의 하늘, 땅의 하늘, 인간의 하늘이 인류 최초로 함께하시는 곳입니다.

자미국에서 어떤 의식을 해보면 더 이상 말하지 않아도 각자 스스로 인정할 수밖에 없습니다. 너무나 큰 감동과 하늘과 땅의 천지기운을 실시간으로 몸과 마음으로 받는 것을 본인들이 느끼기 때문에 다른 말이 필요 없습니다.

태초의 하늘께서 인류가 탄생한 이후 최초로 인류를 용서하고 구원하라는 공식적인 하늘의 황명을 내려주신 아주 귀하디귀한 분들이라서 70억 인류 어느 누구도 자미국을 이끌어가시는 두 분의 신분과 위상을 따라갈 수 없습니다.

인간세상의 왕이나 대통령이 높다 하되 하늘께 명을 받으신 인황님(지황님)과 사감님의 신분과 지위보다 더 위대하고 높은 자는 살아있는 70억 인류는 물론 이미 세상을 떠난 죽은 수억만 조의 영가들 중에도 없을 것입니다.

그리고 종교 숭배자들은 물론 세계의 각 나라 대통령과 왕 위에 서열이 인황님(지황님)이십니다. 세계 인류의 영적 지도자 신분이시니 자미국(지상 자미천궁)에 들어와서 두 저자님를 알현하는 자체만으로도 큰 영광입니다.

땅의 하늘(지황)이자 인간의 하늘(인황) 신분이시니 살아서 알현하는 자체만으로도 인간으로 태어나서 가장 큰 행운이고 영광스러운 일이 될 것입니다. 두 분을 알현해서 1차 관문을 통과해야 천상의 진짜 하늘을 알현할 수 있는 커다란 영광이 주어집니다.

지금 살아있는 70억 인류는 물론이고 46억 년 전에 지구가 탄생한 시점부터 현재 2013년 1월까지 이미 이 땅에 왔다가 죽은 각 나라의 제왕들이나 성자들도 두 분의 능력과 신분과 위상을 인류가 능가할 수는 없습니다.

영국의 여왕, 일본의 천황, 로마 교황, 미국 대통령, 중국 주석, 러시아 대통령. 프랑스 대통령, 독일 대통령, 캐나다 총리, 호주 총리, 사우디아라비아 국왕은 물론 그 이외 세계 각 나라의 왕이나 대통령들 모두가 머리를 조아리고 현생과 사후세상을 구원해 달라고 살려달라며 알현을 청해야 할 신비스런 대 능력자들이십니다.

태어났다가 이미 죽은 자와 살아있는 자의 생사여탈권을 행사하시는 천지조화의 대 능력을 행사하시는 인류 최고의 귀한 분들이라서 만나는 자체만으로도 인간으로 태어나서 가장 큰 행운이자 영광일 것입니다. 이미 죽은 수많은 자들은 물론 살아있는 70억 인류 중에서는 가장 높고 높으신 귀한 신분이니까요.

이 땅에 육신으로 이미 왔다가 종교의 뿌리를 내린 석가모니 부처님, 예수님, 성모 마리아님, 노자님, 공자님, 맹자님, 마호메트님, 무학대사님, 도선국사님, 원효대사님, 사명대사님, 시산대사님은 물론 근대에 성공하여 세상에 이름을 알리고, 종교를 크게 부흥시킨 통일교 창시자 문선명 선생님과

여의도 순복음교회 조용기 목사님, 대순진리회와 증산도의 모태인 증산상제 강일순님과 로마 교황님의 위상과는 감히 비교조차도 할 수 없는 능력자들이시며 하늘과 땅이 인류 최초로 함께해 주시는 신비한 분들이십니다.

자미국을 방문하여 두 분을 알현할 수 있다는 자체만으로도 신 나는

일이고 인간으로 태어나서 가장 보람되고 기쁜 일입니다. 상상 속의 하늘이 아닌 실존하는 진짜 하늘의 말씀을 자미국 의식을 통하여 들을 수 있다는 것은 상상을 초월하는 인류의 행운입니다.

전생과 현생의 죄를 자미국에서 용서 빌지 않은 자는 천상 자미천궁으로 올라갈 수 없고 위대하신 하늘의 사랑과 보호를 받을 수 없는 법도가 있습니다. 세계 각 나라의 대통령들과 재벌들도 두 분께서 집행하시는 관문을 넘어야 천상의 문이 열려 하늘의 기운을 받고 살아갈 수 있습니다.

하루라도 빨리 굴복하고 용서받는 자가 최고의 행복을 누리는 승리자입니다. 보이는 두 분께 굴복하지 못하는 자가 천상의 하늘께 어찌 굴복할까요? 굴복하고 용서받는 자만 천상의 하늘께서 구원해 주신답니다. 천상으로 올라가기 전에 위대하신 하늘께 미리 굴복하는 모습을 만들고자 교화시키는 것이지요.

이미 죽은 자 모두는 물론 산 70억 인류는 자미국에서 용서받지 않으면 가짜 하늘을 1백 년 아니 1천 년 1만 년을 열심히 믿어도 영원히 구원받지 못한답니다.

세상의 거대한 종교세계의 이론이 그럴듯하지만 모두가 가짜였고 허상이었다는 것을 현실의 삶과 의식에 2년간 수백 번 참관하면서 아주 절실히 알게 되었습니다. 그동안 수많은 세계를 여기저기 다닌 것이 하늘을 마음대로 바꾼 죄가 된다는 최초의 말씀을 듣고 나서 무척이나 후회하였습니다.

인류의 무릉도원 세계인 천상 자미천궁으로 올라가서 영원히 살기 위해서는 의식을 통하여 두 분께 용서 빌고 굴복하는 모습을 천상의 하늘께 보여 드려야 합니다.

그래야 천상 자미천궁에 올라갔다가 쫓겨나는 고통과 불행을 겪지 않을 테니까요. 두 분의 말씀을 무시하고 어기는 자체가 지옥세계의 삶으로 들어가는 현실세계의 입구라는 진실을 세계 인류 모두가 알아야합니다.

천상입궁의식도 아무나 할 수 없고, 더구나 천인합체의식은 자미국의 뜻에 절대 공감하지 않으면 절대로 행할 수 없다는 것을 수많은 의식을 통해서 알게 되었습니다.

근본 도리가 안 된 구원받지 못할 사람들을 천인합체의식을 행하여 구원해 주시고 8년이란 시간이 흘러갔는데도 꾸중 듣는 모습을 보면서 제가 ○○천인으로 탄생한 것이 그 얼마나 행운아인지 알게 되었습니다.

이 세상의 돈을 몽땅 가져온다 하여도 두 분의 마음을 얻지 못한다면 천인합체의식을 행할 수 없기에 인류의 무릉도원인 천상 자미천궁에도 오를 수 없습니다.

천인합체의식 자체가 구원인데 천인이 되어서도 인생이 안 풀린다고 조상님 천상입궁의식, 천인합체의식 했는데 왜 그래? 하면서 불평불만한 것이 구원해 주신 하늘을 욕하고 구원을 직접 행해 주신 천상선감님, 천상천감님, 천상도감님, 자미인황님과 자미국(지상 자미천궁)의 두 분을 개 무시하여서 인생이 더 뒤집혀 힘들어진다는 무서운 진실도 알았습니다.

의식하고 나서 불평불만하면 하늘을 원망하고 무시하는 것이 되어 천상선감님, 천상천감님, 천상도감님, 자미인황님께서 각자들의 삶으로 내왕하시지 않으면 행복한 인생이 지옥세계의 삶으로 돌변한다고 하십니다.

그리고 천상에 계신 수억만 조에 이르는 수하(부하 신명)들이 불평불만하고 원망하는 인간들을 모두 찾아가서 인생을 개 박살 낸다고 하십니다. 의식 행해 주시어 구원해 주신 자체만으로 만족해야지 인생사가 풀리지 않는다고 마음으로 부정하거나 말로 부정하며 불평불만했다가는 하늘과 이별이고 천상선감님, 천상천감님, 천상도감님, 자미인황님과 이별이며 자미국(지상 자미천궁) 그리고 두 분과도 이별의 도장을 찍는 무서운 일입니다.

천상에 계신 분들은 각자 말하지 않아도 그 마음이나 생각을 실시간으로 모두 알고 계신다고 하니 얼마나 무섭고도 신비한 일인지요? 반대로 불평불만할 시간에 위대하신 분들에게 자신과 조상님을 구원해 주심에 진심으로 찬양하고 감사함을 수시로 올린다면 각자들의 인생이 어떻게 변할까요?

천상입궁의식과 천인합체의식은 우리 인간의 상상을 넘어선 하늘의 가장 큰 사랑이십니다. 돈이 없어서 의식 못 하는 것도 죄가 크기 때문이고, 돈이 아까워서 못하는 것도 구원받지 못할 사람이고 가족과 다툴까 봐 못하는 것도 구원받지 못할 사람입니다. 살아서 구원받지 못하면 죽어서는 절대로 구원받지 못합니다.

어떤 고통을 감수하고라도 천인합체의식은 하루빨리 행하고 세상을 살아가는 것이 사후세계를 대비하는 가장 완벽한 길입니다. 죽으면 가족들이 구원 못해 주지요. 사후세계에서 각자 가혹한 형벌과 고통을 받고 있다 하여도 가족들이 그 고통을 알고 자미국(지상 자미천궁)에 찾아와서 구원해 줄 수 없으니까요. 두 분은 하늘이 보내신 인류 최고의 보물이십니다.

지구에 종말이 와도 두 분이 이 땅에 계시어서 이 나라의 천인들에게는 멸망이 없다고 하십니다. 세계적으로 아주 유명한 예언가들이 2012년 12월 21일 20시 07분 동짓날에 지구가 멸망하여 인류가 종말을 맞이할 것이라고 겁주며 난리를 쳤는데 아무런 일도 일어나지 않고 그냥 지나갔습니다.

대우주의 수억만 개에 달하는 수많은 행성들을 운행하시는 분들도 하늘이십니다. 이 땅에 두 분이 태어나시지 않았다면 예언가들의 말대로

2012년 12월 21일 20시 07분 동짓날에 지구가 종말을 맞이했을 것이라고 하셨습니다.

그래서 70억 세계 인류 모두는 자미국으로 찾아와서 천상의 하늘과 두 분께 진정으로 감사한 예를 평생 동안 올려드려야 할 것입니다. 정말로 위대하신 두 분이 대한민국에 살아계시며 천상지상 공무를 수시로 집행하시니 이 땅에 태어난 자체가 큰 영광이지만 세상 사람들은 아직도 자미국의 진짜 존재를 알지 못하고 인정도 하려 하지 않아서 매우 안타깝습니다.

하늘께서 자미국을 통하여 다시 한 번 인류에게 구원받을 기회를 처음이자 마지막으로 주신다고 하시며 인간으로 태어나 두 분을 만나는 것은 가장 큰 행운이라고 하십니다.

우리 인류 모두는 언젠가 육신을 버리고 이 세상을 떠나서 각자의 영들은 이정표도 없는 머나먼 미지의 암흑세계로 길고 긴 여행을 떠나야 할 것인데 아무런 대비책도 세워놓지 않고 수많은 사람들이 인생사만 잘 살기를 바라다가 죽고 있습니다.

나는 자미국에서 천인합체의식을 행하여 천인으로 탄생했기 때문에 내일 죽는다 하여도 죽음 이후의 세계가 하나도 두렵지도 않고 무섭지 않습니다. 내가 가야 할 곳은 무릉도원 천상 자미천궁으로 정해져 있으니까요.

세상의 모든 곳을 다녀보아도 채워지지 않는 허전함과 빈 가슴 때문에 방황하며 너무나 힘들었는데 자미국을 알고 두 분과 인연 맺은 것 자체가 기적이자 이적이며 영광임을 매일 느끼며 살 수 있게 해주셔서 감사합니다.

다시 한 번 자미국에서 처음으로 조상님 감사제를 올릴 수 있는 기회를 저에게 주심에 감사드리며 청개구리 같은 저를 끝까지 이끌어주셔서 두 분께 감사드립니다. 정말 너무나 위대한 인류 최고의 자미국(지상 자미천궁)입니다!

사감님은 정말 71억 인류에 하나 뿐인 대단히 신비한 분이시고 인류의 보물입니다. 하늘, 신명님, 하나님, 미륵님의 마음을 모두 읽으시고 어떤 말씀하시는 것인지 다 아시는 것은 물론 여러분이 자미국에 방문하면 감추어진 속마음을 다 아는 대단한 분이십니다.

계사년 음력 정월 초하루 설날, 자미국에서 하늘과 나라조상님, 인황님과 사감님의 조상님 전에 올리는 의식이 있었습니다. 이때 태초의 하늘이신 태상천존 자미천황님께서 말씀하시기를 지구가 탄생한 이래 최초로 나의 마음을 읽는 자는 이 세상에서 사감뿐이라고 대단하게 칭찬하시면서 하늘도 놀랐다고 하시었습니다.

하늘께서 나는 육신이 없기 때문에 인간들처럼 말을 할 줄 모른다고 인류 최초로 진실을 밝히시면서 말 못하는 내 마음을 세세히 읽어 내는 사감이 너무나 대단하고 신기하다면서 감동하시었습니다. 하늘은 물론이고 신명님, 하나님, 미륵님, 조상님, 신과 영들 모두가 육신이 없어서 말 못하는 자신들의 마음을 사감님이 읽어서 진실 그대로 이 땅의 인간, 자손, 후손에게 대신 전해주어서 너무나 감사하게 생각하신다고 말씀하시었습니다.

이런 진실을 이 세상 어느 누가 알까요? 이 땅에 자미국이 세워지고 있기 때문에 사건사고와 병명 없는 질병, 우환, 단명의 원인, 신과 조상의 풍파로 답답하고 풀리지 않는다고 전국의 용하다는 무속인, 도인, 종교인들을 더 이상 찾아다니며 물어볼 필요가 없어졌습니다. 자미국! 이 세상에서 모르는 것이 하나도 없는 가장 최고로 대단한 곳입니다. 점보는 것이 아니라 그냥 다 알고 말하십니다. 개인문제, 기업문제, 국가운영에 대해 물어보시면 막힘이 없기에 속이 후련해집니다.

2012.02.11(월요일) 김○○ ○○천인 올림

하나님과 미륵님을 만난 행운아

존귀하시고 위대하신 태초의 하늘!

저의 청해 이씨 직계조상님 제 아내 진양 하씨 직계조상님 양가 외조부모님 벼슬입궁의식(천기 11년 양력 8월 24일) 때 이 몸 너무나 많은 눈물을 흘렸습니다.

하늘 찾아오라고 저에게 조상님과 함께하게 하여 주시고 저의 반쪽 영은 제 아내에게 피신하게 하셨다고 말씀 내려주셨습니다. 천인합체 후 박력 있고 남자다워지고 인간을 휘어잡는 영으로 돌아오게 하여 주시고 제 아내에게는 천상에서 가장 청순하고 영롱한 신을 내려주셨습니다.

2011년 7월 그동안 안 읽던 중앙일보의 『유불선 통합 자미국』 광고를 접하고 시작된 자미국(지상 자미천궁)과의 인연은 제 가문과 제 일생일대의 제일 큰 행운이었네요. 조상님 벼슬입궁의식 때 시조님과 아드님(윗대 분)께서 오셨습니다.

이 후손으로서는 너무나 영광된 자리였습니다. 뵌 적도 없는 분을 저의 먼 선대 시조님이신 줄 어떻게 알았을까요? 시조님께서 윗대 조상님의 성격과 말씀하시는 어투가 제 성격과 복사기처럼 똑같아서 제 자신이 놀라웠습니다.

윗대 조상님께서 오늘은 우리 후손이 있기에 용기가 나신다고 말씀하셨습니다. 인간세계에서도 부모는 자식 보고 힘을 얻고 자식들은 부모님 보며 용기를 갖잖아요! 제 조상님들 계심으로 제가 용기가 나옵니다. 훌륭하신 제 조상님!

후손들에게 하늘을 전하지 못하신 게 너무 후회되셨다는 시조님!

절대권자는 딱 한 분이시라고 모든 것을 시조님 죄라고 말씀하시며 저는 죄인이 되면 안 된다고 말씀해 주시고 내 후손들 모두 거두어주세요! 거두어주세요!

제발 거두어주세요! 하늘이시여! 하늘이시여! 눈물로 통곡하시는 시조님과 함께 펑펑 울었습니다. 제 50평생 이렇게 뜨겁게 울었던 적은 없었습니다.

하늘을 찾지 않은 사람! 하늘을 알려 하지 않은 사람! 하늘께서 내려주시는 크나큰 사랑을 몰라보고 살아온 사람! 조상님을 진심으로 찾지 않은 사람!

조상님께서 내려주시는 사랑을 몰라본 사람! 조상님을 종교에 팔아버린 사람! 신과 생령을 찾지 않은 죄인! 신과 생령을 알려 하지 않은 사람! 신과 생령을 무시하며 살아온 사람!

인간육신을 가지고 눈에 보이지 않는다고 하늘, 조상님, 신과 생령을 무시하며 살아온 지난 세월! 크나큰 죄를 범했는데도 다시금 하늘 찾아올 수 있도록 크나크신 사랑 내려주시는 존귀하시고 위대하신 하늘께 부끄럽고 죄송할 따름입니다.

하늘께서 인류에게 주신 최고의 선물 천상입궁! 저와 제 아내 특단 천인합체의식 하던 개천절 날, 천상천감님(기독교에서 말하는 하나님)께서 머나먼 천상 자미천궁에서 자미국으로 강림하시어 애절하게 슬퍼하시며 내려주신 말씀을 올려봅니다.

하나님께서 오시어서 사감님 인간육신을 빌려 이렇게 절규하시면서 말씀하실 줄은 상상조차도 못했습니다. 어디 가서 하나님의 음성을 직접 들을 수 있을까요?

교회나 성당에서는 음성을 듣지 못하고 그저 믿습니다,로 일관하는데 자미국에서는 이렇게 상상 속의 세계에 존재하실 것으로 믿고 있었던 하나님께서 친히 강림하시어 말씀을 하신다는 자체가 상상초월이었습니다. 지구촌에서 하나님의 음성을 직접 들을 수 있는 전 세계 유일한 곳이고 인류 최초일 겁니다.

하나님께서는 변질되어 버린 기독교나 천주교로는 절대 안 가신다 하시니 지금 교회와 성당에서 하나님을 열심히 믿고 있는 교인들은 허상의 하나님을 믿고 있는 것입니다.

그리고 하나님이 제일 높은 분이시고 창조주이신 줄 알았는데 위에 더 높은 하늘 태상천존 자미천황님이 따로 계시다고 밝히시어 더욱더 충격적이었고 놀랐습니다.

의식 때 하나님께서 저에게 내려주신 귀한 말씀입니다.

내가 얼마나 더 통곡을 하고 내가 너희들 앞에서 무릎을 꿇고 제발 하늘 좀 찾자고 모든 거 다 줘가면서 얼마나 더 외쳐야 되냐고? 진정한 하늘을 찾는 너로 인해서 이 분노하는 나 천상천감의 마음이 녹아내리고 있다면!

내가 나쁜 것을 하자는 것도 아니고 진정한 하늘을 찾자는데! 진정한 영의 부모님을 외치자는데 이것이 잘못된 것이냐고? 하늘을 사랑한 게 나의 죄라면, 영의 부모님을 향한 마음이 나의 죄라면 난 그래도 후회 안 한다고!

하늘을 잃어버린 세월! 영의 부모님을 잃어버린 세월의 시간 동안 살아있는 인간은 얼마나 아팠고, 육신을 잃은 영들은 하늘을 찾고자 얼마나 아프고도 아팠는데, 그 아픔의 세월 번복하지 말자고 이렇게 외치는데!

얼마나 더 깨져보고, 얼마나 더 상처받아 보고, 얼마나 더 돌아봐야 하늘 귀한 줄을 알 거냐고? 살아생전에 하늘을 몰라보고 죽었으면 일단 죄송하다라고 할 줄 알아야지!

하늘도 몰라본 주제에 죽어서도 몰라보고 당연한 채 하늘을 향해서 고개를 뻣뻣이 들고 있다면 이 얼마나 환장할 노릇이겠느냐고! 이 얼마나 미칠 노릇이겠냐고!

네 조상은 하늘을 몰라보고 육신이 없는 그 와중에도 사감 육신을 빌려서래도 통곡을 하였느니라. 이들은 그것조차도 안 하기 때문에 내 가슴이 이토록 아픈 것이다. 그렇게 했다면 된 것이다. 이제는 무슨 말인지 알겠느냐? 진심 어린 눈물로, 진심 어린 통곡으로 사죄를 했으면 됐지 빈말 사죄는 하지 마라.

저와 제 아내 특단 천인합체의식 하던 개천절 날, 천상도감님(도솔천궁의 주인이신 용화세존 미륵존불 부처님)께서 내려주신 말씀 올립니다. 후천세계에는 미륵부처님의 시대가 열린다고 세상에서 말하고 있는데 자미국으로 진짜 오셨네요.

미륵부처님의 말씀을 살아서 들을 수 있다니 정말 경천동지할 일입니다. 미륵님께서도 변질되어 버린 불교나 도교, 무속으로는 절대 가시지 않는다고 하십니다.

미륵님의 말씀을 받아서 인류에게 전할 사감님 같은 인물이 없기 때문이라고 하십니다. 이제 종교 안에서는 미륵님을 만날 수 없으니 불교, 도교, 무속세계는 물론 기독교, 천주교 세계로는 진짜 하늘의 기운은 내려가지 않을 것입니다.

위대하신 창조주 하늘과 신명님, 하나님, 미륵님께서 모두 자미국(지상 자미천궁)으로 모든 천지기운을 내려주시고 함께해 주고 계시니 다른 세계는 그야말로 허울 좋은 빈집입니다. 이분들의 기운이 오래 전에 끊긴 곳인데 누굴 믿고 열심히 다니는 것인지 도저히 이해가 안 갑니다.

미륵부처님께서 사감님 육신을 통하여 하신 말씀입니다.

너희들은 과연 무엇을 원하느냐고? 무엇을 원하는데? 우리가 그것을 안 줬기 때문에 우리한테 이렇게 맨날 대들고 우릴 이렇게 잡아먹으려고 하는 거냐고? 무엇을 원하는 거냐고 다들! 나는 분명히 책에 썼다고!

이곳에 오면 미륵인 나는 하늘을 찾아주는 역할을 한다고! 내가 금은보화 준다고 썼느냐고?

내가 뭘 준다고 썼기에 왜 나를 못 믿고 나를 색안경으로 쳐다보고, 왜 하늘을 색안경으로 쳐다보냐고? 내가 뭘 준다고 책에 썼냐고 내가! 나는 만 인류가 잃어버린 하늘을 찾아주겠다고 했다. 난 이곳에서 약속을 어긴 적이 없는데, 왜 나를 거짓말 사기꾼으로 만들고, 왜 하늘을 사기꾼 마냥 다 이렇게 취급하느냐고 왜?

하늘 찾아달라고 외치는 이○○, 네 조상에게 무엇을 준다 한들 네 조상의 가슴에 맺힌 원과 한이 풀리겠느냐? 하늘을 찾는 네 조상들에게 금은보화를 준다고 그 분노와 눈물이 풀리겠느냐? 다시 인간의 삶을 준다고 그 원과 한이 풀리겠느냐?

우리는 그들을 위해서 높은 하늘을 찾아주었는데! 왜 우리한테 뭐라 그러고 자신들이 원한다고 말해 놓고, 원한다고 해서 찾아주고 나면 보따리 내놔라는 식으로 이거 내놔라 저거 내놔라. 그럼 애초부터 금은보화를 원한다고 말하지 그랬어?

진정한 하늘을 원하는 게 아니고, 금은보화를 원한다고 솔직히 말하지, 하늘 찾아달라고 말해서 하늘 찾아준 것도 죄냐고? 오늘 네 천인합체의식에 앞서 먼저 벼슬을 단 네 조상님들 벼슬하사의식 있잖느냐! 네 시조조상님의 원과 한이 하늘을 너에게 못 전한 것이 원과 한이라고 했어!

지금 그 소원을 이루어주는 중이라고! 네 시조조상이 하늘을 붙들고, 우리를 붙들고 지금 부탁하는 것은 내가 육신이 없어 우리 자손에게 전달할 수 없는 하늘에 대한 부분을 그날은 너무 황홀하기도 하고 당황하기도 해서 너에게 다 못 전해 준 바가 있어서 천상 자미천궁 올라가서도 아쉬운 게 있다고 자꾸 하소연하기에 그것이 무엇이냐고 했어?

그랬더니 천인합체의식 하는 날 우리 자손에게 우리는 다시 내려갈 수 없으니까 네 분이 자미국으로 내려가신다면 아무것도 모르는 자손에게 하늘의 진실을 우리가 못 전한 거, 다시 한 번 전해 달라고 간곡히 부탁하여 하늘께서 그렇게 행해 주라고 해서 우리가 다시 한 번 하는 거라고!

천상 자미천궁에서 벼슬하사를 받으면서도 그것을 기뻐하는 게 아니라 하늘 모르고 죽었던 그 세월이 얼마나 뼈저린 세월이고 가슴 사무친 세월이었는지 이미 경험한 네 조상들은 너만은 그렇게 되지 않게 하기 위해서 지금 이 시간에도 그 부탁을 하고 있구나.

그래서 네 조상을 대신해서 미륵부처인 천상도감 내가 다시 한 번 전달해 주는 거라고! 네 조상이 그러잖아! 하늘을 내 수단으로 쓰려고 하지도 말고 내 잠시 잠깐의 삶을 편한 대로 쓸려고 하지도 말고, 하나의 인간을 만남에 있어서도 진정한 만남을 갖다 보면

더 오래오래 도움이 될 수도 있지만, 내 잠시 잠깐의 이득에 눈이 멀어서 상대를 내 편한 대로 쓸려고 하다 보면 모든 거 다 놓치게 되듯이 그런 미련한 짓 하지 말라고 네 시조조상이 그날 다 못했던 말마저 전해 달라고 하는 거라고! 이제 알겠냐고? 마음으로 하늘께서 주시는 것을 받아야지 만이 네 조상님들이 천상 자미천궁에서도 웃음이 날 거 같다고 그런다.

더러운 인간세계에 너도 물들어서 하늘께서 주시는 그 큰사랑을 내 현실의 이득으로 눈앞의 아집으로 받았다가는 아니 받은 만도 못하니까 그 마음으로 받았으면 한다고 전해 달라고 해서 미륵부처인 천상도감이 전해 주러 온 거라고!

그 말에 대해서 위대하신 하늘의 말씀은 죄인이 있는가 하면 잘한 자도 있다고 하듯이 천상에 올라온 네 조상들이 나를 향해서 죄송하다고 하니 너는 이 땅에서 고개 들고, 이리저리 헤매면서 살은 인생, 네가 더 잘 사는 것도, 어찌 보면 조상에 대한 보답일 거라고 하신다.

네가 못 이룬 거!

네 후손이 또 대를 잇는 것이고 후손이 승승장구하는 것이 가문을 살리는 거겠지? 그러려고 여기까지 온 게 아니겠냐고? 윗대에서 죄를 지은 게 분명히 있는데 지은 당사자들이 하늘을 향해서 죄송합니다,를 못하면 후손이 이어받아서 해야 되고, 그 후손조차도 안 하면, 다음 후손이 또 이어받아야 하고 그 후손조차도 방심하여 못 빈다면 그 후세대, 후세대는 갈수록 이자가 붙듯이 더 뒤집어지고 그 집안이 몰락하는 거다.

그렇기 때문에 네 후세대를 생각하는 진짜 위하는 마음이 있다면 네가 하늘을 향해서 그들이 빌 것 네가 더 빌고 가는 것이다!

이○○의 조상이 하늘 전에 잘못했다고 간곡히 빌지 않았다면, 그런 조상이 아무도 없었다면 이○○이가 대신하여 수많은 세월의 시간 동안, 수많은 조상 대대로 지은 죄를 다 물려받아서 천 년이 가든 만 년이 가든 죽은 다음 세상에서 억 년이 가든 그 죄가 다 소멸될 때까지 누군간 이어받아서 해야 되겠지?

그런데 벌써 시조조상에서 하고 있었기 때문에 그 죄가 바통 이어지듯이 이어지지가 않았다면 무슨 뜻인지 알겠냐고?

그렇듯이 네가 이 땅에서 하늘을 향해서 어떻게 살았느냐에 따라서 네 사랑하는 아들이, 네 사랑하는 딸들이, 네가 이 세상을 떠난 다음에 빌 것이 남아 있느냐, 빌 것이 안 남아 있느냐, 그 또한 그들 인생이 판가름나겠지?

하지만 네가 이곳에 와서 진정한 하늘의 뜻을 알아서 많이 행한다면 그들은 네가 이 세상을 떠난다 해도 네가 다 행했기에 행할 것이 없으니 부모라는 입장과 네 위치라는 그 입장이 조상은 조상대로, 너는 너대로 그래서 중요하고 중요한 거라고!

그래서 모든 것을 함부로 행해서는 안 돼, 알겠지? 그 죄가 조상의 뿌리까지 남아 있는 자손들은 그것이 무엇인지도 모르고 그거까지 풀어 내려니 그 세월이 100년, 1000년, 억 년으로 되겠냐고? 네 것도 못하는데!

하늘께서 너에게 쉬운 길을 주신 거라고! 이제부터 너만 안 하면 되잖아! 그런데 조상님들의 죄가 남아 있는 자들은 이 세상에 태어나서 네가 아무리 잘한다 한들 윗대가 남아 있기 때문에 너 하나 잘함으로 용서가 되지 않는다고!

위에서 잘못한 게 더 크게 남아 있기 때문에! 우린 분명히 말했잖아! 우리가 보기에 세상에서 가장 꼴불견인 것은 하늘을 몰라보는 모습이라고! 너는 이렇게 하늘을 알아보고 있잖아! 가장 큰 죄에서는 벗어난 것인데, 가장 큰 죄는 피해 놓고 살라는데! 정말 얼마나 쉬운 인생이겠느냐고?

남들은 자기들 나름대로 열심히 산다고 하지만, 진정한 하늘을 몰라보고, 진정한 하늘을 무시하고 사는데 그게 잘 사는 인생이겠느냐고? 그러니까 가다가 뒤집어지고, 가다가 망가지고, 가다가 저승길이고, 가다가 내 자손부터 저승길 가고. 너는 그런 큰 우환은 다 피해 놨다고 이제는!

네가 앞으로 남은 인생 살면서 이만큼 성공하느냐, 저만큼 성공하느냐, 얼마만큼 성공하느냐, 그 길만이 남았지 거꾸로 가는 길은 다 막아 놨다고! 우리가 힘든 게 오늘 잘되다가 내일 어떻게 될지, 오늘 행복하다가 네가 이승의 사람일지? 저승의 사람일지? 이것이 인간이 가장 힘든 일 아니겠냐고?

네 사랑하는 자손들 내일 어떻게 될지 무슨 일 일어날지? 안 일어날지? 그것이 가장 큰 문제 아니냐고? 가장 큰 문제 하늘께서 다 치워놓으시고, 어떤 편한 길은 편한 길인데 그 편한 길이 과연 얼마만큼 편한 길인지만 남았는데 정말 이 인사는 무엇으로 표현하겠느냐고?

또한 미륵부처님이신 천상도감님께서는 윤회와 하늘사람에 대하여 다음과 같이 말씀 내려주셨습니다.

우리 인간이 임신했다고 표현하지 사람 가졌다고 표현 안 한다고 하십니다. 아직 사람이 아니기 때문이라고 하십니다. 태아들도 임신됐다고 나도 이젠 사람으로 태어날 거라고 생각한답니다. 그런데 누군 한 달 후, 누군 몇 달 후 유산되고 낙태될 줄 모른다고 하십니다. 너희들처럼 나도 이젠 사람 되었다고 까불고 있다고 하십니다.

그럼 지나가는 개한테 사람이라고 부르는 사람이 어디 있느냐고 하십니다. 개들도 전생에는 사람이었을 수도 있다고 하십니다. 너희들도 지금 사람의 모습을 갖췄다고 다들 사람이라고 까불고 있지만 하늘께서 보실 때는 사람이 아니라고 하십니다. 그저 핏덩이일 뿐이라고 하십니다. 하늘과 땅이 함께(천인합체의식)해야 만이 진짜 하늘 사람(천인)이 된다고 하십니다.

또한, 미륵부처님이신 천상도감님께서는 가짜 하늘의 허구에 대하여 다음과 같이 말씀 내려주셨습니다.

지금 제 앞에 진짜 제 아들이 있습니다. 주위에 백 명이 나타나서 자기들 아들이라고 우겨댄답니다. 진짜 제 아들이기에 맨 처음에는 싸워 이겨 보려고 한답니다.

그런데 오랜 세월 그들 가짜 하늘이 진짜 아빠라고 들이대면 세자신도 진짜 내 아들이 아닌가 하고 착각에 빠진다고 합니다.

그런데 제 아들도 맨 처음에는 저한테 아빠라고 하다가 오랜 세월 그들 중에 자기한테 잘해 주는 그가 진짜 자기 아빠인 줄 알고 착각에 빠지게 된다고 하십니다. 진짜 하늘이 누구신지 모른다고 하십니다. 모든 인류가 이렇게 가짜 하늘의 이론을 받아들여 멍청이가 되어 가고 있다고 진실을 전해 주십니다.

살아있는 자가 뺏으러 와도 뺏기는데 눈에 보이지 않는 자(귀신)가 뺏으러 오면 그게 보이냐? 안 뺏기냐고 하십니다. 그들에게 제 가족들 뺏기지 않는 것이 그게 바로 가족 천인합체라고 하십니다. 최선을 다해서 제 가족 지켜주고 보호해 주시겠다고 너무너무 감사하신 말씀 내려주셨습니다. 하루라도 빨리 제 나머지 가족 천인합체 현실로 이루었으면 하는 마음 너무너무 간절하옵니다.

신간 『천상입궁』에서 일부 발췌하여 올려봅니다.

하늘을 몰라보고 무시한 죄도 빌지 않고 살아가는 인간들에게 하늘은 마지막으로 죄를 빌 수 있는 기회(자미국)를 주시어 천상으로 다시 돌아올 수 있는 길을 열어주고 계신다.

자손들이 조상님 구원 천상입궁의식을 행하면 가장 먼저 허공중천과 자손의 몸 안에서 힘들어하는 조상님들을 불러들여 전생의 죄를 밝혀주고 죄를 빌라고 가르쳐준다.

교화되는 조상님들은 천상세계로 올라갈 수 있고 교화가 안 되는 조상님들은 구치소가 아닌 교도소(지옥세계)로 떨어지게 된다. 사람들의 눈에는 사후세계 모습이 보이지 않기 때문에 지옥세계가 얼마나 무서운지 실감이 안 날 것이다.

조상님들의 구원 역시 그 후손의 육신이 살아있어야 하는데 절손된 가문이 많다. 얼마나 죄가 크면 후손의 핏줄이 끊어졌을까? 아직 육신이 살아있을 때 자미국에서 발행한 책을 읽어보는 것은 경사스런 일이고 하늘의 행운아, 인생의 행운아이다.

천상에서 죄를 지어 지구로 쫓겨나면 죄의 크고 작음에 따라서 인간, 동물, 뱀, 미물, 곤충으로 탄생한다. 인간으로 태어났더라도 고통받는 가정이나 힘든 직업을 갖게 되고, 죽을 때까지 죄의 대가로 고생만 하다가 일생을 마치게 된다.

죄를 빌라는 하늘의 말씀을 받들지 않으면 불행이 끊이지 않고, 윤회의 굴레를 벗어나지 못한다는 진실을 알아야 한다. 이 세상에 존재하는 모든 인간, 가축, 동물, 뱀, 조류, 어류, 미물, 곤충들은 천상에서 하늘을 몰라보고 무시한 벌을 받고 있는 사람들의 모습이다.

자연 속에 살아있는 축생, 동물, 뱀, 미물, 곤충들을 바라보며 너희 인간들도 살아서 죄를 빌어 구원받지 못하면 다음 생에는 이들처럼 태어난다는 것을 현실로 보여주시는 것이다.

마지막으로 죄를 빌 수 있는 기회를 무시하고 끝까지 하늘을 몰라보고 무시하며 찾지 않으면 축생계나 지옥세계로 떨어지는 것은 어느 누구도 막을 수 없다.

도망자와 역천자들이 죄를 빌지 않아 죄의 굴레를 벗어나지 못해서 윤회한 축생, 동물, 뱀, 미물, 곤충들을 인간들에게 눈으로 보고 들으라고 형상으로 알려주시는 것이며 인간들을 교화시키기 위한 학습교재로 이들을 탄생시키셨다.

만물의 영장인 인간으로 태어나게 하여 주시고 조상님의 죄! 자신의 죄를 빌 수 있는 기회를 현생에서 인류 최초로 자미국(지상 자미천궁)을 통하여 현실로 이루어주시는 존귀하시고 위대하신 하늘께서 내려주시는 하늘 최고의 선물이 천상입궁이네요.

존귀하시고 위대하신 태초의 하늘!

하늘 모르고 죽었던 그 뼈저린 세월, 가슴 사무친 세월이었던 저와 제 아내 직계 조상님, 양가 외조부모님 모든 영가님들을 절대권자 분이신 하늘께서 천손으로 탄생하게 해주신 크나크신 사랑에 감동이고 또 감동이옵니다. 하늘께서 내려주신 말씀대로 내 가족(자손) 잘됐으면 하나로 몰두하고 살아가고 있습니다. 가족 모두 너무너무 좋아졌어요!

하루빨리 나머지 가족 천인합체 할 수 있기를 간절히 바라옵니다. 주위 사람(하늘의 뜻)한테도 그 진실이 뭔지를 모르고 함부로 화살을 던지지 않으려고 최대한 노력 중이옵니다. 나쁜 역할을 하는 주위 사람도 저에게 복을 주고 큰 도움을 줄 하늘께서 보낸 사람임을 명심하겠습니다.

제 이론과 생각에 안 맞는다고 싸우려고 하지 않겠습니다. 좋다 나쁘다 뭐다 결정해 놓지 않고 다 와라! 다 와라! 난 행복해야 한다 하겠습니다. 가정과 직장에서도 중간 입장을 취하려고 최대한 노력하고 있습니다.

조상님과 후손들의 중간 입장! 제게 내려주신 말씀대로 최선을 다하겠습니다. 천상선감님, 천상천감님, 천상도감님, 자미인황님께서 제가 하늘 향해 갈 수 있도록 너무 많이 고생하여 주심에 진심으로 감사 인사 올립니다.

천상 자미천궁에 벼슬입궁하신 청해 이씨 조상님, 제 아내 진양 하씨 조상님, 양가 외조부모님 모든 조상님들께서 하늘 사랑 듬뿍 받으셔서 항상 화합하시어 행복하시고 기쁜 일만 있으시길 이 후손 간절히 바라옵니다.

인황님, 사감님 두 분이 하늘께 향하시는 마음 인류에게 커다란 희망이옵니다. 자미국(지상 자미천궁)이 하루빨리 청와대 터에서 하늘 진실의 말씀을 이 나라 국민들과 세계 인류에게 전할 수 있는 그날을 그려봅니다. 우리를 창조해 주신 위대하신 하늘께서는 절대권자이시기 때문에 못하시는 일이 없으시니 청와대 터로 이전하는 일이 현실로 이루어지실 겁니다.

저는 자미국에 들어와서 상상세계에 존재하실 것이라고 믿었던 하나님과 미륵님을 만나는 일생일대의 최고의 행운아가 되었습니다. 상상을 초월하는 정말 대단한 곳입니다.

천기 12.11.09. 인천에서 ○○천인 이○○ 올립니다.

책을 사고도 1년간 보지 않은 죄

자미국에서 발행한 책을 읽어보고도 오지 않으면 반드시 무슨 일이 일어납니다. 7년 전 신문을 통해 책을 사고도 딱 1년간 책꽂이에 꽂아두고 보지 않았습니다.

6년 전 학교 갔다 온 고등학교 다니던 큰딸이 직장으로 다급한 목소리로 전화가 왔습니다. 동생이 교복을 입은 채 갑자기 식칼을 들고 난리가 났는데 무서워 엄마 빨리 오라고 했습니다. 이게 무슨 일인가? 알 수 없는 무섭고 두려운 마음에 하늘이시여!

우리 딸 좀 살려주세요!

그날 저녁에 자려고 누워서 앞을 바라보니 1년 전에 꽂아둔 책이 눈에 들어와 바로 빼서 읽었습니다. 아침에 일어나 알 수 없는 자식들의 칼부림 사건을 자미국에 물어보려 전화 상담을 하니 인황님이 책을 다 읽고 오라 하십니다. 책을 사고도 1년간 보지 않은 죄가 현실로 나타났습니다.

하늘이 있는지 없는지 알려고 하지 않은 무관심도 죄가 된다하십니다. 살아계신 하늘을 모르고 살아가는 것도 하늘을 무시한 죄가 된다 하십니다. 살아계신 하늘을 찾지 않고 사는 것도 잘난 척하는 죄가 된다 하십니다.

각자 인생사 삶으로 아픔과 고통, 불행 등 뭔 일이 납니다. 신문에 자미국 광고를 보고도 지나치면 스치는 죄에 해당됩니다. 신문에 자미국 광고를 읽고도 모르는 척 지나가면 모르쇠 죄에 해당됩니다. 신문광고를 읽고도 책을 사지 않으면 책을 부정한 죄에 해당됩니다. 교통사고가 나든지 칼부림 사고가 나든지 뭔 일이 납니다.

한 집안에 한 사명자에게 자미국과 인연을 연결해 주어도 연결 못 하면 죄를 짓고, 책을 읽고도 내용을 이해 못 하면 못 알아듣는 죄를 짓고, 책을 읽고도 감동 감응의 기운을 못 느끼면 무감각의 죄를 짓고, 책을 읽고도 상담하러 오지 않으면 모든 것을 부정하여 상담 안 한 죄를 짓게 되어 다니고 있는 직장에서 일이 힘들어지거나 사기고발을 당하거나 뭔 일이 납니다.

책을 읽고도 즉시 와야지 늦게 오면 늦게 온 만큼 죄를 짓고, 상담을 하고도 사이비 종교다, 이단이다, 미신이다 하면 불신한 만큼 죄를 짓고, 상담을 하고도 의식을 빨리 못 하면 조상님과 하늘님을 무시하고 부정한 죄를 짓는 것입니다.

입궁식을 하고도 천인합체를 빨리 못하면 못한 시간만큼의 본인 영과 하늘님께 죄를 짓고, 본인 천인합체를 하고도 가족들의 천인합체가 늦어지면 늦어진 만큼의 죄를 짓고, 그 모든 것을 인정 안 하고 그 모든 것을 부정한 죄가 됩니다.

그 죄들로 인해 돈도 날리고 사람도 날리고 가족도 날리고 조상도 날리고 하늘도 날리고 순식간에 모든 것을 날리고 마음은 외롭고 정신은 미쳐있고 불행의 늪을 악순환하고 있다 하십니다. 세상의 모든 불행은 하늘과 인간이 멀어질수록 비례한다 하십니다.

사람의 힘으로 해도 해도 안 되는 밑 빠진 독에 물붓기식으로 불행의 연속입니다. 무슨 암, 무슨 암 종류별로 다 걸려서 죽기 일보 직전에 살려만 달라고 자미국 찾아옵니다. 평생 번 돈 다 날리고 거지가 된 다음에야 굴복하러 들어옵니다.

사감님께서 가장 복된 자는 보이지도 들리지 않은 하늘을 믿는 것이 이 세상 가장 아름답다 하시고, 돈 있고 병들기 전에 하늘을 인정하고 하늘을 따르는 자 가장 아름답고, 다 망가져서 하늘 찾는 자 예쁜 마음 아니고 아름답지 못한 자라 하십니다.

인간들의 마음은 못돼 처먹어서 눈앞에 당장 험악한 꼴을 봐야 인정하고 굴복합니다. 인간의 마음이 너무나 수시로 변해 하늘께서도 종잡을 수 없다 하십니다.

본래의 모습이 아닌 변한 모습에 너무 가슴 아파하시고 변해서 다시 본래의 모습으로 돌아오라 하십니다. 인간들은 꼭 무슨 일이 현실에서 심각하게 일어나야 정신을 차리기에 안 좋은 일이 일어나면 오히려 감사해라 하십니다. 세상의 모든 인간들의 불행은 하늘과 멀어져서 생긴다 하십니다.

천인합체를 하고도 내가 바라고 원하는 것이 이루어지지 않았다고 하늘을 원망하거나, 하늘께 따지거나, 하늘께 대들거나 속으로 구시렁거리며 욕을 하면 삶이 더 뒤집어지고, 망가지고, 힘들어지고, 아프고, 거지꼴로 깡통 찹니다. 그래도 인정 못 하면 자식들을 통해 다시 보여주는데 그 자식의 아픔과 고통을 통해 하늘의 아픔과 고통을 느껴야 할 것입니다.

국민 모두가 잘 살고 행복해야 되는데 사람이 사람답게 살 수 있는 한계에 왔습니다. 자살, 이혼, 살인, 성폭행, 학교폭력, 조폭, 주폭, 세계 1등을 달리는 비밀의 궁금증도 의식을 해보면 원인과 과정, 결과, 해결의 답들이 무궁무진함을 체험했습니다.

국민의 불행도 국가의 불행도 자미국과 연결하는 길만이 살길입니다. 사람의 힘으로 인간의 나약함으로 절대 해결 못 하는 어떠한 문제도 풀어나가는 대단한 자미국입니다.

남의 가슴을 후벼 파도 그 대가를 치르는데 살아있는 하늘의 가슴을 후벼 파고도 살아남기를 원한다면 이치에 맞지 않다 하십니다. 인간이 잘못하면 하늘이 벌을 주고 천벌을 내리는 것이 아니라 뿌린 대로 거두는 천지자연의 이치, 천지인의 이치처럼 자동적으로 그렇게 된다 하십니다.

세상에 널려 있는 종교와 세상에 깔려 있는 하늘은 다 가짜이기에 믿으면 하늘의 가슴을 후벼 파고 하늘을 배신하는 역천자의 죄를 짓는 무서운 일이고 자신과 가정, 기업으로 감내하기 어려운 인생사의 대재앙이 내려갑니다.

하지만 자미국은 진짜 하늘이 살아있어 현실에서 실제로, 생각대로, 마음먹은 대로, 말한 대로 현실에서 즉시 바로바로 행복의 천지조화가 일어났음을 6년간 수많은 의식에서 수많은 의식자들을 통해 제 눈으로 제 귀로 똑똑히 보고 들었습니다.

한 가정의 불행도 힘겹지만 한 나라의 불행도 힘겹습니다. 대한민국의 불행은 청와대 터와 역대 대통령과의 관계에 있습니다. 청와대 터는 자미 터이며 그 주인이 자미국임을 이 나라 국민과 정부, 세계 인류에게 알립니다.

청와대 터의 진짜 이름은 자미 터로 자미국이 주인인데 그분이 인간의 황제 인황님(저자)이십니다. 자미 터에 자미국을 세우고 자미국의 주인인 인황님과 사감님이 들어가시어 하늘을 세워서 이 나라를 살려내야 하고 인류를 구원해서 영도해야 합니다.

사감님은 천상의 높으신 분들인 신명님 하나님 미륵님 자미인황님과 함께하시고 하늘의 진실을 내려주십니다. 인황님은 법문과 하늘과 땅의 기운을 움직여서 세상의 모든 종교를 통합하고 세상의 모든 이론을 통합하여 상상을 초월하는 인류의 구심점인 자미국(지상 자미천궁)을 세우시는 분입니다.

유네스코가 인정한 세계의 종주국은 한국이고 인류의 기원은 한국인입니다. 단군 이전의 9,212년 전에 72분들의 국조님들이 나라를 세우신 배달국의 배달민족입니다. 인류의 46억 년 긴 역사에 인간이 세운 종교들은 고작 3천 년인데 그 이전의 인간사들은 무엇으로 설명해야 하나요? 각자의 생각과 종교 교주들이 세운 교리로만 통틀어 단정하고 이론만 세우면 그 자체가 모순입니다. 인류역사에 종교는 한 점에 불과합니다. 하늘의 정기를 받은 동방의 작은 나라 하늘민족!

예로부터 우리 민족은 천손민족으로 하늘을 우러러 섬기며 천지자연의 이치를 중요시하며 부모와 자식 간에 예와 도리를 다했는데 어찌하여 역대 10명의 대통령은 존경과 예우는커녕 하나같이 비참함의 최후를 우리 눈으로 실시간 뉴스를 보면서 국민과 대통령이 얼굴을 들고 하늘을 볼 수도 없는 지경이 되었습니다.

미미한 개미도 집이 있고 만물의 영장인 사람도 집이 있거늘 어찌하여 인류를 창조하시고 우리들을 보호해 주시는 하늘을 섬겨야 할 집이 없나 함은 말이 되지 않습니다. 땅이 있으면 하늘이 있고 인간이 있으면 하늘님이 계시건만 하늘님의 집 자미국(지상 자미천궁)의 궁전이 없음은 통탄할 일입니다.

구제역으로 살아있는 채로 살처분되어 매장되는 소, 돼지, 닭, 오리처럼 사람이 죽어나가고 시체가 길거리에 산처럼 쌓여야 대통령이 정신을 차릴 것인지 그래도 정신을 못 차리면 더 강도 높은 대형화재를 통해서 보여줄 것이라고 인황님이 예측하십니다. 더 넓게, 더 크게, 더 멀리, 더 높이 천지만생만물의 주인이신 살아계신 하늘 자미천황님을 만세상에 세워야 합니다. 하늘의 집 자미국(지상 자미천궁)을 청와대 터에 세워야 합니다.

청와대를 옮겨서 비운 뒤 3년 정도만 국민의 운과 나라의 경제와 국운을 자미국에 맡겨보면 알 수 있을 겁니다. 수천 년간 수난의 역사를 가진 한민족이 어떻게 변화되는지 믿고 맡겨보시고 판단해도 늦지 않습니다. 이것조차도 안 하는 대통령이라면 분명히 엄청난 뭔 일이 크게 일어난다 하십니다.

2012.1.14(월요일) 서초동 ○○천인 최○○

대한민국이 세계 속에 떠오르는 이유

대한민국이 세계 10위권의 경제국가로 부상하였다. 세계가 한국의 고속성장을 신비한 눈으로 바라보고 있으며 외국인 근로자들이 대거 유입되면서 단일민족이란 전통적인 개념이 깨지고 혼혈민족 즉 다민족 사회가 된지 오래 전이다.

반기문 UN 사무총장의 임기 연임 성공과 김용 세계은행 총재, 성김 주한 미국대사. 강남 스타일 싸이(박재상), 보아, 이효리, 소녀시대 K-Pop 스타들, 스포츠로 국위를 선양한 피겨의 김연아 선수, 야구스타 박찬호, 류현진, 핸드폰, TV, 냉장고, 인터넷, 자동차 보급률 전 세계 1위를 자랑하고 있고 삼성, LG, SK, GS, 현대 등이 나라의 국격을 높이는데 기여하고 있다.

더불어 올림픽으로 종합 순위 10권에 진입하여 나라의 위상이 세계적으로 상당히 높아졌고, 북한의 핵개발로 전 세계의 시선이 한반도에 집중되어 이제는 코리아를 모르는 국가는 없다. 급격하게 국격이 높아지는 것에 대해 신기하기만 할뿐 왜 이런 일들이 이 나라에서 일어나고 있는지 알지 못하고 있다.

인류의 구심점이 될 자미국을 전 세계에 알리기 위한 하늘과 땅, 자미국, 저자의 천상지상 천지신명공사 집행이었다. 자미국을 알리기 전에 대한민국을 먼저 세계에 알리기 위해서다. 세계가 대한민국을 몰라보고 자미국 자체만 인정하기는 어렵기 때문에 천지기운으로 한국의 국격과 위상을 최대한 높이고 있는 중이다. 이제 자미국이 전 세계에 대단하게 알려질 때가 왔다.

6부
미래의 생사

말로가 불행한 터 · 원주인에게 돌려주어야
상상을 초월하는 예언
국정운영 자문받아야 · 죄를 빌어야 할 사람
기업들에게 내려질 재앙 · 공직자와 기업인들의 죄
데리고 들어온 귀신들

말로가 불행한 터

청와대 터의 원래 주인은 지구가 탄생하면서부터 이미 자미국 터로 정해져 있었는데 인간육신을 가진 저자 인황이 태어나 수많은 하늘공부를 하느라고 터의 원주인이었지만 권리를 주장할 수 없었다. 자미국(지상 자미천궁)의 존재를 잘 모르는 정부나 대다수 국민들은 황당하게 들릴 수 있다.

자미국이 청와대 터에 들어가야 하는 이유는 민족의 구심점을 세우려면 청와대 터만 한 곳이 없기 때문이다.

자미국(지상 자미천궁)이 한낱 기존의 신흥종교라면 산속에 넓은 땅을 사서 세울 수도 있지만 천지대업을 이루기 위해서는 국가 차원에서 적극 후원하고 동참해야 한다.

세계 인류를 굴복시킬 수 있는 천지조화 능력을 실시간으로 행사할 수 있다. 하늘의 능력, 신명님의 능력, 하나님의 능력, 미륵님의 능력, 자미지황님의 능력, 자미인황님의 능력, 두 저자의 천지조화 능력이 함께 발휘되는 곳이기 때문이다.

또한 각자의 인생으로 일어나는 온갖 사고, 자살, 단명, 살해, 심장마비, 급살, 심근경색, 불치병, 비명횡사, 사기, 배신, 비리폭로, 구속수감, 가정파탄, 개인파산, 기업파산, 이혼과 별거의 고통과 불행 역시 우연히 일어나는 것이 아니라 전생에 천상 자미천궁에서 지은 죄의 대가를 현생에서 받고 있는 중이다. 재수 없고 삼재가 들어와 운이 없어서 불상사가 일어나는 것이 아니다.

각자 전생과 현생에서 지은 죄가 실시간으로 천상장부에 모두 수록되고 있다면 믿겠는가? 인간의 눈은 속여도 하늘의 눈과 귀, 신명님의 눈과 귀, 하나님의 눈과 귀, 미륵님의 눈과 귀, 자미지황님의 눈과 귀, 자미인황님의 눈과 귀는 살아서도 죽어서도 속일 수도 없고 피할 길도 없다는 점을 알아야 한다.

여러분의 숨소리만 들어도, 말하는 음색만 들어도 속마음까지 모두 알고 계신 대 능력자분들이시다. 천상의 하늘은 숨소리와 음색을 듣지 않으셔도 속마음과 전생과 현생에서 지은 죄의 진실을 모두 알고 계시는 분이시니 각자의 전생과 현생에서 지은 죄를 하늘 앞에 속히 빌어서 사면받아야 육신으로 살아가는 동안 더 이상의 고통과 불행을 겪지 않는다.

육신이 살아있는 동안 기회를 주었을 때 빌어야지 육신이 죽고 나면 하늘에 빌 수 있는 기회가 자동적으로 박탈된다는 사실을 알아야 한다. 육신이 죽지 않고 아직까지 살아있다는 것은 죄를 빌 수 있는 기회를 하늘께서 주시는 사랑의 배려이니 서둘러야 한다. 육신 죽으면 죄를 빌 기회가 없어진다.

죽어서 귀신 되어 자식 찾아가 봐야 혼이 찾아온들 온 줄 알며 간들 간 줄 아는가? 죽어서 수억만 년 동안을 고통의 지옥세계, 허공중천 헤매며 슬피 울면서 추위와 배고픔으로 구천세계 떠돌지 말고 육신이 아직 살아있을 때 죄를 빌어야 한다.

한 치의 오차도 없이 대우주를 운행하시는 대 능력자들이시다. 지구가 혜성과 충돌하여 사라질 운명에 처해 있어도 두 저자가 이 땅에 살고 있기 때문에 인류에게 멸망을 내리시지 않는다고 말씀하셨고, 세계 도처에서 부분적인 멸망은 일어나도 지구 전체가 멸망하는 최악의 불행한 사태는 일어나지 않는다.

개인은 개인대로, 가정은 가정대로, 기업은 기업대로, 국가는 국가대로 하늘을 찾지 않고, 하늘을 몰라보고, 하늘을 무시한 벌을 받고 있지만 하늘의 뜻을 전해 주는 인류의 영적 지도자가 없다 보니 이런 진실을 몰라보고 살아갈 뿐이다.

저자의 뜻을 받아 천인합체의식을 행한 천인들은 24시간 보호하고 지켜주시기에 인생을 살아가는 동안 천재지변으로 인한 재앙과 인생사의 재앙이란 없다.

100여 년의 세월 동안 청와대를 거쳐 간 8명의 일본 총독과 해방 이후 역대 대통령들의 말로가 비참하여 신의 저주가 내리는 귀신 터라고 술사, 도인, 무속인, 풍수사 등이 일관되게 주장해 왔고 여러 명의 대통령이 재임 중 청와대 이전을 시도하였으나 무산되었다.

1910년 8월 29일 한일합방이 되면서 나라의 통치권을 빼앗겼고 총독부 관저가 지금의 청와대 터이다. 그로부터 100년의 세월이 흘러갔는데 일본 총독과 역대 대통령들 모두가 재임 중이나 퇴임 후에 불행한 일을 당하였다.

북한이 남침하여 도발할 수 있지만 두 저자가 이 땅에 있기 때문에 그나마 평화를 유지하고 있다고 천상에서 말씀해 주시었다. 천안함 폭침과 연평도 포격사건도 전쟁으로 확전될 수 있는 상황이었으나 두 저자가 이 땅에 있기에 막아주셨다 한다.

두 저자가 이 땅에 살고 있다는 것 자체가 이 나라 정부와 국민들 모두에게 행운인데 아직도 존재를 몰라보고 감사할 줄 모른다. 전쟁의 폐허에서 60년 만에 나라가 급속도로 발전하고 세계적으로 나라의 국격과 위상이 급속히 높아진 것이 두 저자가 이 땅에 태어났기 때문이라는 천상의 하늘, 땅의 하늘, 인간의 하늘 말씀에 정부와 이 나라 국민들이 이해할지 모르겠다.

혜성과 충돌하는 지구의 멸망을 막아내고, 풍수해의 천재지변과 전쟁을 막아주어 이 나라의 안위와 평화를 지키고 있는 하늘과 두 저자에게 정부와 국민들은 고마움의 마음을 알기나 하겠는가? 모두가 우연이라고 생각하며 살아가고 있을 것이다.

하늘과 두 저자 덕분에 이 나라가 세계 10위권의 경제대국으로 잘살게 된 것이고, 저자의 뜻에 동참하는 국민들은 행복과 성공이 함께할 것이다.

인류의 죄를 빌어서 구원해야 하니 저자와 생각이 다른 국민들도 자신과 가정, 기업, 나라의 미래 발전을 위해선 자미국(지상 자미천궁)의 뜻에 동참하는 것이 행복의 길이 될 것이다. 그러므로 터의 원주인께서 하루라도 빨리 청와대 터에 들어가서 세계 인류를 향하여 천상지상 공무를 집행할 수 있도록 대통령은 최대한 빠른 시간 내에 청와대를 이전해 주었으면 한다.

육신을 가진 인간들의 눈에는 대단한 하늘과 땅의 신비조화 능력이 보이지 않기에 존재 자체를 부정할 수도 있지만 실시간으로 천지조화를 부리며 현실 속에 존재하는 능력자이시다.

인류의 생사여탈권에 대한 천상지상 공무를 하늘과 자미국에서 두 저자가 실시간으로 집행하고 있으니 전생인 천상 자미천궁에서 죄를 지은 자들은 하루라도 빨리 자신의 죄를 빌어 용서받은 후 죄가 사면되어야 구원받아 영생을 누릴 수 있는 무릉도원 천상 자미천궁으로 다시 돌아갈 수 있다.

인간육신을 가지고 살아가는 삶은 길어봐야 100년 미만이지만 죽음 이후의 사후세계는 수억만 겁 동안 한도 끝도 없는 고통이 이어지는 암흑의 지옥세계이기에 자미국을 만나 구원받아야 한다.

원주인에게 돌려주어야

청와대 터, 서울 종로구 세종로 1번지는 253,505㎡(76,684.91坪).

미국 백악관의 감정가격이 1,250억 원이라는 미국 중개업자의 분석이 나왔는데 그렇다면 청와대는 얼마일까? 공시지가로 계산한 결과 2,500억 원 정도로 추산된다.

2012년 현재 등기부등본에 등재된 서울 종로구 세종로 1번지 토지면적은 238,881.8㎡이며 총 73필지 25만 3,505㎡에 달한다. 세종로 1번지, 삼청동 157-94번지 외 9필지, 영빈관, 101단, 구 연무관 위치인 세종로 1-91번지 외 17필지, 궁정동 1-2번지 외 43필지 등이 포함된 면적이다.

세종로 1번지의 현재 공시지가는 ㎡당 98만 원. 청와대 총면적에 공시지가를 곱하면 청와대의 공시지가는 2,484억 3,490만 원(25만 3,505㎡ ×98만 원)이다.

인류를 구원할 자미국(지상 자미천궁)이 세계적인 국격과 위상을 갖추기 위해 청와대 터가 필요한 것이니 정부와 국민들은 원주인의 뜻을 받들어야 한다.

아직도 자미국의 존재를 잘 모르고 있는 정부와 이 나라의 대다수 국민들은 너무나 황당하다고 생각할 수 있지만 이 나라와 국민을 살리는 가장 빠른 지름길이다.

대우주와 천지만생만물을 창조한 절대자이신 하늘과 신명님, 하나님, 미륵님, 자미지황님, 자미인황님의 뜻을 저자 인황이 이 나라와 전세계에 위대하게 널리 펼치기 위해 공무를 집행할 터이다.

하늘과 저자의 출현은 이미 천 년 전에 이인, 도인들이 남겨놓은 정감록, 격암유록, 원효결서, 송하비결 같은 비기와 예언에 수록되어 있고 서양 목사들의 최근 예언이 이를 뒷받침해 주고 있으며 SBS에서 최근 방영되고 있는 '대풍수'에 자미원국(자미국)이 거론되고 있는 것이 또한 뒷받침해 주고 있는 증거이다.

천하제일 자미원국(자미국) 명당자리에 묏자리를 쓰면 하늘의 기운을 받아서 72억 인류를 다스릴 대황제가 탄생한다고 전설적으로 전해 내려온다. 그런데 이미 하늘의 기운을 실시간으로 직접 받을 수 있는 곳이 있으니 그곳이 바로 저자가 최초로 창시하여 개국한 자미국(지상 자미천궁)이다.

하늘과 인류의 천지대업을 이루라고 저자에게 대우주를 천지창조하신 하늘께서 명을 내려주시어 관명(직위)으로 표시를 해주시었으니 그것이 인간의 절대자를 뜻하는 인황과 땅의 절대자를 뜻하는 지황으로 두 개의 관명을 하사해 주시었다.

의식을 통해서 천기누설에 해당할 엄청난 하늘의 진실들이 수없이 밝혀지고 있다.

인간들이 상상 속으로만 존재하실 것이라고 믿고 있었던 대우주와 천지만생만물의 창조주가 지고지존하신 천상의 절대자 태상천존 자미천황님과 태상천존 자미황후님이라는 경천동지할 진심을 천상감찰신명님께서 인류 최초로 가르쳐주시었다.

하늘의 존호는 너무나 위대하시기에 천인, 백성, 예비백성들도 절대 함부로 부르면 안 된다. 하늘은 종교도 아니고 여러분과 친구도 아니시기에 함부로 부르면 인생이 답답하고 재앙이 내려간다. 존경하며 받들고 섬기며 바라보는 위대한 존재이시고 천상 자미천궁의 주인이시지 각자의 소원이나 비는 숭배 대상이 아니시다.

하늘에 소원을 빌다가 소원이 이루어지지 않으면 하늘을 탓하고 원망하기 때문에 하늘에 죄를 짓게 되는 것이고 이로 인하여 각자의 인생사가 더 답답해진다. 소원을 올리고 싶으면 자신의 조상님들께 올리면 된다. 설혹 소원이 이루어지지 않더라도 조상님을 원망하기에 하늘에는 죄를 짓지 않는다.

뿐만 아니라 신의 최고 수장이신 천상감찰신명님께서는 천상선감님으로, 기독교 천주교의 하나님께서는 천상천감님으로, 불교 도교의 미륵님께서는 천상도감님으로, 자미국을 개국하신 태초 인간은 자미인황님으로, 땅의 하늘은 자미지황님으로 새로운 관명을 받아 두 저자와 함께해 주시면서 태초 하늘의 참뜻을 만 세상에 전하시며 세계 인류를 구원해 주고 계신다.

남사고, 원효대사, 무학대사, 도선국사, 송하노인, 탄허 스님, 일본의 기다노 대승정 같은 이인들이 대한민국의 국격과 위상을 예언해 놓았는데 이 나라에서 장차 천하세계를 다스릴 대황제가 태어나고 종주(절대군주)국가로 부상한다고 말했다.

한두 사람도 아니고 세기적인 명성을 자랑하는 수많은 이인들이 이 나라의 미래를 이미 예언해 놓았는데 정부와 국민들이 상식적으로 생각해 봐도 현재의 대한민국이 무슨 능력으로 세계를 다스릴 수 있겠는가?

초강대국인 영국, 미국, 러시아, 중국, 일본 같은 나라도 지금까지 세계를 지배통치하지 못하고 있는데 약소국가인 대한민국의 현재 국력으로는 감히 상상도 못할 일이다.

이인들은 비기와 예언에 자미국과 저자(인황. 지황)의 호칭은 직접적으로 명시해 놓지는 않았으나 대한민국이 세계를 다스리고 영도하는 지도국가, 종주국가, 부모나라로 부상하여 세계 각 나라로부터 조공을 받는다고 기록해 놓고 있다.

또한 수많은 신인들이 배출된다고 예언했는데 세계 12지파 중 이 나라에서 1만 2천 명의 천인(도통군자 또는 神人)이 탄생하고 전 세계적으로는 144,000명의 천인들이 탄생하는데 이들을 배출하는 유일한 곳이 자미국(지상 자미천궁)이다.

현재 전국의 수많은 사람들을 천인으로 탄생시키는 천상의식을 하늘의 명을 받아 두 저자가 연일 행하고 있다. 종주국이 되기 위한 천지대업을 이루기 위해 땅의 하늘(자미지황님)이시자 인간의 하늘(자미인황님)께서 천상지상공무를 집행할 청와대 터를 돌려받기 위한 천지신명공사를 보고 계신다.

하루속히 청와대 터를 원주인에게 돌려주어서 하늘과 땅의 모든 천지신명님들의 오랜 원과 한을 풀어드리게끔 장소를 내주어서 나라의 부흥번창을 현실로 이루어내는 것이 정부와 국민들의 현명한 선택이라고 생각한다.

세계 속에 위대하신 태초의 하늘을 인류의 구심점으로 세우고 받드는 인류의 역사적인 천지대업을 이루는 경사스런 일이다. 이 나라와 국민들이 하늘께 천복만복을 받을 수 있는 처음이자 마지막 기회가 주어졌으니 기쁘게 받아들여야 한다.

상상을 초월하는 예언

국민들은 청와대 터에 무엇이 문제인지 모르고 역대 대통령들의 재임 중 국정수행 능력 부재와 부정비리를 욕하기 바쁘다. 지난 시절 청와대 터를 거쳐 간 일본 총독들과 역대 대통령들의 재임 중 또는 퇴임 후의 말로는 하나같이 비참하였다.

대통령들과 나라에 불행을 불러들이는 저주받은 터 청와대.

초대 대통령의 망명, 대통령 내외의 시해 및 저격 사건, 두 전직 대통령의 감옥살이, IMF사태 발생, 두 전직 대통령의 아들 부정비리 연루로 구속수감, 퇴임 후 대통령 자살, 현 대통령의 측근들 구속수감, 친형 구속, 내곡동 사저 특검으로 아들 소환 등 전직 대통령들의 당사자와 가족이 비리에 연루되는 불행이 이어지고 있고 대통령 퇴임 후에 어떤 불행이 터질 것인지 국민 모두가 불안하다.

인간 대통령의 터가 아닌데 침범하고 있으니 끝없이 사건사고가 일어나고 있다. 하늘과 땅의 신명님들이 머물 자리인 신의 땅에 들어가 있으니 인간들이 신의 기운을 감당할 수 없다.

일반적인 터는 탈이 나면 터 고사를 지내주면 잠잠하지만 청와대 터는 그럴 성격의 자리가 아닌 것이다. 100년 동안 일본 총독과 역대 대통령들이 청와대에 들어가서 무슨 정성인들 안 들여보았을까? 나라에서 제일 유명한 도인, 도사, 천신제자, 무당, 신부, 목사, 스님들을 불러서 별별 의식을 모두 올려보았을 것이다.

일본 총독과 역대 대통령 내외분들이 각자 믿는 종교에 따라서 천신제, 칠성제, 지신제, 천도재, 기도, 미사, 예배 등 모든 방법을 동원해서

해 보았겠지만 결과는 역대 대통령과 가족들에게 재임 중이나 퇴임 후에 수난이 멈추지 않고 고통과 불행이 연속되었다.

청와대 터의 진짜 원주인이 들어가지 않는 이상 앞으로도 대통령들의 불행, 나라의 불행은 멈추지 않고 오히려 지금보다 불행의 강도가 심각할 정도로 강해진다.

70억 인류 그 어느 누구라도 청와대 터의 불행을 막아낼 사람은 없다. 터의 원주인 이외에는 아무도 터의 기운을 감당하지 못하기에 버텨내지 못한다. 대통령이 편하고 나라가 잘 되는 유일한 길은 터의 원주인이 하루빨리 청와대로 들어가는 길뿐이다.

저자 인황은 천상에서 하강하신 분들과 함께 청와대 터에 들어가서 태초 하늘의 존재를 세계로 널리 전하고 자미국과 이 나라가 세계의 중심이라는 천지신명공사를 집행해야 한다.

그럼으로써 전 세계의 관심과 시선이 자미국으로 자연스럽게 쏠리면서 세계의 중심으로 부상하게 된다. 자미국의 존재가 전 세계루 널리 알려지면서 기업들의 대외수출 물량이 폭증하고 불황에서 벗어나 경기 활성화로 이어지고 경제선진국으로 진입하여 국민들의 삶의 질이 급속도로 향상될 것이다.

세계적인 경기침체는 대한민국의 힘만으로는 회복시킬 수가 없다. 청와대 터에 들어가서 나라의 중심이 되고, 세계의 중심이 되는 일은 나라 개국 이후 최대의 경사스런 일이다.

청와대 터에 들어가는 일은 나라의 안정과 경제를 살리는 길이고 국가의 명운이 걸려 있는 긴급하고도 절박한 사안이다. 대한민국이 전 세계 최고의 경제선진국이 될 수 있는 유일한 길이고 하늘과 땅, 자미국, 대한민국이 세계의 중심이 되는 일이다.

전 세계 인류의 중심으로 받들게 할 수 있고 천지조화 능력을 행사할 수 있는 자미국이다. 예언서나 비기에 장차 세계로부터 조공을 받게 된다, 라고 했지만 독자들이 알고 있듯이 약소국가인 대한민국이 어떻게 세계로부터 조공을 받겠는가?

지금의 대한민국 국력으로는 정말 말도 안 되는 예언인데 조공(朝貢)이란 종속된 국가들이 종주국에 정기적으로 바치는 예물(금전)이다. 장차 세계 각 나라로부터 조공(조상님께 바치는 금전을 조공祖貢이라 하고 하늘에 바치는 금전을 천공天貢이라 함)을 받을 수 있는 유일한 곳이 자미국(지상 자미천궁)이다.

지금까지 청와대 터를 엄청난 고통과 불행 속에서도 원주인이 나타날 때까지 터를 지켜온 역대 대통령들과 모든 불행을 함께해 온 국민들도 이유를 모른 채 참으로 고생들 많이 하였다.

1910년부터 100년 동안 8명의 일본 총독과 전직 대통령들에게 불행을 준 청와대 터가 이제는 신에게 저주받은 터라고 모두가 말할 정도로 재앙이 내리는 무서운 자리가 되었다.

지금까지 청와대 터의 주인은 대한민국 정부이고 대통령이지만 지구를 창조하신 진짜 원주인은 이 나라 정부가 아닌 하늘과 땅이시고 지금까지 단 한 번도 하늘과 땅께서 청와대 터에 대한 소유권을 주장해 보신 적이 없으시었다.

진짜 하늘과 땅의 뜻을 전하는 인간이 없다 보니 그럴 수밖에 없었고 설령 누가 어떤 뜻을 받았다 한들 터의 진짜 원주인이 아닌데 감히 어찌 전하겠는가?

자미국(지상 자미천궁)이 아닌 이상 대기업이나 제아무리 큰 대형 종교단체도 청와대 터에 들어가려 엄두도 내지 못할 일이고 성사 자체도 될 수가 없을 것이다.

민족과 인류의 구심점을 세운다는 대의명분이 충분히 있다할지라도 무조건 청와대 터를 비우라고 주장하면 자미국을 사이비로 보거나 저자를 정신 나간 미친놈이라고 볼 수밖에 없기에 정부와 국민들 모두가 도저히 인정하지 않을 수 없는 대단한 하늘과 땅의 어떤 강한 천지기운이 대통령과 정부, 이 나라 국민 전체에 내려서 자미국의 뜻에 적극적으로 협조하게 될 것이다.

하늘과 자미국의 천지기운으로 청와대 터에 민족과 인류의 구심점이 2013~2014년 사이에 세워진다면 경제선진국으로 진입하여 가장 잘사는 나라가 되고 이 대단한 천지기운은 곧 남북통일로 이어져서 군사강대국의 위상을 갖게 될 것이다. 남북통일은 하늘과 땅, 자미국, 두 저자가 가까운 미래에 천지기운으로 성사시키게 될 것이다.

인간들은 진짜 터 주인의 존재를 몰라보고 신의 터라고 했던 것인데 정확히 말하자면 하늘의 뜻을 인류 최초로 전하고 펼치는 천상지상 공부를 집행할 터인데 대통령들이나 국민들이 저자의 뜻을 알 수 없었을 것이다.

앞으로 일어날 수 있는 일들을 예언한다. 청와대 터에 대한 불행은 계속 이어질 것인데 지금까지는 대부분 대통령에게 불행이 일어났지만 앞으로는 국가로부터 임명장을 받은 국무위원, 기관장, 단체장, 고위공직자 모두에게 상상을 초월하는 강도 높은 재앙과 불행이 일어날 것인데 그 충격 파장이 매우 클 것이다.

심장이 멎을 정도로 커다란 충격적인 불행한 사태가 발생한다. 대형화재와 사건사고, 천재지변으로 인한 대재앙이 발생하고 수많은 인명피해가 속출한다. 하늘과 땅, 바다에서 입이 다물어지지 않을 정도의 대재앙이 일어난다.

유명 호텔, 고층 빌딩, 고층 아파트, 백화점, KTX고속철, 지하철, 그룹사옥, 전국의 시장 및 상가건물, 방송국, 공공기관, 공장들이 전소되고 산불이 전국 곳곳에 발생하여 오래된 사찰들이 불타고 국내외의 대형 종교 건물들도 화마에 휩싸인다.

대통령이 직무를 수행할 수 없는 일신상의 중대한 사건사고도 발생하고 북한이 국지적인 무력 도발을 감행하는데 천안함 폭침사건, 연평도 포격사건 정도는 전야제이고 이를 초월하는 대형 도발이 일어나서 나라 전체가 극심한 공포와 불안으로 혼란에 빠지게 된다. 개성공단 입주업체들의 재산이 몰수되고 근로자들이 억류되는 사상 초유의 불상사도 일어난다.

대통령 측근들의 부정비리가 속속 터지고 총리급, 장관급, 차관급, 광역시장, 도지사, 국회의원, 시장, 군수, 구청장, 군인, 검찰, 경찰, 사법부의 고위공직자들과 국영기업 임원급들의 부정비리가 연쇄적으로 폭로되고 검찰에 구속되는 불행한 사태가 줄줄이 터지는데 지금보다 그 횟수와 비리 연루자가 상당히 많을 것이다.

이제까지 암묵적으로 묵인되고 감추어졌던 기업들의 담합비리와 비자금 비리가 세상에 속속 폭로되고 검찰에 고발되어 기업총수들이 줄줄이 옥고를 치르는 수난사태가 일어난다.

가신처럼 철석같이 믿었던 측근이 자신의 의지와는 전혀 상관없이 수십 년 충성해 오던 기업총수를 배신하고 기업의 모든 부정비리를 세상에 낱낱이 폭로하게 되어 기업 총수가 구속되고 도산하는 최악의 사태로까지 번진다.

탄탄대로를 걸으며 잘나가던 수많은 기업들이 연쇄 도산하는 불가사의한 일들이 일어난다. 미성년자 성폭행, 근친상간, 존속살해, 부모 학대, 묻지 마 살인, 방화, 반인류적 사건, 금융권 붕괴, 부동산 장기 침체 및 경기 불황지속, 사회적으로 유명한 정치인과 행정관료, 고위공직자, 기업인, 연예인들이 갑자기 자살과 질병, 사건사고로 사망하여 사회적으로 큰 충격을 주게 된다.

여객기 추락, 유람선 침몰, 화산폭발, 지진, 토네이도, 태풍, 혹한, 혹서, 가뭄, 폭우, 홍수, 폭설, 해일, 괴질, 광우병, 조류독감, 사스, 신종플루, 슈퍼박테리아, 변종플루가 전 세계적으로 발생하여 지구에 멸망이 오는 것은 아닌가 하는 극도의 불안으로 인류가 공포의 두려움에 휩싸인다.

전자기파, 지자기 파장, 태양흑점 대폭발, 컴퓨터 바이러스 감염으로 전산기록 자동 삭제, 전자기기 오작동으로 운행 중인 항공기 추락, 원전폭발 방사능 대량유출, 지름 수십 미터 급 소행성 다수가 지구와 충돌로 쓰나미가 발생하여 인류 다수가 멸망하는 등 재난의 시나리오가 현실이 되어 최악의 대재앙으로 이어진다.

예언에 대한 불행한 일들이 현실로 일어났을 경우 이를 막아낼 수 있는 곳은 하늘과 자미국뿐이므로 국정책임자가 속히 살려달라고 도움을 요청해야 할 것이다. 하늘과 자미국의 뜻을 부정하며 무시한 사람들은 이런 불행한 사건사고가 발생하였을 때 자신의 목숨, 재산, 벼슬, 권력, 건강, 가족, 행복을 보호받을 수 없다.

하늘과 땅, 자미국 그리고 두 저자가 왜 민족과 인류의 구심점이 되어야 하는지 그것을 입증하는데 그리 오랜 시간이 걸리지 않을 것이라고 본다. 가상 시나리오처럼 예언하였는데 말도 안 되는 헛소리를 한 것인지, 정말 현실로 다가올 미래를 정확히 예언한 것인지는 세월이 조금 지나면서 밝혀질 것이다.

세계 인류가 원초적인 태초의 하늘과 땅, 자미국, 두 저자의 존재를 인정하고 굴복해서 더 많은 다수의 인류가 하늘께 구원받아 살아남을 수 있다면 대재앙으로 인류의 일부가 희생되는 것은 값진 것이며 모두 감수해야 할 것이다.

예언이 진짜인지, 가짜인지 진실이 밝혀지는 운명적인 선택의 그날이 현실로 다가오고 있다. 이 책이 세상에 출간되면서부터 인류를 깨닫게 하여 굴복시키기 위한 천상지상 공무집행이 대한민국과 지구 전체에서 시작될 것이다.

자미국이 청와대 터에 들어가야 나라와 세계가 안정되고 국운이 융성

할 것이며 세계 경제가 회복될 것이니 이 말이 맞는지 틀리는지 국민 모두가 지켜보면 알 것이다.

어떤 대통령이라도 청와대로 들어가면 불행한 일이 끊이지 않고 계속 터질 것이니 임시거처를 정해서라도 옮겨야 한다. 앞으로는 대한민국과 세계 각 나라의 운명이 하늘과 땅, 자미국(지상 자미천궁)에 의해서 좌우될 것이다.

또한 독자들과 조상님, 신, 영, 가정, 가문, 기업의 운명에 대한 생사여탈권도 하늘과 땅, 자미국이 행사하게 될 것이니 상상을 초월하는 불가사의한 사건사고, 재난이 자신과 가정, 기업에서 발생하면 천재지변의 재난을 피할 수 있는 십승지 자미국에 들어와야 목숨을 구하고 재산을 지킬 수 있다.

거액의 인수자금을 준비하여 정상적인 절차를 밟아 청와대 터를 인수하려 해도 현실적으로는 절차상 불가능한 일이고 정부나 국민들 모두가 반대하고 비난할 것이기에 천지기운을 통하여 청와대 터의 진짜 원주인이 누구인지 천지자연의 조화를 통하여 이 나라의 국민들에게 보여주어야 한다.

얼마나 끔찍한 일들이 이 나라와 세계에서 일어날지 아무도 예측 못하고 있을 것이다. 이 나라와 세계 인류가 깨달을 때까지 순차적으로 하늘과 땅, 자미국의 천상지상 공무가 집행될 것이다.

하늘로부터의 진정한 구원은 100년 미만 동안 잘 먹고 잘 사는 인간의 삶이 아니라 육신의 죽음 이후 끝없이 이어지는 사후세계라는 것을 세계 인류는 전혀 모르며 살고 있다.

진짜 하늘이 존재하고 계심과 청와대 터가 하늘과 땅의 뜻을 전 세계로 펼치는 자미국(지상 자미천궁)의 터라는 것을 정부와 국민들에게 눈높이 수준에서 인정할 수 있도록 상상조차하지 못했던 이적과 기적이 일어날 것이다.

이 책의 핵심은 국민들과 나라가 편안하고 잘되게 해주는 것이다. 죄를 짓고 이미 세상을 떠난 배우자, 자녀, 부모, 형제, 조상님을 천상입궁의식을 행하여 죄를 빌어 구원받게 해주고, 어느 날 갑자기 다가올 자신들의 죽음 이후 사후세계를 미리 준비하는 천인합체의식을 행하여 구원받게 해주려 함이다.

죽은 자의 혼령과 산 자의 영혼을 구원해 주는 것은 자신과 가정, 가문을 지키고 우환과 흉사를 막는 중요한 일이다. 육신이 죽어서 영혼이 천상궁전에 오르지 못하고 원귀가 되어 허공중천을 떠돌거나 가족들의 몸으로 찾아가고 지옥세계, 축생계로 윤회하면 가족들의 삶이 고통으로 이어지고 불행한 일이 발생한다.

육신이 살아서 하늘께 구원받지 못하면 각자들이 지은 죄에 따라서 지옥으로 떨어지거나 대부분 축생계로 윤회하고 다시 인간으로 태어나는 일은 결코 없고 있다면 그것은 빙의되는 것이다.

인간으로 태어난 것이 구원받을 수 있는 마지막 기회이자 구원의 시험장이다. 상상을 초월하는 하늘과 땅의 대재앙들이 대한민국을 중심으로 전 세계에서 일어날 것이니 산 자와 죽은 자가 구원받고자 하거든 속히 찾아와야 한다.

육신이 살아서 추구하는 행복인 재물, 벼슬, 권력, 명예, 가정은 인간으로 살아있는 100년 미만의 행복이고 죽음 이후에 영원한 행복을 구하는 천상의식은 죽은 자에게는 천상입궁의식이고, 살아있는 자에게는 천인합체의식인데 이것이 태초로 하늘이 인류에게 내려주신 가장 큰 사랑의 선물이다.

그리고 아직 살아있는 독자들은 이미 세상을 떠나 고통스러운 사후세계에서 몸부림치며 구원해 달라 울부짖는 자신의 배우자, 자녀, 부모, 형제, 조상님의 혼령을 외면하며 구원해 주지 않으면 끝없는 고통과 불행한 삶을 산다.

각자 자신의 모습은 이미 돌아가신 배우자, 자녀, 부모, 형제, 손자손녀, 조상님들의 혼령 모습인데 이를 알아보는 사람들이 전무하다. 육신을 잃은 혼령들은 천상궁전 자미천궁이 영원한 무릉도원의 세상이며 산 자와 죽은 자가 함께 살고 있으면 인생의 고통과 불행이 일평생 멈추지 않는다.

사람들은 자신의 가족 혼령들이 자기 몸에 들어와 있다는 것 자체를 인정하지 않고 알지 못해서 인생이 뒤집어지고 있다. 한 가정이 편안하고 잘 살 수 있는 유일한 길은 하늘과 땅, 조상님의 보살핌을 받는 것이다. 조상님이 편안하면 자손이 편안하며 하늘을 찾지 않고 몰라보면 인생에 재앙이 내린다.

진짜 천복은 각자의 영혼이 꽃피고 새 우는 무릉도원 천상궁전 자미천궁에 올라 하늘의 품 안에 안기어 영원한 기쁨과 행복을 누리며 영생하는 길이다.

하늘과 땅이 함께 하는 자미국에 들어오면 개인, 기업, 국가 모두가 99.99% 천운이 크게 열리는 천지개벽이 일어난다. 자미국은 무소불위하신 하늘과 땅이 실시간으로 함께 하는 전 세계 최고로 대단한 국가이며 하늘의 문을 유일하게 열 수 있는 곳이다.

국정운영 자문받아야

한 나라를 이끄는 통치자들도 땅의 하늘과 인간의 하늘로부터 보호받지 못하고는 오랜 세월 동안 권력을 유지할 수 없다.

대통령은 땅의 하늘(자미지황님)과 인간의 하늘(자미인황님)이 내는데 그럼 땅의 하늘과 인간의 하늘이 시키는 대로 국정운영을 잘 하고 있어야 하지 않겠는가? 그런데 땅의 하늘과 인간의 하늘이 무엇을 어떻게 하라고 하시는지 인간들이나 대통령들은 소통이 안 되어서 전혀 뜻을 알 수 없다.

언제 어떤 일들이 터져서 권좌에서 쫓겨나 내려갈지, 재임 중 비명횡사나 단명하여 국상을 치르지나 않을지 아무도 알 수 없다. 땅의 하늘과 인간의 하늘의 뜻을 묻지 않고 국정을 운영하는 전 세계의 통치자들의 앞날에 대한 안위를 땅의 하늘과 인간의 하늘께서는 책임져 줄 수가 없다.

기업을 하더라도 잘될 것인지 걱정하며 운영하는데 대통령이야 말해 무엇 하겠는가? 인간의 생각대로 행하지 말고 땅의 하늘과 인간의 하늘께 여쭈어보면 지혜를 알려주시고 나라의 재앙, 인생의 재앙을 막아주신다.

그런데 인간들은 천상의 하늘, 땅의 하늘, 인간의 하늘이 어디 있어? 신이 어디 있어? 귀신이 어디 있어? 조상이 어디 있어? 다 뻥이야. 뒈지면 그만이야. 이런 거 믿지 마! 하면서 부정하는 사람들이 거의 대다수이다.

이는 영적 차원이 아주 낮은 부류들이고 그런 사람들 몸 안에는 천상에서 죄를 짓고 쫓겨난 자들이 절대자이신 천상의 하늘과 끝까지 대적하려고 그 따위 부정하는 말을 하고 있는 것이니 인간들이라도 넘어가면 안 된다.

이미 죽은 수많은 영가들은 자미국에서 전하는 진짜 하늘에 대해서는 전혀 들어본 적이 없기 때문에 단번에 사이비나 이단으로 생각할 것이지만 살아서도 죽어서도 가장 잘 사는 길은 자미국(지상 자미천궁)에 들어오는 것뿐이다.

이 나라에 대통령도 자신의 생각으로만 국정을 운영하려 하지 말고 정기적으로 천상의 하늘, 땅의 하늘, 인간의 하늘 말씀을 통하여 조언을 받고 국정을 운영하여야 이 나라가 잘 살게 되니 명심하기 바란다. 지구의 절대자이신 천상의 하늘, 땅의 하늘, 인간의 하늘과 실시간으로 통신하며 대화할 수 있는 곳이다.

기업인들도 어떤 일에 대해서 고민걱정하며 도인, 무속인 찾아다니며 허송세월 시간 낭비하지 말고 자미국에 들어와서 기업의 미래를 하늘에 고하고 조언을 받아서 기업을 운영해야 기업의 도산과 실패를 막을 수 있다.

이곳은 천상의식을 통해서 천상의 하늘, 땅의 하늘, 인간의 하늘 말씀을 직접 전해 주는 곳이지 점을 보는 곳은 아니다. 대표자의 결단은 기업의 사운과 나라의 국운을 좌우하는 중차대한 일이니 함부로 결정내리지 말고 하늘의 말씀을 들어보고 행해야 실패가 없다.

죄를 빌어야 할 사람

책을 읽고 들어와서 의식을 행할 사람들이 빌어야 할 내용이다.

하늘을 찾지 않은 사람!
하늘을 알려 하지 않은 사람!
하늘을 무시하며 살아온 사람!

조상님을 찾지 않은 사람!
조상님을 알려 하지 않은 사람!
조상님을 무시하며 살아온 사람!

신과 생령을 찾지 않은 사람!
신과 생령을 알려 하지 않은 사람!
신과 생령을 무시하며 살아온 사람!

종교를 믿어 하늘을 바꾼 사람!
조상님을 종교에 팔아먹은 사람!
하늘의 뜻과 다른 종교에 다닌 사람!

인류 모두가 전생의 죄와 현생의 죄가 무궁무진한데 그중 가장 무거운 죄를 진 사람은 하늘을 찾지 않고 몰라보며 무시한 사람이고, 둘째가 부모조상님을 찾지 않고 몰라보며 무시한 사람이며, 셋째는 자신의 신과 생령을 찾지 않고 몰라보며 무시한 사람이며, 넷째는 종교에 다니면서 하늘을 바꾸고, 조상님을 팔아먹은 사람이고, 다섯째는 일상생활에서 각자 말과 행동, 마음으로 지은 사람들이다.

하늘을 무시한 사람들이 많지만 도대체 뭐가 죄라고 말하는 것인지 이해하지 못하고 있다. 하늘이 계신지 안 계신지도 모르는데 하늘께 무슨 죄가 된다고 하는 것일까?

착하게 살고 나쁜 짓 안 하며 주위 사람들에게 손해를 끼치지 않고, 불우이웃을 도우며 헌금, 시주, 성금을 많이 내고, 수많은 사람들에게 선행을 베풀고 살면 죽어서 좋은 세계 간다고 믿고 있는 것이 인간들 대다수의 생각이다.

그러나 인간으로 태어나서 가장 잘한 선행과 공덕은 자신의 조상님들을 용서받게 해서 천상 자미천궁으로 보내드리는 일이라고 하늘이 말씀하신다.

육신이 살아있을 때 자존심 잠시 잠깐 저당 잡히고 위대하신 하늘께 약자의 신분으로 굴복해서 전생과 현생의 죄를 용서 빌고 사면받아서 수억만 겁 동안 지속되는 지옥세계를 면하고 무릉도원 천상 자미천궁으로 올라갈 것인가? 아니면 자신의 인간세계 신분과 지위, 명예 때문에 자존심 구기는 죄를 빌기 싫어서 구원받지 않을 것인가는 각자 독자들의 자유이자 선택사항이다.

육신이 살아서 죄를 빌어야 지옥을 면한다. 죽어서 받는 지옥세계의 형벌은 드라마 사극에서 다리에 주리를 틀고 불로 지지는 형벌보다도 백배 천배 더 가혹하고 무서우며 한 번만 형벌을 받는 것이 아니라 매일같이 불려 나가서 수억만 년 동안 모질게 형벌을 받아야 한다는 진실을 알아야 한다.

대통령과 고위공직자를 비롯하여 국민 모두가 잘났든 못났든 지위 고하를 막론하고 하늘 앞에서는 나약한 존재들이고 인간세상 나이가 많아도 하늘 앞에서는 갓난아기에 불과하기 때문에 약자의 신분으로 용서를 빌어야만 하늘께서 구원의 사면령을 내려주시어 천상 자미천궁으로 데려가신다.

인간세상의 가장 큰 죄는 하늘의 진실을 왜곡되게 잘못 전하는 각 성직자들의 말과 교리가 모두 맞는 줄 알고 그대로 믿고 받아들여서 하늘께 가장 큰 죄를 짓게 된 사람들이 대부분이다. 죄 사면권자가 아닌 다른 하늘 앞에서는 아무리 회개하고 참회하며 빌어도 죄가 용서되지 않는다.

죄 사면권자는 종교 안에서 말하는 숭배자가 아니라 자미국에서 전하는 원초적인 태초의 하늘이시다. 진짜 하늘을 무시하고 다른 하늘을 믿고 있는 죄가 얼마나 무서운 줄 모르고 살아간다. 천상 자미천궁에서 내려오지 않아 하늘의 명을 받지 못할 사람들은 이 책을 읽어도 이해가 전혀 안될 것이다. 이들은 하늘이 어디 있고 귀신이 어디 있느냐고 부정하는 사람들이다.

인간세상의 법을 위반하여 검찰에 소환되어 교도소에 들어가는 것만 무서워하고 있는데 이보다 더 무서운 죄는 보이지도 않는 하늘이 어디 있느냐고 마음이나 말로 부정하면서 하늘을 찾지 않고 몰라보고 살아가는 것이 죄이고 자미국에서 전하는 하늘이 아니라 다른 하늘을 믿는 것이 죄가 된다고 하신다.

인간 세상에서 100명 죽인 살인죄가 아무리 크다 해도 진짜 하늘을 무시하고 몰라 본 죄를 능가할 수 없다고 하신다. 살아가면서 사람들끼리 서로가 지은 죄는 좁쌀 한 알 정도에 해당되고, 하늘을 찾지 않고 무시하며 몰라 본 죄는 지구 땅 덩어리 전체에 해당될 정도로 어마어마한 죄가 된다. 인간세상은 길어 봐야 100년이고 천상세계, 사후세계는 끝이 없는 무한대의 세계이기에 자미국에서 죄를 빌어 용서받지 못하면 큰일 난다.

자미국에서 전하는 진짜 하늘 태상천존 자미천황님을 찾지 않는 죄가 가장 큰 것이다. 기존의 종교에서 전하는 하늘이 아니라 여러분을 창조한 원초적인 태초의 하늘 태상천존 자미천황님을 찾아야 현생과 전생에 지은 죄를 용서 빌어 사면 받아야 무릉도원 천상궁전 자미천궁으로 올라가서 살 수 있다.

지금 수많은 종교를 다니면서 태상천존 자미천황님이 아닌 다른 하늘을 믿고 있으면 그것이 가장 큰 죄가 된다고 하신다. 저자 역시 처음 들어보는 말씀이다. 그 이유는 현생과 전생의 죄를 사면해 줄 수 있는 유일한 분이시기 때문이다.

살면서 무엇이 죄가 되었고 현생과 전생에서 무슨 죄를 짓고 이 땅에 태어났는지 자세히 가르쳐주시고 용서빌게하여 죄를 벗겨 주시는 감사의 하늘이시다. 살아서 죄를 용서빌어 사면받지 못하면 구원이 안 되는 것은 물론 자신과 가족의 인생이 뒤집어지고 온갖 질병, 단명, 우환, 관재, 구설, 사업 실패, 사기, 배신의 풍파를 겪는 고통과 불행이 끊이지 않고 계속 이어진다.

각자들의 인생으로 일어나는 질병과 우환, 슬픔과 아픔은 자미국에서 태초의 하늘을 찾으라고 어떤 분이 만들어주신 사연이라고 하신다. 이는 하늘께 죄를 용서 빌게 해주시는 배려이다. 즉, 자미국으로 불러들이시고자 내려주신 아픔과 슬픔이기에 자신의 고통과 불행은 행복해지기 위한 근원이고 불가피한 과정이다.

인간들은 고통과 불행을 당하지 않고 잘 살면 하늘과 조상님, 신을 무시하고 찾지 않는다. 그래서 각자에게 아프고 슬픈 사연을 만들어 주시는 것이다. 가족이 자살하고 질병이나 사고로 죽어 가족들이 슬퍼하고 아프게 하는 것도 하늘을 찾으라고 주신 사연인데 인간들이 고집이 강해서 무시하고 지낸다.

살아서 자미국을 통하여 진짜 하늘을 찾지 않으면 가장 큰 죄가 되고 그 죄는 당사자가 죽어서도 영원히 받게 되고 자손대대로 수천 수억만 년 동안 이어진다고 말씀하시었으니 자만, 교만, 거만을 모두 내려놓고 하늘 앞에 속히 굴복해야 한다.

인류 최초의 위대하신 하늘과 땅의 진실을 책으로 전해주어도 비아냥거리고 굴복하기 싫은 잘나고 잘사는 자들은 자신의 소중한 목숨과 돈, 권력, 벼슬, 직장, 명예, 건강, 가족, 행복이 어느 날 갑자기 모두 사라져버리는 재앙이 내려진다.

책 내용을 부정하고 무시하며 자미국을 찾아오지 않는 잘나고 잘사는 자들은 천상과 지상의 수억만 조에 이르는 신들이 찾아가서 즉시 응징하여 각자가 누리고 있는 귀중한 성공과 출세를 모두 거두어들이게 하는 천상지상 공부가 집행될 것이다.

신들의 응징으로 수많은 사람들과 수많은 기업들이 순식간에 몰락하는 불행한 장면들을 신문과 방송을 통해서 생생하게 확인할 수 있을 것인데 이런 불행은 각자 자신들에게 일어날 것을 미리 보여 주는 것이라고 생각하면 된다.

신문과 방송에 연일 보도되는 자동차 화재와 사망, 주택과 아파트, 상가, 빌딩, 기업, 공장의 대형 화재와 사건사고, 구속수감, 자살, 암 사망은 결코 남의 일이 아니라 자신과 가정, 가게, 기업들에게 어느 날 갑자기 다가올 불행한 일들이다. 이런 불행한 일들이 자신들의 인생으로 연속적으로 일어나야 잘나고 잘사는 사람들이 책 내용을 인정하며 굴복할 것이다.

기업들에게 내려질 재앙

A그룹 회장이 실형이 선고되어 구속 수감되고 또 다른 굴지의 B그룹 회장에게 회사 돈을 횡령한 혐의로 4년이 구형되었고 선고공판이 남아 있어 실형 선고 여부가 주목받았는데 2013년 1월 31일 구속되었다. 죄를 지었으면 법대로 처벌을 받아야 하는 것은 당연한 일이지만 지금까지는 재벌기업이 사회에 기여한 공로를 참작하여 실형 선고는 유보했었다.

돈의 힘만 믿고 하늘 높은 줄 몰라보며 자만, 교만, 거만을 떨다가 철퇴를 맞고 교도소에 들어갔다. 돈의 힘은 막강하지만 하늘과 땅, 두 저자를 능가할 수는 없다.

이제까지 권력과 돈의 힘만 믿고 하늘과 땅, 두 저자의 존재를 몰라보는 공직자들과 기업인들에게 재앙이 내려져서 교도소에 줄줄이 들어가는 인류 최초의 비밀을 밝힌다.

이 땅에 인간으로 탄생하기 전에 천상에서 인황과 약속한 것을 자미국에 들어와서 이행하지 않았기 때문에 교도소로 들어가는 것이라 말씀하시었다.

모두가 처음 들어보는 말이다. 저자 역시도 몰랐던 내용인데 천상에서 내려오신 분들이 의식 때 가르쳐주시어 알게 되었다. 저자 인황이 천상에서 내려오기 전에 고위공직자, 부자, 재벌들에게 잘살게 해주겠다고 꾀어서 이 땅으로 데리고 내려왔다고 한다.

이들은 천상에서 저자 인황과 인간세상으로 내려올 때 출세하고 성공하면 자미국에서 만나기로 이미 약속이 되어 있었는데 천상에서 약속한 내용을 까마득히 잊어버렸거나 지키지 않아서 벌을 받아 교도소로 들어가고 있다는 전생에서 약속한 천상세계의 경천동지할 비밀의 진실을 가르쳐주시었다.

전생인 천상세계에서 이 땅에 내려오기 전에 이런 약속이 있었다는 것 자체를 저자 인황 역시 몰랐던 내용이고 전혀 알 수 없는 처음 들어보는 하늘의 말씀이었다. 어떤 사건사고로 경찰, 검찰에 소환되어 구속 수감되는 인류 최초의 비밀이 처음으로 세상에 밝혀지는 놀라운 순간이다.

저자 역시도 천상에서 알려주시어서 처음 알게 된 내용이기에 믿어지지 않지만 하늘의 말씀은 한 치의 오차도 없으시다. 검찰 소환 통지서를 받은 사람들은 지체하지 말고 자미국으로 저자를 방문하여 천상에서 약속한 것을 즉시 이행해야 인간세상의 재판에서 승소하거나 구속을 면할 수 있을 것 같다.

전생인 천상에서 이런 약속을 하고 지상으로 내려와 인간으로 태어났다니 참으로 놀라운 일이다. 저자를 만나 천상에서 약속한 것을 이행하는 것이 구속수감의 두려움에서 벗어날 수 있는 가장 유일한 길임을 처음으로 세상에 알린다.

이미 구속되고 형량이 선고되어 교도소에 들어가 있는 사람들은 기회가 박탈된 것이다. 어떤 사건사고가 터졌을 때 검찰에 출두하기 진에 당사자가 즉시 방문해야 구원받을 수 있지 너무 늦으면 어찌할 방법이 없다는 점을 알린다.

인간의 눈과 귀는 돈으로 매수하여 넘어갈 수 있지만 하늘의 눈과 귀를 어찌 막을 수 있을 것인가? 이분들은 개인들과 모든 기업들의 세세한 내용을 다 알고 계신 분들이시다. 그동안 기업들에게 수많은 기회를 주었지만 모두 무시하였기에 차례대로 하늘과 땅의 벌을 받게 될 것이다.

하늘과 땅, 저자를 통하여 기업의 미래를 보호받아야 험악한 꼴을 당하지 않을 것이다. 이제부터 자신이 기업을 운영하면서 저지른 모든 부정비리에 대해서 죄를 빌지 않으면 기업의 존속을 보장받을 수 없을뿐더러 구속 수감의 불행도 피할 수 없게 된다.

부정비리를 저지른 기업들은 어떤 기업이라도 천상의 하늘과 땅의 하늘, 인간의 하늘이 내리는 벌을 피할 수 없을 것이고 부도와 도산으로 이어져 결국 문을 닫게 될 것이다.

돈의 힘, 권력의 힘만 믿고 하늘과 땅, 저자의 존재를 몰라보며 무시하고 사후세계에서 고통받고 있는 자신의 조상님들을 구원하지 않은 대가를 참혹하게 치르게 된다. 좋은 말로 해서는 말을 알아듣지 못하니 고통과 불행을 통해서 현실로 보여줄 수밖에 없다.

저자가 하는 말을 계속 무시하는 공직자와 기업인들이 가장 먼저 벌을 받아 불행한 일이 터진다. 임직원들이 자신의 의지와는 전혀 상관없이 어떤 메시지를 받아서 기업의 모든 부정비리를 국세청이나 검찰청에 비리를 제보하는 어처구니없는 일들이 수많은 기업들에서 일어날 것이다.

기업 사주의 부정비리에 실무적으로 직접 관계된 임직원들은 국세청이나 검찰에 사주의 부정비리를 자신의 의지와는 상관없이 제보하게 될 것이다.

기업 사주에게 내려질 대재앙이란 비자금 조성에 대한 국세청 세무사찰, 교통사고, 암, 병명 없는 질병, 난치병, 이혼, 살해, 납치, 실종, 성폭행, 대형화재, 심장마비, 중풍, 심근경색, 단명, 자살, 우울증, 불면증으로 시달리고 상상을 초월하는 어떤 사건사고로 반신불수 등의 재앙이 일어난다.

내부 직원들의 부정비리 제보로 인하여 국세청과 검찰의 칼날이 기업들을 향해서 날아가고 해당 기업들이 철퇴를 맞아 전국적으로 고통받는 기업들이 속출하게 될 것이다. 두 저자를 통하여 하늘과 땅의 보호를 받지 못하면 30대 그룹이라 할지라도 공중분해 되어 타 기업에 인수되는 불행을 당하게 된다.

자신의 죄를 하늘과 땅에 빌지 않는 기업 사주는 구속 수감되어 옥고를 치를 것이고 죄를 빌지 않는 기업인들은 이 땅에 더 이상 존속할 수 없도록 세찬 사정의 칼바람이 불게 되어 문을 닫을 수밖에 없는 최악의 상황으로 급변한다.

수십 년 동안 납품하던 수많은 대형 거래처가 알 수 없는 이유로 갑자기 거래 중단을 선언하게 되어 기업의 생사가 기로에 서게 되는 돌발 상황이 발생한다. 이제 이 땅의 기업들을 지켜줄 수 있는 것은 권력과 임직원, 거래처, 주위 사람들이 아니라 하늘과 땅, 자미국(지상 자미천궁)과 저자이다.

전국의 수많은 기업들이 이제부터 존속할 기업과 문 닫을 기업들로 선별될 것인데 아직은 실감이 나지 않을 것이지만 곧 기업의 생사를 가르는 심판이 시작될 것이다.

자미국(지상 자미천궁)을 무시한 데 대한 하늘과 땅의 벌이 이제부터 본격적으로 시작되는 것이니 철퇴를 맞는 기업들은 원망할 필요 없으며 각자 기업들이 구원의 기회를 뿌리치고 하늘과 땅, 두 저자를 무시한 대가라고 보면 된다.

이 책을 읽어보고도 자신과 기업의 죄를 뉘우치며 빌지 않으며 하늘과 땅, 두 저자를 무시하고 부정하는 기업들은 제아무리 거대한 10대 그룹들이라도 쓰러질 것이고 공중분해 되어 역사의 뒤안길로 차례대로 사라질 것이다. 현실로 모두 이루어질 일들이니 저자의 말이 진짜인지 거짓인지는 조금만 지켜보면 신문과 방송을 통하여 모두가 알 수 있게 된다.

하늘과 땅, 자미국의 존재를 부정하며 찾지 않고 무시하는 수많은 기업들은 이제부터 내리막길을 걷게 되어 기업의 존폐가 기로에 놓이게 될 것이다.

하늘과 땅의 벌을 피할 수 없다.

기업들의 부정이 세상에 모두 폭로되어 신문지상에 오르고 결국 구속 수감되는 불행을 당한다. 하늘과 땅, 두 저자의 보호를 받지 못하면 기업들의 부정비리가 세상에 모두 폭로되어 해당 권력자와 기업 사주는 교도소로 들어가고 기업들은 타 기업에 인수되어 이 땅에서 사라지는 불행이 잇따라 일어난다.

자미국에 들어와서 하늘을 무시한 죄를 빌고 하늘의 원과 한을 풀어드리면 자신들이 인간사에서 지은 죄는 아무리 크더라도 모두 덮어 주시어 형량을 아주 가볍게 해주시거나 형사적인 처벌을 전혀 받지 않도록 보호해 주시는 대 능력자이시다.

하늘을 무시하고 몰라보며 살아온 죄를 진심으로 빌기만 하면 인간사의 죄는 좁쌀 한 알에 해당할 정도로 아주 작은 죄이기에 어떻게 해서든지 도와주시어 형 집행을 유예해주시거나 형량을 크게 감면해주시는 이적과 기적을 내려주신다.

큰 뜻을 이룰 사람들은 자미국에서 하늘의 원과 한을 풀어드리고, 풍화환란 벗어나고자 한다면 허공중천 구천세계, 지옥세계, 종교세계를 떠도는 자기 조상님들의 원과 한을 풀어주고, 자신이 세운 어떤 뜻을 이루고자 하는 사람들은 자기 몸 안에 있는 신이나 영들의 원과 한을 풀어주면 된다.

천상의 문을 열고 하늘이 내리시는 천운을 받으려면 하늘의 원과 한이 무엇인지 자미국을 통해서 하늘의 원과 한을 먼저 풀어드려야 자신들이 바라고 원하던 큰 운을 받아 인생사의 원대한 뜻을 이룰 수 있다. 하늘의 원과 한을 풀어주는 사람들만이 마음속에 품은 높은 뜻을 이룰 수 있다.

공직자와 기업인들의 죄

권력의 핵심에 있는 고등검찰청 부장 검사의 뇌물수수 구속 그리고 로스쿨 출신의 새내기 검사가 절도 피의자와 집무실에서 유사 성행위를 했고 며칠 후에 모텔에서 부적절하게 성관계한 것이 폭로되어 검찰이 망신당하고 위상이 크게 추락하여서 마침내 검찰 수장인 대검찰청 총장과 동부지검장이 사직하는 사태로까지 번졌다.

세상이 말세로 치닫고 있다. 권력의 핵심 보루로 알고 있는 검찰이 이 지경이니 국민들이 어떻게 검찰을 믿을 수 있겠는가? 유전무죄 무전유죄가 물밑에서 이루어지고 있었다는 것이 현실로 드러나고 있는 것이 아닌가? 고등검찰청 고위 검사가 뇌물수수라니 기가 막힌 일이고 충격적인 일이다.

왜, 이런 일이 일어났을까 독자들은 무척이나 궁금할 것이다. 하늘과 땅, 두 저자를 무시한 대가를 현실로 보여주는 것이고, 하늘과 땅의 벌은 어떤 권력자라 할지라도 피해 갈 수 없다는 진실을 세상에 보여주는 것이다.

세상에 비밀은 존재하지 않는다. 시간이 얼마나 걸려서 세상에 폭로되는가 그것이 문제일 뿐 영원한 비밀은 없다. 죽어서 무덤까지 가져가자며 비밀을 지키자고 상대방과 굳게 맹세하지만 어느 순간 깨지고 마는 것이 비밀의 법칙이고 이로 인해서 협박받고 사는 사람들이 수없이 많으며 입을 막으려고 끝없이 돈을 주며 달래고 있는 대기업들도 있고 개인들도 있다.

하지만 협박은 끝없이 이어지고 견디다 못해 스스로 고발하고 자신이 구속되는 자충수를 두거나 상대를 살해하여 암매장하는 사건들이 수없이 일어나기도 한다. 수년 전에 저지른 부정비리가 엉뚱한 사건에 연루되어 세상에 폭로되고 있다.

너만 알라고 말해 준 비밀은 더 이상 비밀이 될 수 없고 그 순간 해제된 것이나 마찬가지이다. 모든 사건이 부주의한 말 한마디 때문에 공직자들의 생사가 갈리고 기업들은 존폐의 기로에 놓이게 된다. 공직자와 기업들의 모든 부정비리는 차례대로 순서대로 모두 폭로되게 되어 있다. 다만 부정비리에 대한 국세청과 검찰의 소환 순서가 얼마나 늦느냐 빠르냐의 차이만 있을 뿐이다.

영원히 묻혀버릴 것 같은 사건들이 하늘과 땅의 기운으로 인하여 세상에 적나라하게 파헤쳐지고 고소고발 된다. 고위층과 청와대 비서들의 구속 수감을 통해서 권력의 심장부라 할지라도 구속은 예외가 아니라는 것을 알았을 것이다.

윗선으로부터 뇌물 받은 것을 폭로한 공직자는 자신의 의지와 상관없이 하늘과 땅이 보내는 어떤 기운을 받아서 상급자의 부정비리를 세상에 폭로하였고 해당 당사자는 결국 구속 수감되었다.

기업인들과 고위공직자들의 부정비리는 앞으로 가면 갈수록 더 많이 터질 것이다. 정권이 바뀌면 또다시 나라가 흔들릴 정도로 엄청난 부정비리가 밝혀지고 고소 고발되어 나라의 고통과 불행을 국민들 모두가 함께 떠안아야 할 것이다.

이미 나라의 불행은 예고되어 있고 벌의 강도가 어느 선에서 마무리 될 것인가 그것이 문제일 뿐이다. 대다수 국민들은 정권에 대한 심판이 분명히 있을 것이라고 생각하고 있다.

권력의 고위층이라 할지라도 심판에는 예외가 없거늘 공직자와 기업들이 저지른 부정비리가 언제까지 덮어지겠는가? 두 저자를 통하여 하늘과 땅에 죄를 빌고 미리 용서받으면 인간세상에서 저지른 각자의 부정비리가 덮어지거나 처벌을 받더라도 가볍게 받는 신비한 조화가 일어난다.

이와 같은 사례가 실제로 수없이 많이 있다. 분명 죄의 형태로 보아서는 구속 수감되어야 마땅한데 하늘과 땅의 조화기운으로 불기소 처분되는 신비한 이적과 기적이 수없이 일어나서 저자 역시 많이 놀랐다. 정말 하늘과 땅이 실제로 존재하시며 우리 모두를 지켜보고 계심을 믿게 되었다.

그러니까 부정비리로 구속 수감되는 것도 하늘과 땅이 덮어주시면 면할 수 있다는 것이다. 검사와 판사의 마음까지도 실시간으로 움직이시는 분이 하늘과 땅이시라는 위대한 진실을 생생하게 여러 번 체험하게 되었다.

믿기 어려운 상상을 초월하는 일들이 일어나고 있다. 하늘과 땅이 먼저 용서하시면 인간세상에서는 이중으로 죄를 심판할 수 없나 보다. 하늘과 땅으로부터 용서받는 것은 몇 시간 남짓 동안 진실한 마음으로 죄를 비는 것이 전부이다.

진짜 하늘께 용서받을 내용은 인간세상에서 자신들이 그동안에 지은 죄를 비는 것이 아니라 하늘을 찾지 않으며 몰라보고 무시한 죄, 종교를 믿어서 하늘을 바꾼 죄, 자신의 조상님을 몰라보고 무시해서 사후세계에 들어가 고통받고 있는 자기 조상님을 구원하지 않은 죄를 용서 비는 것이다.

하늘과 조상님을 몰라본 죄를 용서받으면 인간세상에서 지은 죄가 덮어지는 신기한 일들이 일어나고 있는데 이는 무엇을 보여주는 것인가? 결국 사법부로부터 형이 집행되어 구속 수감되는 것도 인간 검사와 판사가 내리는 형량이 아니라 이들 몸을 통하여 하늘과 땅이 행하시는 공무집행 때문이라고 생각된다.

그래서 자미국을 통하여 죄를 미리 빌면 인간세상에서 이중으로 심판받지 않아도 되는 것이었다. 결국 구속 집행도 검사와 판사가 하는 것이 아니라 하늘과 땅이 집행하고 계신 것이라고 보여진다.

공직자와 기업들이 저지른 부정비리 폭로와 고소고발도 인간들이 하는 것이 아니라 하늘과 땅이 인간육신의 마음을 움직여 하시는 것 같다. 그러므로 하늘과 땅의 눈과 귀를 피해서 자신과 기업의 부정비리를 숨길 자는 이 땅에 없으니 하루빨리 하늘 앞에 굴복하고 자신과 기업의 죄를 빌어야 한다.

그러니까 이미 형이 집행된 공직자와 기업들은 책을 읽어보아도 하늘과 땅의 존재를 끝까지 부정하고 무시할 자들과 조상님을 영영 구원하지 않을 자들에게 내려진 형벌이고, 부정비리가 아직 밝혀지지 않아 검찰소환을 받지 않은 나머지는 용서받을 기회를 남겨두고 있는 자들이라고 보면 된다.

공직자와 기업 사주들이 전생과 현생에서 하늘과 땅, 자신의 조상님을 몰라보고 살아온 죄를 미리 용서받고 편히 살아갈 것인가, 아니면 고소고발되고 신문방송에 보도되어 망신당하고 검찰에 소환되어 구속수감되는 불행을 겪을 것인가?

자신들과 기업들의 부정비리가 세상에 폭로되어 고소고발되는 것은 우연히 일어나는 것이 아니라 이미 하늘과 땅의 각본에 짜여 있는 것이다. 아직 구원받을 기회가 남아 있는 공직자들과 기업 사주들에게 고통과 불행을 신문방송으로 보여주어 하늘과 땅에 굴복시키고자 그들을 희생양으로 쓴 것이다.

이미 검찰로부터 형이 집행되어 구속된 자들과 기업들은 1차로 구원해 줄 대상이 아니기에 이들과 기업들은 죄의 대가를 크게 지불해야 구원받게 되고 이마저도 거부한다면 결국 인간은 우울증, 불면증, 암에 걸리고 자살, 심장마비, 중풍, 뇌졸중, 심근경색으로 단명하거나 사고를 당하여 장애인이 되어 사경을 헤매고 기업은 제3자에게 넘어가는 큰 불행을 당할 것이다.

그러니까 아직 부정비리가 국세청과 검찰에 밝혀지지 않은 공직자들과 기업인들이 구원받을 수 있는 대상자들이니 해당자는 속히 죄를 미리 용서 빌면 하늘과 땅의 보호와 보살핌으로 더 큰 고통과 불행을 사전에 막을 수 있다.

하늘과 땅이 여러분 각자가 저지른 부정비리를 실시간으로 모두 지켜보고 있다는 것을 스스로 알게 될 것이다.

공직자와 기업 사주들에게 부정비리가 없는 자 몇이나 되겠는가? 그런데 어떤 자는 부정비리가 폭로되어 구속되고 어떤 자는 왜 멀쩡한 것인가 궁금할 것이다. 죄가 큰 순서대로 벌 받고 있을 뿐이고 나머지는 죄를 빌 수 있는 기회를 좀 더 주고 있을 뿐이다.

재수가 좋아서 자신의 뇌물수수가 덮어지고 있는 것이 아니라 빌 수 있는 기회를 주고 있는 것이니 좋아하지 마라. 기회를 준 시간이 지나면 가차 없이 법정에 오르게 된다.

주위에 사람들은 세월이 지나면 자신들이 지은 죄를 잊어버리지만 하늘과 땅은 여러분이 지은 전생의 죄는 물론 현생에서 100년 전에 지은 죄까지도 모두 실시간으로 기억하고 계신 분이시라 자신들의 죄를 숨길 수가 없다.

현생에서 검찰에 불려 가 구속되지 않았다고 좋아할 필요 없다. 자신들의 후손들이 받기나 죽어 사후세계 들어가서 더 엄한 벌을 받게 되어 있으니까 말이다. 죄를 지었으면 살아서 죄를 빌어야지 죽어서는 빌 수 있는 길이 없다.

죄를 빌지 않는 공직자와 기업인들은 바람 잘 날이 없고 결국 멸망의 길을 가고 있을 뿐이다. 인간들은 본인들이 지은 죄를 세월이 흐르면 용서하고 덮어줄지 모르지만 하늘과 땅은 여러분이 살아서든 죽어서든 지은 죄에 대해서 끝없이 심판을 하게 된다.

인간육신이 지은 죄는 검사와 판사가 구속 수감으로 심판하고 하늘을 몰라본 죄는 질병, 암, 단명, 자살, 심근경색, 교통사고, 기업의 부도와 도산 등등으로 심판하신다.

성공하고 출세하여 만인들의 부러움을 받고 부귀영화를 누리며 살아가는 대통령, 총리, 부총리, 5부 요인, 각 부처 장관, 차관, 국회의원, 광역 및 기초 단체장, 장군, 판사, 검사, 변호사, 교수, 재벌 총수, 기업인, 고위공직자들!

인생사의 큰 성공과 출세한 것이 자신들의 피나는 노력 덕분이라고 생각하며 살아가고 있을 것이지만 이 모든 성공과 출세는 하늘이 내려주신 선물이라고 천상에서 오신 신명님, 하나님, 미륵님께서 처음으로 가르쳐주시었다.

하늘께서 해주신 줄은 모르고 자기가 이루었다고 생각하는 모든 권력, 재물, 출세, 명예, 건강, 행복을 내려주신 원 주인이 천지만생만물과 우리들의 마음을 창조하여 주신 원초적인 하늘이신데 아무도 이런 진실을 모르고 살아가고 있다.

이 책을 통해서 하늘의 진실을 가르쳐주었는데도 하늘이 내려주신 커다란 은혜를 몰라보고 인정도 하지 않고 감사할 줄 모르고 살아가면 하늘이 자신들에게 주신 권력, 재물, 출세, 명예, 건강, 행복을 오래 지키지 못하게 된다.

지금까지는 자신들의 출세와 성공이 누구 덕분인지 몰라보고 살아왔고 자신의 노력, 종교의 숭배자, 자신의 조상님 덕분인줄 알고 있었을 것이다. 현재의 부귀영화와 권력, 재물, 출세, 명예, 건강, 행복을 영원히 지키고 싶으면 자미국에 들어와서 하늘 태상천존 자미천황님께 진정으로 감사의 예를 올려야 한다.

하늘이 내려주신 귀한 선물인데도 불구하고 인정하기 싫어서 감사함 올리기를 주저하고 외면하는 것은 하늘의 은혜를 모르는 배신자이기에 어느 날 갑자기 부귀영화는 소리 없이 자신의 곁을 떠날 것이다.

데리고 들어온 귀신들

인생으로 재앙이 내리고 있거든 자신들이 가짜 하늘을 믿었던 죄를 빌어서 용서를 받아야 한다.

각자가 가짜 하늘을 믿으면서 자신의 조상님들까지 입문시켜 하늘의 역천자로 만들어버리는 큰 죄를 하나 더 지었는데 이런 진실을 어찌 알겠는가?

각자의 가정과 기업에서 일어나는 화재 발생도 전생인 천상 자미천궁에서 죄를 지은 것에 대한 벌을 받고 있을 뿐이다. 이런 벌을 받지 말고 미리 전생, 현생에 가짜 하늘을 믿었던 죄를 하늘과 땅에 빌면 이런 불상사가 막아진다.

각자의 인생으로 일어나는 재앙은 하늘을 배신한 죄와 가짜 하늘을 믿은 죄에 대한 벌을 받고 있는 중이다. 그리고 자신들의 몸 안에 어떤 존재들이 함께 살아가고 있는지 전혀 알지 못하고 살아가고 있는데 진실을 알면 소름이 끼친다.

자신의 영과 조상님 혼령 그리고 가짜 하늘을 믿으면서 따라 들어온 구원받지 못할 알 수 없는 수많은 험악한 귀신들이 함께하고 있기 때문에 인생으로 재앙이 내리고 있는 것인데 이들 귀신의 존재를 알아볼 수 있고 물리칠 수 있는 유일한 분이 계신다.

현재 가짜 하늘을 믿고 있는 사람들과 과거에 여러 가짜 하늘을 믿었던 사람들은 자신도 알 수 없는 가짜 하늘세계에서 따라 들어온 수십 수백의 귀신들이 몸 안에서 함께 살아가고 있기에 각자의 인생으로 재앙이 끊이지 않고 계속 일어나고 있는 것이다.

자신의 인생으로만 재앙이 내리는 것이 아니라 가족들에게도 데리고 들어온 귀신들을 집어넣어 주었기에 함께 고통을 당하고 있는 것인데 사람들은 이런 진실을 알 수 없다. 집안에서 한 사람이 가짜 하늘세계에 다니면 다니지 않은 가족들의 몸 안에도 따라온 귀신들이 수없이 들어가서 함께 살아가고 있기 때문에 알 수 없는 인생의 재앙들이 꼬리를 물고 일어난다.

천상에서 말씀하시기를 다른 짓은 다해도 좋은데 가짜 하늘만은 믿지 말라고 가르쳐주시었다. 귀신들이 몸 안에 일단 들어오면 다시 나가는 일은 육신이 죽을 때까지 없다고 말씀해 주시었다. 이런 귀신들을 물리치고 자신의 몸과 영을 청소해 줄 수 있는 유일한 곳이 이 세상에서는 자미국(지상 자미천궁) 하나뿐인데 그 의식이 천인합체라는 아주 귀한 의식이다.

아주 무서운 귀신들이 각자도 모르는 사이에 몸 안에 들어와서 함께 살아가고 있지만 아무도 이 무섭고 엄청난 진실을 모른 채로 살아가고 있다. 각자의 인생으로 일어나고 있는 알 수 없는 재앙들은 자신들이 불러들인 귀신들로 인한 것이다.

전국에서 가장 많은 귀신들이 모여 있는 곳이 바로 가짜 하늘세계인데 이유는 그곳에서 영가들을 구원해 주는 곳이라고 귀신들도 알고 있기 때문에 죽어서 세상을 떠난 이 나라의 모든 귀신들이 모이는 곳이 가짜 하늘세계이다. 그래서 가짜 하늘을 믿으면 자신이 원하든 원하지 않던 구원받으려는 귀신들이 따라 들어온다.

육신이 없는 귀신들에게 가장 큰 소원이 무엇인지 아는가? 그것은 단 하루만이라도 살아나서 육신을 가진 인간이 되는 것이다. 그러기에 귀신들이 가장 좋아하는 존재가 인간들 육신이라는 것이다. 귀신들에게 자신의 몸과 마음을 귀신들에게 빌려주는 것을 허락하고 싶거든 다니던 가짜 하늘세계에 열심히 나가면 된다.

귀신들이 들어오면 죽은 귀신들이 살아서 하고 싶었던 일들을 행하기 때문에 자신의 의지와는 전혀 다른 인생을 살아가게 되어 인생이 뒤집어지는 질병, 자살, 우울증, 불면증, 심장마비, 심근경색, 사업실패, 사기배신, 사건사고가 일어난다.

구원과 복을 받는 곳이 종교세계가 아니라 정말 무서운 인생 멸망의 세계이다. 귀신들이 구원받고자 우글거리는 곳이 가짜 하늘세계라는 진실을 하루빨리 인정하고 자신과 가족들의 몸 안에 숨어들어와서 함께 살아가고 있는 수많은 귀신들부터 청소하고 살아가야 인생으로 일어나는 각종 재앙이 막아진다.

자미국(지상 자미천궁)이 가짜 하늘과 다른 점은 그곳은 수많은 귀신들과 무서운 이론을 여러분과 가족의 몸으로 넣어주는 곳이고 이곳은 그런 귀신들과 잘못된 이론을 빼내주는 것이 다르다. 그곳은 허상의 이론과 가짜 하늘을 전하지만 이곳은 진실과 현실 속의 진짜 하늘세계를 전한다.

이제까지 이런 무서운 진실세계를 모르고 가짜 하늘을 믿으며 다니고 있는 사람들과 다녔던 사람들은 자신의 잘못된 생각을 뉘우치고 하루속히 인연을 맺어야 새로운 세상이 열린다. 인생의 변화와 개혁을 원하는 사람들은 속히 들어와야 한다.

진짜 하늘은 복 받으려고 믿는 대상이 아니라 너무나도 위대하시기에 끝없이 존경하고 공경하는 지고지존의 하늘이신데 감히 자신의 인생사 소원을 이루려고 대단하신 하늘께 복을 비는 우매한 죄를 지으며 살아가고 있다.

자신의 소원을 이루려고 하늘을 목메게 부르면 부를수록 인생이 풀어지는 것이 아니라 더 답답하고 어려워진다. 위대하신 진짜 하늘의 존호를 이 땅의 저자에게 처음 밝혀준 천상감찰신명님이신 천상선감님께서 불호령을 내리시기 때문이다. 감히 위대하신 하늘의 존호를 종교에서 주문 명호 외우듯 친구 이름처럼 부르면 인생으로 재앙의 날벼락을 내리신다고 하신다.

감히 위대하신 하늘의 존호를 자신들의 소원을 이루려고 부르거나 하늘을 원망하는 생각이나 말을 했다가는 행복이 아니라 고통과 불행의 인생으로 바뀐다. 너무나도 위대하신 분이시기에 천상감찰신명님조차도 함부로 존호를 부르기가 조심스러운 분이라고 하시는데 그동안 천인과 백성들은 자신의 답답함을 수시로 올리고 원망도 많이 하였을 것인데 인생이 뒤집어지는 지름길이었다.

존경하고 공경하는 위대하신 대상으로 바라보고 섬겨야 하는 분이 하늘이시다. 감히 자신들의 소원을 올려서는 절대로 안 되는 너무나도 높고 높으신 하늘이시다.

자신의 조상님을 천상 자미천궁에서 살아갈 수 있도록 받아주시고 천인합체를 해주시는 자체만으로 가장 큰 복을 내려주신 것인데 인간들이 감히 맡겨놓은 것 내놓으라는 식으로 소원들을 빌고 있었으니 기가 막히다. 이 또한 위대하신 하늘의 존재를 저자가 너무 작게 전한 잘못이 크다.

인류 최초로 자신의 직계 조상님들을 단 한 번에 모두 구원하는 천상입궁의식과 자신의 영을 구원하는 천인합체의식의 값어치가 얼마 정도라고 생각하는가?

기존의 종교에서 행했던 것처럼 단순한 구원의식이라고 생각할 사람들이 많을 것이지만 상상을 초월하는 천문학적인 값어치라는 점을 알고 의식을 감사히 행해야 한다.

인간세계 표현법으로 의식을 비교해 본다. 1인당 한 달 최저 생활비를 100만 원으로 기준하고 계산을 뽑아보았는데 정말 상상을 초월하는 하늘의 사랑과 자미국의 배려라는 점에 깊이 감사하면서 의식에 임해야 한다.

자신의 영들이 천인합체의식을 행하고 천인이 되어 이 땅에서 살다가 육신이 죽어서 천상 자미천궁에 올라가서 살아가는데 드는 생활비가 인간세상의 최저 생활비인 100만 원을 천상에서 적용했을 경우 1년이면 1,200만 원이다.

인간육신은 수명이 길어봐야 100년이기에 인간세상에서는 100년을 살려면 12억이면 가능하지만 천상 자미천궁에서는 끝도 없는 세월을 살아가므로 계산이 상상을 초월한다.

천상 자미천궁에서 1억 년을 살려면 1인당 1,200조 원이 들며 10억 년은 1경 2천조 원, 100억 년은 12경이고 1천억 년은 120경이고 1조 년은 1,200경이다. 그런데 천상 자미천궁은 억만 겁 이상의 무한대 세월이 흐른다고 되어 있다.

1겁이 1131자 4531해 5487경 5711조 7017억 20,841,300년이라 하니 상상이 안 간다. 여기다가 다시 억만(1억×1만=1조) 겁을 곱하고 1년 최저 생활비 1,200만 원을 곱하면 되는데 상상불가라서 더 이상 계산하는 것이 의미가 없지만 아래와 같다.

1131자 4531해 5487경 5711조 7017억 20,841,300년×1,200경 원
= 135재 7743정 7858간 5085구 4042양 0650자 0956해 원이다.

이 금액은 조상님 1인당 생활비를 계산한 것인데 조상님 천상입궁의식은 자신과 배우자의 친가 시조조상님까지 몽땅 해당되니 조상님 숫자까지 합산하면 계산이 불가능한데 아래 숫자 도표를 참조하면 조금은 이해가 된다.

천상입궁의식과 천인합체의식을 행해서 천상 자미천궁으로 조상님과 자신의 영들이 입궁하는 것은 인간들의 상상을 초월하는 하늘의 무한한 사랑을 받는 가장 값진 의식이니 하늘에 감사하는 마음으로 겸손

하게 의식에 임해야 한다.

의식비용으로 아무리 많은 조공과 천공을 올려도 하늘께서 상상을 초월하는 억만 겁의 세월 동안 입히고 먹여서 보살펴주시고 지켜주시는 사랑에 비하면 감히 비교 자체를 할 수 없으니 수십억만 년 동안 매일같이 감사함을 올려도 모자란다고 하시는 것이다.

그만큼 상상을 초월하는 최고의 의식임을 알고 경건하고 감사의 마음으로 행해야 한다.

숫자 단위 도표

일(一) 10의 0제곱 (1의 0배)
십(十) 10의 1제곱 (1의 10배)
백(百) 10의 2제곱 (10의 10배)
천(千) 10의 3제곱 (100의 10배)
만(萬) 10의 4제곱 (1천의 10배)
억(億) 10의 8제곱 (1만의 1만 배)
조(兆) 10의 12제곱 (1억의 1만 배)
경(京) 10의 16제곱 (1조의 1만 배)
해(垓) 10의 20제곱 (1경의 1만 배)
자(秭) 10의 24제곱 (1해의 1만 배)
양(穰) 10의 28제곱 (1자의 1만 배)
구(溝) 10의 32제곱 (1양의 1만 배)
간(澗) 10의 36제곱 (1구의 1만 배)
정(正) 10의 40제곱 (1간의 1만 배)
재(載) 10의 44제곱 (1정의 1만 배)
극(極) 10의 48제곱 (1재의 1만 배)
항하사(恒河沙) 10의 56제곱 (1극의 1억 배)

아승기(阿僧祇)	10의 64제곱 (1항하사의 1억 배)
나유타(那由他)	10의 72제곱 (10아승기의 1억 배)
불가사의(不可思議)	10의 80제곱 (1나유타의 1억 배)
무량대수(無量大壽)	10의 88제곱 (1불가사의의 1억 배)
구골	10의 100제곱
아산키야	10의 140제곱
센틸리온	10의 600제곱
스큐스수	10의 3400제곱
구골플렉스	10의 googol제곱
그레이엄수	무한대

더 이상 수학적으로 계산한다는 것은 머리만 복잡해지고 상상이 안 되니 이쯤으로 해둔다. 자신의 영 하나가 천상에서 살아가는데 천문학적인 금전이 드는데 천상입궁의식을 행해서 천상 자미천궁에 오른 가자의 당대부터 시조까지 직계 조상님들의 숫자가 그 얼마일까? 정말 상상이 안 되는 어마어마한 금전이 들어가는 사랑을 하늘이 주고 계신 것이다.

이렇게 천상 자미천궁에 올라가면 억만 겁 이상의 끝없는 무한대의 세월을 위대하신 하늘께서 책임지시며 보호하고 지켜주시며 살아가게 해주시는데 천인과 백성이 된 자들이 감히 인간세상의 일들이 풀리지 않는다고 각자의 작은 소원을 수시로 하늘에 끝없이 올리고 있으니 이 얼마나 기가 막히고 하늘을 과소평가하고 있는 바보스러운 못난 짓이던가?

인간들이 의식 행하면서 올리는 아무리 큰 금전이라도 하늘의 사랑을 감히 능가할 수 없다.

여러분은 물론 세계적인 재벌들이 자신의 재산을 몽땅 팔아서 수십조 원의 돈을 들여서 의식을 행해도 하늘의 사랑과 배려에 비해서는 감히 명함도 내밀지 못하므로 의식 행하는 자 모두는 아무리 큰돈을 들여서 의식을 행할지라도 겸손해야 한다. 하늘의 사랑이 이러할진대 그래도 복 타령, 소원 타령을 할 것인가?

이제까지 이런 진실을 몰라서 하늘에 소원을 올렸다면 진정으로 잘못을 뉘우치고 구원해 주시는 하늘께 무한한 존경과 공경, 감사함만 올려야 할 것이다. 하늘께서 인류에게 내려주신 가장 큰 복이 천상입궁의식과 천인합체의식이라는 것이다.

인간으로 태어나서 살아 움직이는 현실 속의 진짜 하늘을 만날 수 있는 이곳을 방문해서 천상의식을 행할 수 있는 사람들이 가장 큰 행운아이자 인생의 승리자이다.

인생사의 삶이 성공하는 것도 중요하지만 의식을 행하여 하늘 사람인 천인으로 다시 태어나는 것보다 더 큰 성공과 출세는 이 세상에 없다. 인간사의 성공은 각자들이 육신으로 있을 때의 아주 짧은 100년 미만의 성공이지 사후세계로까지 이어지는 영원한 성공과 출세는 아니기 때문이다.

대통령이나 재벌이 된 것보다, 인생의 명예와 권력, 돈보다 더 큰 인생의 출세와 성공은 의식을 행하여 하늘 사람인 천인으로 재탄생하는 일뿐이다.

그리고 천인이 되지 않은 이상 자신의 전생과 현생에서 지은 죄를 용서 빌 수도, 용서받을 수도 없기에 육신이 죽으면 귀신이 되어서 천상자미천궁에 오르지 못하고 인간세상과 허공중천 구천세계를 끝없이 떠돌아다녀야 하는 불쌍한 신세가 된다는 점이다. 육신이 살아서는 권력이 좋고 돈이 좋겠지만 육신이 죽는 순간 찾느니 구원해 주실 진짜 하늘한 분뿐이다.

독자 여러분이 열심히 일하고 돈을 많이 벌어들이는 것은 진짜 하늘을 만나서 전생과 현생의 죄를 빌어서 영원한 천상 자미천궁의 삶을 살

수 있는 천인으로 탄생하기 위해서 의식비용 준비금을 벌고 있다는 진실을 알아야 한다.

왜, 돈을 많이 벌려고 할까? 인간의 욕심은 끝도 없듯이 천상 자미천궁에서 끝도 없는 장구한 오랜 세월을 살아가려면 육신이 이 땅에서 살아있을 때 천상 자미천궁에서 살아갈 많은 돈을 준비해 놓아야 하기 때문이다.

자신의 피와 땀인 돈은 자미국(지상 자미천궁)에서 꼭 필요한 의식비용(조공과 천공)이다. 자신들이 살아서 행한 모든 의식이 천상 자미천궁에서 자신들의 공덕으로 그대로 쌓이고 의식을 행한 것만큼 천상 자미천궁에서 자신의 신분과 위상이 높아지기에 자신 밑으로 수많은 부하 시종과 시녀들이 늘어나니 육신이 살아서 한 번이라도 더 의식을 행하고 죽어야 한다.

자미국을 만나는 자체가 가장 복된 자들이고 자미국 값어치와 의식 값어치는 인간세상 계산법으로는 환산 자체를 할 수 없다.

자미국의 값어치는 상상이 안 되는 무한대의 영역이고 대단한 자미국을 청와대 터에 세우는 길만이 국민들 모두가 경제 불황에서 벗어나고 북한의 끊임없는 무력도발의 공포와 불안으로부터 해방되며, 강대국들의 내정 간섭에서 벗어나 자주국가로서 위상을 굳히고 국격을 높여 행복하게 잘살 수 있는 길이다. 이 나라의 대통령, 정부, 국민들 모두가 자미국의 뜻과 함께 해야 불안과 초조, 경제 불황, 공포와 두려움에서 하루빨리 벗어날 수 있다.

수천 년의 오랜 세월 동안 강대국들에게 침략당하며 비참하고 서럽게 지배만 당하는 약소민족의 슬픔에서 이제는 이들을 지배하고 호령하며 통치하는 천손민족으로 다시 태어날 수 있는 하늘과 땅의 천지기운을 저자 인황(지황)에게 주시었다. 상상을 초월하는 일이고 꿈만 같은 일이기에 이해가 안 되어서 매도할 사람들도 있을 것이다.

그러나 집필한 내용들은 모두 무소불위한 하늘과 땅의 천지기운으로 한 치의 오차도 없이 현실로 이루어질 것이다.

미친놈인지 아닌지는 세월이 증명해 줄 것이고 하늘과 땅이 이 나라와 세계 인류를 통해서 보여주실 것이다. 지배당하는 약소국가의 서러운 나라에서 세계를 다스리는 절대군주국가로 나라의 국운이 천지개벽하는 일이고 이는 자미국 저자만이 해낼 수 있는 일이다. 이미 하늘께서 인황과 지황이란 관명을 함께 하사해 주시었으니 현실로 이루어질 것이다.

하늘과 땅의 기운이 자미국으로 흐르고 있으니까 이런 엄청난 말을 하는 것이지 천지기운이 내리지 않는다면 인간 육신의 힘만으로는 그야말로 꿈만 같은 일이고 잠꼬대 같은 일이다. 이런 기회는 두 번 다시 기회가 주어지지 않는다.

대통령이나 정부, 국민들이 상식적인 생각으로 자미국을 평가하면 도저히 이해가 안 되는 아주 불가능한 일이다. 자미국을 청와대 터에 민족과 인류의 구심점으로 세우면 하늘과 땅의 천지기운으로 초강대국들을 굴복시킬 수 있고 경제대국, 군사대국, 영토대국의 꿈을 현실로 이루어 낼 수 있다.

전 세계에서 가장 잘 사는 1등 나라가 되려면 인간의 노력으로 되는 것이 아니라 하늘, 땅, 인간의 기운이 함께 천지조화를 이루어 내야만 가능하다. 하늘과 자미국의 능력은 무소불위할 정도로 정말 대단한데 이 나라 국민들이 몰라보고 있다.

그러나 하늘과 자미국, 저자가 행하는 천상지상 천지신명공사 집행은 한 치의 오차도 없이 이 나라와 세계에서 현실로 모두 이루어질 것이다. 하늘과 땅, 자미국, 저자의 간절한 뜻을 받아들이면 최고의 부강한 나라로 급부상할 것이며, 무시하고 외면하며 부정하면 반대로 예측불허의 어떤 일이 일어날 것이다.

7부
천지의 기운

하늘과 땅이 주신 최고의 선물 · 살아서 자미국을 만나야 하는 이유
경제 회복의 해법은 무엇인가? · 영들이 내려온 세계
남과 북이 통일되려면 · 자미국의 환산 가치
조상님을 만날 수 있는 천상입궁의식 · 신선으로 재탄생한 신인간
천하제일 명당 · 참다운 기부를 하려면 자신과 조상님께
인류의 구심점이자 세계의 중심

하늘과 땅이 주신 최고의 선물

내가 하늘과 땅의 어떤 신비 기운을 느끼기 시작한 것은 34년 전부터인데 당시에는 전혀 모르고 지내왔다. 60세를 바라보는 나이에 하늘과 땅이 내게 내려주신 최고의 선물을 2013년 1월 29일 새벽 2시 20분에 찾게 되었다.

삼라만상의 만생만물, 산천초목, 하늘, 땅, 해, 달, 별, 물, 바람, 천둥, 번개, 뇌성벽력, 비, 인간, 신, 영, 조상님, 구름, 바람, 눈, 기후, 날씨, 지진, 쓰나미, 토네이도, 허리케인, 폭우, 홍수, 태풍, 혹한, 혹서, 괴질, 질병, 성공과 출세, 길흉화복, 생로병사, 흥망성쇠, 생사여탈권 등을 움직일 수 있는 무소불위의 천지기운을 주시었다.

이 모든 존재의 기운을 움직일 수 있는 하늘과 땅의 천지기운을 내려주신 것인데 이제야 하늘과 땅의 진실을 알게 된 것이다. 모든 것이 하루아침에 얻어지는 것은 아닌가 보다. 기나긴 세월과 피나는 고행의 길을 걸으면서 이제야 찾았으니 말이다.

저자 인황에게서 나오는 하늘과 땅의 기운, 우주의 기운, 삼라만상의 기운의 실체를 조금이나마 알게 되었다. 이 세상 모든 것을 다 주시었다고 천지 창조주이신 하늘 태상천존 자미천황님께서 말씀하시었을 때 그 진실이 무엇인지 잘 몰랐었다.

하늘께서 저자 본인의 관명을 인류 최초 공식적으로 인간의 절대자 인황과 땅의 절대자 지황으로 내려주신 것이었는데도 잘 몰라보고 자미국을 운영해 왔었다.

본인이 말하고 생각하고 글을 쓰면 그 모든 것들이 현실로 속속 이루어지는 천지조화, 신인조화, 풍운조화, 질병조화, 생사조화의 기운이 있어 수많은 신비조화를 부려보았으면서도 하늘과 땅이 주신 진실을 제대로 몰랐었다.

왜, 나에게 이런 엄청난 천지기운을 주신 것일까?

이 땅에 자미국을 청와대 자리에 크게 세워서 원초적인 태초의 하늘이 태상천존 자미천황님과 태상천존 자미황후님이심을 이 나라와 전 세계 인류에게 전하라고 신명님, 하나님, 미륵님, 자미인황님, 모든 일체의 천지신명님께서 주신 기운이다.

그리고 육신이 없어서 말 못하시는 하늘과 땅, 조상님, 신과 영들의 원과 한을 풀어드릴 수 있는 이분들의 손과 발, 입이 되어 대변자가 되라고 수신 천지기운이었다.

인간들의 눈에는 보이지 않고, 들리지 않아서 인간들에게 끝없이 무시당하시는 이분들의 원과 한을 풀어드릴 수 있는 자미국을 청와대 터에 우뚝 세워 전 세계 인류에게 대단하고 위대하게 널리 알리는 사명을 완수하라고 주신 천지기운!

하늘과 땅, 천지신명님, 조상님, 신과 영들을 찾지 않고 몰라보며 무시하는 무지한 인간들을 자미국으로 불러들여 교화하여 구원하라는 뜻으로 주신 기운이다. 내가 말하는 대로, 생각하는 대로 현실로 신비조화가 수없이 일어나고 있는데 이런 신비기운으로 이분들의 원과 한을 풀어드려야 한다.

상상을 초월하는 수많은 천지조화!

경이롭고 경천동지할 천지기운이기에 인류 최초의 자미국을 개국하여 운영하고 있는 것이다. 인간의 능력으로는 자미국 운영은 감히 상상도 할 수 없는 일이다.

저자 인황과 함께 자미국에서 천상지상 공무를 집행하는 여자 저자 사감에게는 하늘과 땅, 천지신명님, 조상님, 신, 영들과 실시간으로 소통할 수 있는 대단한 능력을 내려주시었다. 전 세계 어느 영 능력자라 할지라도 사감을 능가할 수 있는 존재는 이 땅 어디에도 없다. 과거에도 없었지만 앞으로도 없다고 천상에서 오신 신명님, 하나님, 미륵님께서 말씀하시었다.

전 세계의 유명한 보살, 무당, 법사, 도사, 도인, 고승, 신부, 목사, 역술인, 심령술사, 예언자 그 어느 누구도 저자 인황의 천지기운과 사감의 말씀 받는 능력을 가진 자는 이 세상에 없다.

그러므로 하늘을 만나려고 종교를 찾아다니는 사람, 인생이 답답해서 역술인이나 점집을 찾아다니는 사람들은 자미국에 들어오면 더 이상 어떤 곳이든지 찾아다닐 필요가 없어진다.

대단한 영 능력자 사감은 전국 최고의 유명한 무속인들조차도 알아내지 못하는 인간들이 궁금해하고, 답답해하는 인생사의 모든 문제와 사연에 대해서 모르는 것이 하나도 없을뿐더러 해결 방법도 자세히 설명해 준다. 바로 살아있는 최고의 신 그 자체이다.

여자 저자 사감은 하늘, 신, 영들과 실시간으로 말할 수 있어 문제의 원인과 결과까지도 모두 알고 말해주기에 무속인처럼 부채와 방울을 흔들며 점을 보지 않아도 다 알 수 있는 대단한 영 능력자이다. 그러기에 자미국을 알고 나면 무속세계, 도인세계, 종교세계는 성에 차지 않고 시시해서 자동으로 다니기 싫어진다.

저자 인황을 통해서는 하늘과 땅의 천지기운을 받아 소원을 이룰 수 있고, 사감을 통해서는 하늘, 땅, 천지신명님, 조상님, 신, 영들의 말씀을 실시간으로 들을 수 있다.

대단한 자미국이 이 땅에 세워지고 있기에 이곳에 들어오면 인생사의 모든 문제와 고민들이 일사천리로 풀어져서 고통과 불행의 굴레에서 벗어나 행복을 누리며 살아가게 된다.

인황과 사감은 인류 최초의 대단한 인물이기에 만나는 자체만으로도 복이고 영광이다. 두 저자가 아무런 능력도 없이 인류의 구심점이 될 자미국을 어찌 세우고 청와대 터를 내놓으라고 감히 말할 수 있겠는가? 자미국이 전 세계로 알려지면 이 나라 대한민국은 불황에서 벗어나 돈 방석에 올라앉는다.

수출이 호조를 띌 것이며 부동산 경기가 되살아나서 건설 경기가 좋아지고 서민들의 고통이 덜어진다. 한 치 앞도 알 수 없을 정도로 꽉 막힌 경제 불황의 긴 터널을 벗어나는 유일한 길이 하늘과 땅, 자미국, 두 저자에게 있다.

전 세계 기업인과 대통령, 유명 인사들이 자미국에 문전성시를 이룰 것이니 이는 곧 나라 경제의 활로를 여는 지름길이 될 것이다. 대한민국이 살 사는 길은 대통령의 국정 능력이나 참모들의 비상한 머리에 있는 것이 아니라 자미국에 있다.

전 세계 200여 개의 어느 나라도 앞으로 자미국의 위상과 국격을 능가할 나라는 없다. 세계 각 나라 대통령들과 세계 70억 인류가 머리를 조아리며 살려달라고 굽실거리며 싹싹 빌어야 할 나라가 자미국이기 때문이다.

인류의 생사여탈권을 행사할 수 있는 대단한 천지기운과 위대하신 하늘과 땅, 천지신명님, 조상님, 신, 영들과 실시간으로 소통할 수 있는 자미국을 세상 어느 누가 감당할 수 있겠는가? 하늘과 자미국을 부정하고 무시해 봐야 돌아가는 것은 불행과 멸망뿐이다.

세기적인 수많은 예언자들이 말한 지구 종말을 하늘과 땅, 자미국의 두 저자가 막아냈다. 이 나라가 지금 잘 살고 있는 것도 자미국 두 저자의 천지기운 덕분이라는 것을 세계 인류가 언젠가는 알게 되고 진정으로 감사함을 올리게 될 것이다.

세계 경제와 나라 경제를 살리는 것, 세계 최고로 잘사는 부자 나라가 되는 것 그리고 막강한 군사강대국이 될 수 있는 천지기운을 저자 인황이 갖고 있으니 대한민국 정부와 이 나라 국민들 모두가 저자와 뜻을 함께했으면 한다. 그래서 입헌군주제를 시행하자는 것이고 청와대 터를 내달라고 하는 것이다.

5년 전 2007년도에 국민들이 경제를 살릴 대통령을 원했기에 이명박 대통령을 당선시켰다. 하지만 그 결과는 어떠한가? 국민들 모두가 알고 있는 현실 그대로이다. 나라의 경제를 살릴 수 있는 경제대통령은 과연 누구일까? 새로 당선된 박근혜 대통령이 되기를 국민들은 노심초사하며 기다리고 있을 것이다.

국민들 모두가 경제 활성화를 위해서 어떤 돌파구를 열어줄 것이라고 많은 기대를 하고 있을 것인데 결과는 이미 나와 있다. 대통령이 능력이 없고 머리가 나빠서 경제를 살리지 못하는 것이 아니라 세계 경제가 발목을 잡고 있기 때문이고 이 나라가 하늘과 땅의 천지기운을 받지 못하고 있기 때문이다.

세계 경제를 살릴 수 있는 유일한 경제대통령은 유감스럽겠지만 이름도 알려지지 않은 무명의 자미국 저자 인황(지황)이다. 하늘이 내려주신 관명 그대로 인간의 절대자이자 땅의 절대자이기에 저자가 천지기운을 운행하면 나라 경제가 살아난다.

즉, 인류의 황제, 인류의 대통령, 세계의 대통령이 자미국의 저자 인황(지황)이니 경제를 살리는 것쯤은 크게 문제되지 않는다.

천지기운으로 기후와 날씨를 바뀌게 하고, 태풍을 막고, 비를 내리고 그치게 하는 천지조화, 풍운조화를 수없이 직접 부렸던 당사자이기에 세계 경제와 나라 경제를 살리는 것쯤은 하늘과 땅, 자미국, 저자에게는 그리 어려운 문제가 아니지만 대통령과 정부가 자미국의 뜻에 적극적으로 협조해야 한다.

살아서 자미국을 만나야 하는 이유

살아서 자미국을 만나야 하는 이유는 어느 날 갑자기 다가올지 모르는 지구 멸망의 대재앙, 인류의 재앙, 인생의 파멸, 사업실패, 가정파탄, 인생의 고통과 불행, 슬픔과 괴로움, 돌연사로 인한 단명, 비명횡사를 미리 막는 데 있다.

인간육신의 삶이 전부라고 생각하며 하늘의 존재, 조상님의 존재를 부성하는 사람들은 들어올 필요 없고 기존의 종교세계가 좋다고 생각하는 사람들 역시 자미국(지상 자미천궁)과는 거리가 먼 사람들이며 이곳은 종교보다 훨씬 높은 고차원적 세상을 추구하는 곳이기에 아무나 인연이 닿지 않는다.

세상에 알려진 하늘세계보다 더 높은 진짜 하늘을 찾으려 하는 사람들에게 맞는 곳이다. 조상님 구원하는 데 돈이 왜 들어가느냐고 생각하는 사람들과 돈 없으면 의식 못하냐고 하는 사람들은 천상에서도 구원대상에서 제외된 사람들이다. 이곳은 종교처럼 교리와 이론을 믿는다고 무조건 구원해 주는 곳이 아니다.

구원의식을 하려면 제물비와 인건비가 지불되어야 하므로 돈 없이 공짜로는 조상님을 구원할 수 없다. 전철이나 버스, 택시를 타도 당연히 요금을 지불하듯이 소중한 자신의 조상님을 구원하는 데는 거기에 합당한 정성 들이는 의식비용이 들어가야 한다.

또한 책을 읽고 방문하여 상담할 때 약간의 상담비가 들어가는데 이마저도 내지 않으려고 하는 사람, 상담비용조차도 없는 사람들 역시 자미국의 천인과 백성으로 탄생할 수 없는 즉, 구원 대상에서 완전히 제외된 사람들이다.

자미국(지상 자미천궁)에 들어와야 할 사람들은 기존의 종교세상보다 더 높은 진짜 하늘을 찾으려고 갈망하는 사람들이다. 인간육신이 살아있다고 해서 모두가 구원 대상에 들어가는 것은 아니다. 인연이 맺어질 사람들은 맑고 깨끗한 사람들로 하늘과 조상님들을 소중히 생각하고 살아가는 사람들이다.

하늘과 조상님의 소중함을 몰라보는 사람들은 살아서도 죽어서도 자미국과는 인연이 절대로 맺어질 수 없기에 산 자들도 죽음 이후 천상 자미천궁에 오르지 못하고 춥고 배고픈 허공중천을 떠돌거나 축생계, 지옥세계를 면할 수 없다.

인간육신을 갖고 사는 인생은 잘살든 못살든 길어야 100년 미만이지만 죽음 이후의 지옥세계는 한도 끝도 없는 고통과 형벌이 기다리는 무서운 세계이다.

자신의 돌아가신 조상님들이 허공중천에서, 명부전에서, 축생계에서, 지옥세계에서, 종교세계에서, 자손들의 몸 안에서 고통받고 있으면 산 자손들도 똑같이 인생을 고통과 불행 속에서 살아가게 되어 있다는 비밀은 알고 있는가?

육신이 살아있을 때 자신의 조상님들을 구원해야 하고 자신들도 구원받아야 한다. 자손이 살아있지 않으면 조상님들도 구원받을 수 없고 자신 역시도 구원받지 못한다.

자신들이 죽어서 천상으로 돌아가고 싶으면 자미국에 들어와서 하늘을 존경하고 공경하며 정중히 받들어 모시고 천상의식을 행하여야 살아서 하늘의 보호와 사랑을 받고 살 수 있고 육신이 죽어서 천상 자미천궁으로 무사히 돌아갈 수 있다.

세상의 모든 종교세계를 통해서도 찾을 수 없었던 신기루 같은 무릉도원의 실존세계가 인류에게는 자미국이고 조상님과 자신의 영들에게는 천상 자미천궁이기에 하루라도 빨리 인연 맺는 것이 인생의 고통과 불행, 우환에서 벗어나 잘 사는 길이다.

이제까지 구원과 영생, 도통, 극락, 천국을 외치는 가짜 하늘은 그럴듯한 이론뿐이었고 실제적으로는 이루지 못해서 인간은 인간대로, 조상님은 조상님대로, 영들은 영들대로, 신들은 신들대로 뜻을 이루지 못하며 사기당해서 애간장을 태우고 살아가고 있는 것이 가짜 하늘의 현실이다.

이들 모두가 지금 가짜 하늘에 사기당하며 살아가고 있는지조차도 모르기에 각자 인간의 삶으로 질병, 사기, 배신, 관재, 우환, 사건사고, 불면증, 우울증으로 고통당하는 모습을 현실로 보여주고 있는 것이니 사신의 삶을 뒤돌아보기 바란다.

가짜 하늘이라고 하늘이 아무리 외치며 가르쳐주려 해도 육신이 없어 말로는 전달해 줄 방법이 없기에 각자의 인생으로 아픈 사연을 만들어 준 것인데 이를 깨닫지 못하고 오히려 다니던 가짜 하늘을 떠나 자미국(지상 자미천궁)으로 들어오면 벌 받아서 더 뒤집히고 죽는 줄 알고 있으니 안타깝다.

가짜 하늘을 믿다가 진짜 하늘을 믿겠다는데 무슨 벌을 받겠는가? 여러분에게 가짜 하늘이 벌을 주면 진짜 하늘이 팔짱만 끼고 그냥 바라보고만 계실까?

가짜 하늘에 다니고 있는 모두가 그곳을 떠나 자미국(지상 자미천궁)에 누구든지 들어올 수 있는 것은 아니다. 구원받지 못할 자들은 그냥 다니던 세계를 찬양하며 영원히 그곳에 머물러 있어야 하는 것이 하늘과 땅의 법도이다.

아무나 모두를 다 구원하지는 않기 때문이다. 이 책을 읽고 공감하고 감명받았다고 해도 구원받을 자가 있고 구원받지 못할 자가 있기에 선별한다. 천상 자미천궁에는 아무나 올라가는 곳이 아니다.

그리고 가짜 하늘을 열심히 믿는데도 잘 사는 사람들이 더러 있다. 이들은 그곳 가짜 하늘세계가 처음에는 맞는 것처럼 보이겠지만 끝내는 감당 못할 고통과 불행이 몰려온다. 진짜 하늘께는 구원받지 못할 사람들이기에 꽃피고 새 우는 무릉도원 천상 자미천궁에는 올라가지 못할 존재들이다.

그저 한순간 짧게 부귀영화 누리며 잘 먹고 잘 사는 것처럼 보이겠지만 진짜 하늘을 만나 전생과 현생의 죄를 빌 수 없기에 그 후환으로 엄청난 더 큰 고통과 불행의 후폭풍이 자신과 가족, 후손들의 인생으로 이어진다.

이 땅에 살고 있는 인류 모두에게 가장 큰 죄는 진짜 하늘을 책을 통하여 알려주었는데도 무시하며 찾지 않는 죄이다. 인간세상을 살면서 인간들끼리 서로 지은 죄는 아주 작은 죄이다.

진짜 하늘을 가르쳐주어도 무시하며 찾지 않는 죄는 당대만 받는 것이 아니라 자신들이 죽고 나서 당사자는 물론 대를 이어가는 자손이나 후손들이 수백, 수천, 수억만 년 동안 추적당하여 영원히 심판받아야 하기에 가짜 하늘을 믿어 지금 잘 산다고 하여서 독자 자신들이 그곳이 맞는다고 섣불리 결론을 내릴 수는 없다.

경제 회복의 해법은 무엇인가?

나라 경제, 세계 경제의 해법을 찾으려 하지만 속수무책이다. 정부 차원에서 경기부양책을 낼 것이지만 언 발에 오줌 누는 것과 같이 미봉책이고 한시적이며 근본적인 경기회복의 활성화는 나라 차원이 아닌 세계 경제가 전체적으로 살아나야 한다는 점이다.

세계 경제를 살릴 수 있는 능력을 갖고 있는 존재가 누구인가 하는 문제인데 정부와 독자들이 인정하기도 싫고 인정하기도 어렵겠지만 그것이 바로 하늘의 뜻을 인류 최초로 전 세계에 전하는 자미국(지상 자미천궁)의 저자이다.

정부 관료들의 비상한 머리로 나라 경제를 회복시킬 수 있다면 얼마나 좋을까? 하지만 그것은 불가능한 일이고 시간만 낭비할 뿐 아무런 도움도 안 된다. 나라 경제, 세계 경제가 불황으로 치닫고 있는 것 또한 독자들과 세계 인류에게 자미국의 존재, 저자의 존재를 인정하라는 강력한 메시지로 받아들여야 한다.

불가능이 없을 정도의 능력을 갖고 계시고 나라 경제, 세계 경제를 회복시켜 줄 수 있는 분들이 천상의 하늘과 땅의 하늘, 인간의 하늘이신데 이분들께서는 이 나라와 세계 인류가 자미국과 저자의 존재를 인정해야만 경제를 풀어주실 것이다.

그래서 독자, 기업인, 정부 당국자 모두에게 전한다.

경제난국을 풀려면 하루빨리 굴복해야 하고 하늘의 존재를 몰라보고 부정하며 무시한 죄를 천상의 하늘과 땅의 하늘, 인간의 하늘에 빌어야 할 것이다. 이것이 나라 경제, 세계 경제를 하루라도 빨리 풀 수 있는 지름길이다.

천상의 하늘과 땅의 하늘, 인간의 하늘, 저자의 존재를 인정하기 싫어서 차일피일 세월을 끌어봐야 아무런 해결책도 나오지 않고 국민과 기업인들만 더 고통스러울 뿐이다. 기후와 날씨, 천재지변, 괴질, 개인과 기업, 국가의 흥망성쇠, 세계 경제를 좌우하는 것도 천상의 하늘, 땅의 하늘, 인간의 하늘과 저자이다.

진실을 가르쳐주어도 저자의 말을 믿지 못해서 죄를 빌지 못함도 개인, 기업, 나라의 운명일 것이다. 인정하기 싫어도 나라가 안정되고 부흥 번창하여 크게 발전되기를 진정 바란다면 저자의 뜻에 따라 주어야 한다.

저자가 잘나서 이런 말을 하는 것이 아니라 인간의 길흉화복, 생로병사, 흥망성쇠를 인간들의 운이 좌우하는 것이 아니라 천상의 하늘과 땅의 하늘, 인간의 하늘이 좌우하고 계신다는 것을 자미국을 통하여 보여주시고자 함이다.

즉 개인, 기업, 나라가 저자의 존재를 인정하고 저자의 말을 따라 주어야 천상의 하늘과 땅의 하늘, 인간의 하늘께서 나라 경제, 세계 경제를 풀어주신다는 뜻이다. 저자는 천상의 하늘과 땅의 하늘, 인간의 하늘을 대신하는 역할이다.

경제를 회복시키는 열쇠는 저자가 갖고 있다. 집값이 계속 떨어지고 있는 것은 믿기지 않겠지만 저자가 집값이 너무 비싸다고 4년 전에 말했기 때문이다. 저자 인황이 기운(마음)을 바꾸지 않는 이상 부동산 경기 침체와 경제 불황은 계속 이어 진다.

저자는 천지기운을 움직이는 특별한 능력을 갖고 있다. 2001년부터 집값이 폭등할 때도 그랬었다. 나라의 경제뿐만이 아니라 세계 경제까지도 좌우하는 기운이기에 대통령이 자미국을 방문해서 저자를 만나야 세계 경제와 나라 경제를 함께 회복시켜 줄 수 있다.

무병이면 명이 짧아 단명하고, 골골하며 잔병치레하면 팔십까지 산다, 라는 속담이 있다. 잔병을 앓으면 병원에 자주 내왕하여 수시로 건강검진을 받아 사전에 큰 병을 예방하여 팔십까지 살지만 건강 체질로 몸에 병이 없으면 병원에 가서 정기검진을 받지 않기에 어느 날 이상해서 진단받아 보니 말기 암이라는 판정을 받고 세상을 떠나는 사람들이 주위에 많다.

이와 같이 인생도 살아가면서 돈이나 질병에 대해서 아무런 근심걱정 없이 평탄하게 잘 살아가고 있는 사람들이 오히려 갑자기 세상을 떠나고 큰 불행을 당하여 죽거나 장애인이 된다. 폭풍전야라고 해야 할까? 큰 폭풍우가 몰려오기 전이 잠잠하다.

인생사에 우환, 질병, 사건사고가 전혀 없고, 돈이나 질병에 대해 걱정하지 않고 살아가는 사람들은 자신의 삶이 매우 행복하다고 말하는데 가장 위험한 인생을 살고 있는 것이다.

살면서 어떤 고민걱정이 없으면 이 책을 읽어보고도 감동은 물론 흥미를 느끼지 못하고 절박함도 모르기에 찾아와야 한다는 필요성을 느끼지 못한다.

이런 행복한 삶이 자신과 배우자와 자녀, 조상님들을 구원할 필요성을 느끼게 하지 못하는 아주 위험한 암적인 행복이다. 그런데 지금 느끼고 있는 행복은 얼마 지속되지 못하고 반드시 깨지게 되어 있다는 진실을 전한다. 현재의 행복은 아주 큰 불행의 어두운 그림자가 눈앞에 다가와 있다는 것을 암시하는 메시지이다.

자신들이 전생에 지은 죄와 이미 돌아가신 시조까지 직계 선대조상님들이 전생과 현생을 살면서 지은 죄를 언젠가 자신들이 심판받아야 하기 때문이다. 심판받기 전까지는 행복한 인생이 지속될 것이지만 심판이 시작되면 상상을 초월하는 커다란 불상사가 걷잡을 수 없이 자신의 인생과 가족들에게로 불어닥친다.

한 치 앞도 알 수 없는 인생길을 살아가는 것이 인간의 삶이다. 이 세상에 태어났다는 것은 언젠가 죽어야 한다는 것을 뜻하는데 다만 죽는 날짜가 어느 날인지만 모르고 살아간다. 각자 죽음의 날은 내일이 될지 모레가 될지 아무도 모른다.

인간의 삶을 100년으로 본다면 이 책을 보는 부류들은 최하 연령층이 20~30대이고 적정 연령층이 40~50대이며 고령층은 60~80대까지인데 몇십 년 더 오래 살고, 덜 살고의 차이가 있을 뿐 모두가 이 세상을 죽어서 떠나야 한다는 사실이다.

죽는 사람들을 보면 뱃속에서 유산이나 낙태로 죽기 시작해서부터 태어나서 신생아 때 죽고, 갓난아기 때 죽고, 1세부터 100세까지 나이별로 수없이 죽어서 세상을 떠나고 있다. 그런데 육신의 삶이야 죽으면 그 자체로 끝나서 매장하든 화장하든 장례식을 치르면 되는데 문제는 그 이후부터다.

각자의 몸 안에는 어리든 나이가 많든 영이라는 존재가 있는데 이들은 육신이 죽어도 함께 죽지 않고 그대로 남아 있다. 자신의 가족은 조상님 또는 조상신이라 하고 남모르는 사람들이 죽으면 귀신이라고 하여 무서워한다.

이 땅에 남아 있는 조상님이라는 혼령들은 왔던 곳으로 돌아가야 하는데 가는 길을 몰라 돌아갈 수가 없어서 가족들의 몸으로 들어가서 함께 살아가고 있지만 이런 진실을 사람들이 눈에 보이지 않는다고 인정하려 하지 않고 벌건 대낮에 귀신이 어디 있느냐고 무식한 소리를 해댄다.

첨단과학 문명시대에 살고 있는데 무슨 귀신들이 있느냐고 부정하는 사람들이 의외로 많은데 이는 무지함의 극치를 보여주는 것으로 자신의 조상님이나 귀신들은 실시간으로 자신의 몸 안에서, 가정에서, 직장에서 실제로 존재하고 있다.

인간의 몸으로 태어난 영들이 내려온 세계가 천상 자미천궁이라는 곳이고, 육신이 죽은 이후에 천상으로 다시 돌아가야 하는데 인도자가 없어서 갈 수가 없기에 인간육신의 몸 안에서 무한정 함께 살아가고 있는 것이다.

구원자이신 진짜 하늘을 만날 때까지 조상님 혼령들은 수년에서 수천억 년까지 오랜 세월을 기다릴 수밖에 없다. 운 좋게 자손을 잘 만난 조상님들은 천상입궁의식을 행하여 천상 자미천궁으로 돌아가는 소원을 성취할 수 있지만, 못나고 못된 자손 몸에 살고 있는 조상님들은 고통과 불행 속에 세월과 자손들을 원망하고 한탄하며 살아갈 수밖에 없다.

하늘세계와 사후세계를 인정하지 않는 깨닫지 못한 자손과 조상님들은 영원히 무릉도원 천상 자미천궁에 올라갈 수가 없다. 육신의 사후에 자신의 영들이 돌아갈 곳이 없다면 몰라도 있다면 하루라도 빨리 준비를 해두어야 하지 않겠는가?

이미 돌아가신 자신의 모든 조상님들을 천상 자미천궁으로 보내드리는 의식이 조상님 천상입궁의식이고, 살아있는 자신들의 영들을 미리 천상 자미천궁으로 입궁을 예약하는 의식이 천인합체의식인데 서둘러서 행해야 할 중차대한 문제이다.

자신이 언제 어느 날 갑자기 죽을지 모르기 때문이다. 육신들이 잠시 잠깐 살다 가는 집들은 돈을 많이 들여서 호화롭게 장만하면서 사후세계, 천상세계의 집들은 배짱인지 무식해서인지 아예 마련할 생각조차도 하지 않고 살아간다.

사후세계의 진실을 몰라서 아무런 생각과 준비도 없이 무시무시한 죽음들을 맞이하는데 인간으로 태어난 순간부터 사후세계로 돌아갈 준비(천인합체의식)부터 해놓고 살아가야 마음이 편안하다.

인간의 삶은 잘살든 못살든 100년이라는 정해진 짧은 세월이지만 사후세계는 인간의 계산법으로는 짐작할 수조차 없는 길고 긴 세월이다.

일(一) 10의 0제곱 (1의 0배)
십(十) 10의 1제곱 (1의 10배)
백(百) 10의 2제곱 (10의 10배)
천(千) 10의 3제곱 (100의 10배)
만(萬) 10의 4제곱 (1천의 10배)
억(億) 10의 8제곱 (1만의 1만 배)
조(兆) 10의 12제곱 (1억의 1만 배)
경(京) 10의 16제곱 (1조의 1만 배)
해(垓) 10의 20제곱 (1경의 1만 배)
자(秭) 10의 24제곱 (1해의 1만 배)
양(穰) 10의 28제곱 (1자의 1만 배)
구(溝) 10의 32제곱 (1양의 1만 배)
간(澗) 10의 36제곱 (1구의 1만 배)
정(正) 10의 40제곱 (1간의 1만 배)
재(載) 10의 44제곱 (1정의 1만 배)
극(極) 10의 48제곱 (1재의 1만 배)
항하사(恒河沙) 10의 56제곱 (1극의 1억 배)
아승기(阿僧祇) 10의 64제곱 (1항하사의 1억 배)
나유타(那由他) 10의 72제곱 (1아승기의 1억 배)

불가사의(不可思議)	10의 80제곱 (1나유타의 1억 배)
무량대수(無量大壽)	10의 88제곱 (1불가사의의 1억 배)
구골	10의 100제곱
아산키야	10의 140제곱
센틸리온	10의 600제곱
스큐스수	10의 3400제곱
구골플렉스	10의 googol제곱
그레이엄수	무한대

우주의 절반이라는 200억 광년을 미터로 따지면 10의 26제곱 정도라니 이 숫자 단위들의 광대무변함을 보면 놀라움의 극치이다. 1광년이란 빛이 1년 동안 가는 거리를 1광년이라 하고 빛의 속도는 1초에 약 30만 km, 정확히는 1초에 299,792,458m이다.

1년은 60초×60분×24시간×365일=31,536,000초

1초에 299,792,458m×31,536,000초=9,454,254,955,488,000m이며 km로 환산하면 9,454,254,955,488(9조 4542억)km가 된다.

북극성 부근의 작은곰자리 천상 자미천궁까지 거리는 약 800광년이니 곱하면 7,563조 4,039억 64,390,400km이고 지구에서 태양과의 거리보다도 약 50,422,693배, 달과는 1974억 77,910,297배나 더 멀리 떨어져 있다.

달보다 지구가 3.67배 크고 태양은 지구보다 109배 크며 북극성은 태양보다 71배 크고 지구보다는 7,668배가 더 크다고 하니 상상이 안 된다.

빛의 속도로 가도 800년을 가야 하는데 조상님 천상입궁의식을 행하면 이 먼 거리를 당일 눈 깜짝할 사이에 올려보낼 수 있으니 하늘과 신명님, 하나님, 미륵님, 자미인황님, 두 저자의 능력이 어느 정도인지 상

상이 되는가?

인간의 삶은 아무리 길어봐야 10의 2제곱인 100년 미만의 삶을 살다가 죽는데 영들은 10의 3,400제곱보다도 더 길고 긴 무한대의 사후세상을 살아가야 하는데 이런 끝없는 죽음 이후의 사후세상을 아무런 대책이나 준비도 없이 길을 떠나려 하는 건가?

무식하면 용감하다고 했듯이 현재의 인류가 사후세상의 법도를 몰라서 대응 자체를 하지 못하며 살아가고 있다. 인간 100년의 삶이 전부인 양 육신이 죽으면 그만이라며 생각하고 살아가는 것이 무지한 인류의 현재 모습들이다.

이미 돌아가신 자신의 조상님들과 자기 자신과 배우자, 자녀들의 사후세상을 미리미리 준비하고 살아가야 800광년의 거리에 있는 천상 자미천궁으로 단숨에 올라갈 수 있다. 이제까지는 천상 자미천궁이 지척인 줄 알고 있었을 것이다.

북극성의 별빛이 800년 전에 발산한 빛을 지금 우리들이 보고 있다는 것이니 상상이나 가겠는가? 하늘세계, 사후세계의 어마어마한 진실을 알려 하지 않고 무조건 부정하려는 인간들이 참으로 가소롭다고 해야 할 것 같다.

자신의 몸 안에 있는 영들이 언제 어디에서 어떻게 왔는지도 모르면서 세상을 나 잘났다고 살고 있으니 기가 막힌다. 그러니 하늘과 조상님의 존재, 자신 영의 존재를 부정하는 것이다. 사후세계의 끝이 어디인지 알지도 못하면서 잘난 인간들은 육신이 죽으면 그만이라고 그렇게 떠들고 산단 말이던가?

인간세상에 사후세상의 집을 산속에 한 평 남짓한 무덤을 짓고 죽을 것인가 아니면 천상 자미천궁에 황금궁전을 짓고 죽을 것인가 이제는 각자가 선택해야 한다.

언제 다가올지 모르는 자신의 사후세계를 철저히 준비하는 자가 인간으로 태어나서 진정으로 가장 성공하고 출세한 자들이다. 이미 죽음은 정해져 있는 것이고 어디론가 가야 할 길이 정해져 있는데 사후세계를 믿지 못해서 망설이는가?

죽어서 후회해도 소용없으니 육신 살아있을 때 묻지도 따지지도 말고 촌각을 다투어 들어와야 끝없이 이어지는 사후세계에서 살아갈 길을 찾을 수 있다. 일각이 여삼추라 했으니 조상님들부터 천상 자미천궁으로 모셔라.

조상님들을 지옥세계, 허공중천, 구천세계에 들여보내 놓고 자신들만 호의호식하면서 살아가려 하는가? 그러고도 자신들이 성공하고 출세했다고 자만과 교만에 넘쳐서 세상을 행복하다고 즐거워하면서 살아가고 있는 것이던가?

조상님들이 사후세계에서 울부짖으며 살려달라고 외쳐대는 절규의 아우성이 들리지 않는가? 조상님의 원성이 하늘을 찌르고 있는데 자손들은 잠이 오는가?

배은망덕도 유분수지 자기 조상님들이 사후세계에서 울고불고 난리치며 구해 달라고 하늘께 상소문을 올리고 있는데도 자손이나 후손들은 어찌 이런 진실을 모르고 자신들만 이 땅에서 잘 먹고 잘살려고만 아우성들인가.

자신의 조상님들은 돌아가시어서 편히 계실 것이라고 생각하며 살아가는 사람들이 거의 전부일 것이다. 그렇다면 그대들의 조상님 혼령을 불러줄 테니까 천당이든 극락이든 올라가셨는지 조상님의 안부를 여쭈어보는 것이 자손 된 도리가 아닐까 싶다.

남과 북이 통일되려면

정부와 국민들이 하늘과 자미국의 존재를 인정하면 남북통일이 앞당겨진다. 하늘과 땅이 실제로 존재하고 계심을 보여주고 계신다. 인간의 능력으로는 남북을 통일시킬 수 없다. 정부와 국민들이 하늘과 자미국(지상 자미천궁)의 존재를 인정하면 선물로 남북통일을 시켜주실 것으로 보인다.

저자가 하는 말을 이 나라 정부와 국민들이 하루빨리 인정하고 자미국을 이 나라와 세계 인류의 중심으로 세워야 민족의 숙원사업인 남북통일을 이룰 수 있다.

자미국이 이 나라와 세계 인류의 중심으로 부상하였을 때 북한정권이 무너지고 남과 북이 통일될 것인데 남과 북의 통일은 하늘과 땅의 기운으로 이루어진다. 이 나라 국민들이 남북통일을 진정 원하고 바란다면 자미국(지상 자미천궁)을 이 나라와 세계 인류의 중심으로 세우는 것이 가장 빠른 길이다.

천안함 폭침과 연평도 포격사건이 더 큰 무력도발로 이어질 수 있었으나 이 땅에 두 저자가 있기 때문에 더 이상 확전되지 않았다. 앞으로도 북한의 무력도발은 계속 이어지겠지만 자미국이 이 땅에 있기에 큰 피해는 입지 않을 것이다.

남북통일의 열쇠는 정부가 쥐고 있는 것이 아니라 하늘과 땅 그리고 두 저자가 쥐고 있다. 정부가 나서서 남북통일을 외쳐봐야 자미국(지상 자미천궁)의 두 저자가 앞장서고 추진하지 않는 이상 절대로 이루어지지 않을 것이다.

자미국의 존재는 이 나라의 국가 안보와도 직결되어 있다. 북한 당국이 마음대로 남침하지 못하는 것은 자미국으로 함께해 주시면서 무력도발을 막아주고 계시기 때문이다.

북한의 김정일 국방위원장이 갑자기 사망하였는데 밝혀지지 않은 어떤 비밀이 있다. 강력한 무력도발 계획을 세우고 있었던 것으로 보인다. 하늘과 땅이 이를 눈치채시고 급히 저지하신 것이 결국 급성 심근경색과 심장쇼크로 이어진 것 같다.

한반도에서 일어날 무력도발이 대신 세계 각 나라에서 일어나고 있지만 이 또한 하늘과 땅이 자미국이 있는 이 나라를 하늘께서 보호해 주시는 천지조화의 사랑이시다.

우리 모두의 말과 행동에 대해 실시간으로 항상 지켜보고 계시기 때문에 저자를 위해하려는 어떤 불순 세력이 있을 경우 모두 막아주신다는 점이다. 즉, 자미국(지상 자미천궁)이 있기 때문에 이 나라가 하늘과 땅으로부터 절대적인 보호를 받으며 살아가고 있는 것이지만 이런 진실을 국민들은 모른다.

이 땅에 저자가 태어나고 자미국이 세워진 것이 이 나라와 국민들에게 가장 큰 복이라는 진실을 언젠가는 알게 되어 진정으로 감사함을 올릴 날이 올 것이다. 자미국의 존재가 세상에 많이 알려지지 않아서 뭐하는 곳인지도, 어떤 위상을 가진 곳인지도 잘 모르고 색다른 종교 정도로 알고 있다. 세상 모든 종교의 능력이나 인간의 능력으로 도저히 이루어 내고 행할 수 없는 하늘과 땅의 일을 해내는 대단한 곳이라고 생각하면 된다.

전 세계 어느 곳, 어느 종교를 통해서도 이룰 수 없는 하늘과 땅의 천상지상 공무를 집행하는 곳이기에 독자들은 자미국에 들어오는 자체가 천복이고 행운이다.

자미국의 환산 가치

프로야구 선수가 미국구단 LA다저스로 6년간 이적하는데 몸값이 390억이라고 한다. 그러면 인류의 구심점 자미국과 두 저자의 가치는 얼마나 될까 생각해 봤다.

자미국과 두 저자의 가치는 무한대로 추산한다. 상상을 불허하는 거액인데 그만큼 인류역사를 다시 창조하고 있는 귀한 곳으로 인간이 지구에 탄생한 이래 최초이다.

지구 전체 땅값과 세계 인류가 갖고 있는 모든 현금, 귀금속, 채권, 증권, 권리, 주택, 아파트, 빌딩, 부동산을 평가한 재산이 얼마쯤이나 될지는 계산하기가 불가능할 것인데 이 모두를 포함한 금액보다 몇억배 정도로 보면 된다.

지구상에 존재하는 모든 부동산과 전 세계 최고의 재벌기업들 모두를 합친다 할지라도 자미국과 저자의 가치를 능가할 수 없을 정도의 대단한 가치를 갖고 있으니 상상이 안 될 것이다.

천지만생만물을 천지창조하신
천상의 아버지 하늘은 태상천존 자미천황님이시고
천상의 어머니 하늘은 태상천존 자미황후님이시고
신의 하늘은 천상감찰신명님이신 천상선감님이시고
영의 하늘은 하나님이신 천상천감님이시고
도의 하늘은 미륵님이신 천상도감님이시고
땅의 하늘은 자미지황님이시고

인의 하늘은 자미인황님이시다.

두 저자는 독자 여러분을 위대하신 이분들과 만나게 해주어 현생과 내생을 구원받을 수 있도록 인도해 주는 인류의 영도자 역할자이다. 대능력자분들과 실제로 대화를 주고받을 수 있는 전 세계 유일한 곳이 자미국(지상 자미천궁)이다.

천상의 하늘은 천상의 하늘대로 역할이 있고
신의 하늘은 신의 하늘대로 역할이 있고
영의 하늘은 영의 하늘대로 역할이 있고
도의 하늘은 도의 하늘대로 역할이 있고
땅의 하늘은 땅의 하늘대로 역할이 있고
인의 하늘은 인의 하늘대로 역할이 있고
남자 저자는 남자 저자대로 역할이 있고
여자 저자는 여자 저자대로 역할이 따로 있다.

모두가 대단한 능력자분들이시지만 각자 맡은바 분야에서 각기 역할을 따로따로 하고 계시는데 권한 남용과 오만방자함을 막기 위하여 한 분에게 모든 권한을 다 주지 않았다고 하신다.

지금까지 세상에서 알고 있었던 하늘에 대한 관념을 바꾸어야 할 때가 왔다.

하늘은 상상 속의 하늘이 아니라 실존하시는 하늘이신데 다만 인간처럼 육신이 없다는 것뿐이다. 두 저자는 이렇게 위대하신 분들과 여러분을 의식을 통해 직접 만나게 해서 행복한 인생으로 바꾸어주기 위해 길안내를 해주는 인류의 영도자 역할인 것이다.

70억 인류가 저마다 수많은 가짜 하늘을 믿고 있는데 진짜 하늘을 만날 수 있는 곳은 이 지구상에 자미국 하나뿐이다. 독자 여러분 모두는 지금까지 진짜 하늘이 아닌 가짜 하늘을 믿고 있다는 진실을 알지도 못하고 오랜 세월 가짜 하늘의 이론에 세뇌당해서 저자가 전하는 어마어마한 진실을 인정하기가 정말 싫을 것이다.

이곳은 인간, 조상, 영, 신들 모두에게 생사여탈권을 행사하는 아주 대단한 곳이다. 두 저자를 통해서만 진짜 하늘을 만나 현생과 내생을 영원히 구원받을 수 있기 때문이다.

죄를 빌지 않는 사람들은 하늘이 내리시는 복을 받을 수 없고 구원도 안 되기에 내생(신선)에 대한 보장이 이루어지지 않는다. 지구가 이 땅에 생성되어 인간이 살기 시작한 시점부터 현재까지 46억 년이란 세월이 흘러갔지만 자미국이 태동한 것은 처음이고 공식적인 구원 역시 처음으로 이루어지고 있다.

두 저자를 만나는 자체가 인간으로 태어나 가장 영광스러운 일이고 행운아에 속한다. 인간육신의 삶만 있는 것이 아니라 죽음 이후의 사후세계의 삶도 실제 존재하기 때문이다.

하늘이 인류에게 내린 말씀을 무시하고 살아가면 살아서나 죽어서나 하늘께 받을 것은 아무것도 없다. 인간들이 살아서 가장 좋아하는 재물과 권력, 명예, 장수, 건강, 행복, 구원, 천복은 아예 포기하고 살아가야 한다.

하늘이 내리시는 말씀
신명님이 내리시는 말씀
하나님이 내리시는 말씀
미륵님이 내리시는 말씀
자미인황님이 내리시는 말씀

조상님이 내리시는 말씀을 무시하고 살아가면 살아서도 죽어서도 이분들에게도 받을 것이 아무것도 없고 구원받지 못해서 자신의 인생 자체가 죽음과도 같이 돌변한다.

또한 육신을 갖고 있는 두 저자가 전하는 진실의 말을 부정하고 무시하며 사이비나 이단이라고 매도해도 잘되는 일이 하나도 없고 인생 자체가 송두리째 뒤집어진다는 것을 각자가 현실의 삶을 통하여 뼈저리게 겪게 될 것이다.

말 한마디에 천 냥 빚을 갚는다고 하였다.

두 저자 육신은 여러분들이 가정과 회사에서 말하고 생각하는 것을 알 수 없어서 사이비라 욕해도 들을 수 없지만 하늘, 신명님, 하나님, 미륵님, 자미인황님은 여러분이 밖에서 하는 말이나 생각을 실시간으로 지켜보며 듣고 계신다.

저자를 매도하고 욕하면 이에 대한 응징의 벌이 현실에서 실시간으로 속속 일어나는데 못 믿겠으면 말이나 글, 마음으로 욕을 해서 실제로 어떤 벌이 자신에게 내리는지 체험해 보면 된다. 말 한마디 잘못해서 자신의 인생을 멸망시키는 우를 범하지 마라.

자미국(지상 자미천궁)은 천상의 하늘, 땅의 하늘, 인간의 하늘과 신의 하늘, 영의 하늘, 도의 하늘이 함께하고 있는 인류의 구심점으로 인간과 조상님, 신과 영에 대한 구원과 생사여탈권을 행사하는 절대적인 존재이다.

조상님을 만날 수 있는 천상입궁의식

자신의 돌아가신 부모조상님, 배우자, 자녀, 형제, 자매의 혼령을 불러서 만날 수 있는 상봉시간이 있다. 굿을 해본 경험이 있는 사람들은 이해가 빠를 것인데 무속세계에서 만나본 조상님은 99.9%가 그들이 만들어낸 가짜 조상들이다.

무속인을 통해서 진짜 조상님을 만난다는 것은 사막(억조 혼령)에서 모래알 하나(자기 조상)를 찾는 것과 같을 정도로 불가능하다. 사후세계에 들어가서 구치소나 교도소에 갇혀 있는 조상의 혼령들을 누구 마음대로 불러서 만날 수 있겠는가?

자신들의 진짜 조상인지 아닌지는 태초로 영(조상)들을 창조한 당사자이신 하늘이나 아신다고 신의 최고 수장이신 신명님께서 가르쳐주시었는데 이 얼마나 충격적인 말씀이신가? 지금까지 굿을 해주고 있는 수많은 무속인들은 결국 가짜 조상들을 만들어내서 자손과 만나게 해준 것이 아니던가.

천상에서 하시는 말씀은 종교세계가 조상 갖고 장난친다고 진노하시며 진짜 조상인지 아닌지는 하늘만이 아신다고 수없이 말씀하시었다. 무속인을 통해서 만나본 존재는 자신의 조상님을 흉내 낸 가짜 조상들인 것을 일반인들이 어찌 알겠는가?

저자 역시 신명님을 통해서 처음으로 이런 진실을 최근에야 알았으니 무속인들이야 오죽하겠는가? 그래서 굿을 하면 일이 잘 풀리는 것이 아니라 더 힘들어지고 뒤집어지는 이유였다. 그리고 극락왕생하라고 법문 독경을 하여도 자손 몸에 그대로 남아 있거나 굿 당이나 절 안에 그대로 머물러 있다.

자신과 배우자의 직계 조상님들이 한두 조상님도 아니고 시조까지 헤아릴 수 없이 수많은 조상님들이 있는데 그분들은 어떻게 할 것인가? 당대에 돌아가신 조상님부터 시조조상님에 이르기까지 양가 조상님을 몽땅 천상 자미천궁으로 보내드릴 수 있는 것이 천상입궁의식이고 일평생 단 한 번만 행하면 되는 아주 귀한 의식이다.

무속에서처럼 수시로 하라고 절대 권유하지 않는다. 만일 두 번 천상입궁의식을 행하면 그것은 먼저 행한 천상입궁의식을 부정하는 것이 되기에 천벌을 받으므로 두 번 의식하는 경우는 없다.

진짜 조상님과의 만남!

자미국(시상 사미천궁)의 여사 서사인 사감 육신을 통하지 않으면 절대 불가능한 일이다. 진짜 자신의 조상님을 만나려면 사감 육신을 통해서만 가능하다. 대단하신 하늘께서 사감에게 그런 역할과 기운을 내려주시었다.

저자가 조상님 혼령을 사감 육신의 몸과 마음으로 청배하면 진짜 조상님과 만날 수 있다. 눈물콧물 범벅이 될 정도로 감동하고 자신의 조상님이심을 각자 스스로가 알아볼 정도로 똑같은 말과 행동을 해서 놀라자빠질 정도이다.

조상님과의 만남에서는 당대에 돌아가신 부모조상님이 오시는 경우도 있고 1천 년 선에 놀아가신 시조조상님이 대표로 오시는 경우도 있어서 깜짝 놀란다. 1천 년 전에 돌아가신 조상님들은 대부분 절에서 공부하며 극락왕생하고자 했지만 뜻을 이루지 못했다고 말씀하시며 그동안에 속고 속은 힘든 세월을 한탄하시었다.

1천 년 동안 불법 공부를 해도 올라가지 못하는 극락세계를 수많은 사람들은 천도재나 굿을 해서 좋은 세계 올라가서 편히 계실 것이라고 생각하고 조상님 전에 복을 달라 빌고 있었으니 돌아가신 조상님들은 분통이 터진다.

굿과 천도재! 1백 년 1천 년을 해드려도 조상님들의 뜻을 이룰 수 없다. 극락세계, 천국세계 올라가는 것이 그리 쉬운 일이던가?

우리 인간들의 생각과는 너무나도 다른 사후세계이다. 전생과 현생의 죄를 용서 빌어야 하고 하늘로부터 사면을 받아 죄의 굴레에서 벗어나야만 천상 자미천궁으로 다시 오를 수 있는 천상세계 특유의 법도가 있다.

예를 들어 청와대를 천상 자미천궁이라고 가정해서 설명한다.

이 나라의 국민들이라도 청와대에 들어가려면 사상적으로 문제가 있는 사람인지 조직폭력배, 강간, 특수절도, 폭행치사, 사기, 방화, 성폭행, 살인의 전과에 대한 신원조회를 거쳐야 한다. 이런 절차 없이 이 나라의 국민이라고 신청자 모두에게 청와대 방문을 허용한다면 아수라장이 되고 방화로 불타버릴 것이다.

수많은 조상님들이 살아생전과 전생인 천상세계에서 과연 어떤 흉악한 죄를 지었는지 알 수 있겠는가? 죄에 대한 심판과 사면을 받지도 않은 신분조차도 알 수 없는 수많은 조상영가들에게 굿이나 천도재를 올리면서 무조건 천국세계, 극락세계 올라가라 하고 있으니 이 죄를 어떻게 빌 것인가?

무식하면 용감하다고 했는데 사후세계 법도를 모르는 이들의 죄가 가장 크다. 하늘로부터 인황(지황)이라는 인류 최초의 인류 최고의 높은 관명을 받은 저자 역시도 내 마음대로 조상님들을 천상세계로 구원할 수가 없다.

천상입궁의식이 있을 때 천상 자미천궁에서 신명님, 하나님, 미륵님께서 자미국으로 하강하시어서 조상님 혼령들을 심판하고 교화하여 하늘께 사면받게 해서 구해 주셔야만 천상 자미천궁으로 입궁할 수 있다는 천상법도를 알았기 때문이다.

그래서 지금까지 죽은 조상님 혼령들과 사람들을 구원하겠다고 굿이나 천도재의식을 한다는 자체가 자신들이 하늘이라고 자처하는 죄가 되는 것이고 이들에게 의식을 의뢰한 사람 역시도 이들과 공범자가 되어 죄가 하나 더 늘어날 뿐이다.

그러니까 누군가에게 자신이나 가족, 조상님을 구원해 달라고 의식을 의뢰하는 그 자체가 그들을 하늘로 인정하고 받드는 큰 죄를 짓는 일이기에 벌을 받아 인생이 더욱더 꼬인다. 그들을 하늘로 바꾸는 어마어마한 역천자의 죄를 짓는 일이다.

하늘에 죄를 지으면 자신과 가족의 인생이 뒤집어지고 자손 대대로 벌이 내려간다. 그래서 이 세상의 어떤 가짜 하늘을 믿는 자체가 그들을 하늘로 바꾸어 받느는 역천자의 죄를 짓는 일이기에 다른 짓은 다해도 좋으나 진짜 하늘을 바꾸는 역천자의 죄는 절대로 짓지 말라고 신신당부하시었다.

하늘을 역천한 죄는 육신이 죽어서 불에 타고 땅속에 묻혀도 천년만년 억만년의 세월이 지나가도 용서받을 수 없다고 하시었다. 당사자뿐만이 아니라 그의 자손이나 후손들도 자자손손 대대로 하늘의 벌을 피할 길이 없다고 하신다.

가짜 하늘이 왜 무서운 것인지 이제 조금은 이해가 될 것이다. 인생을 살면서 지은 다른 죄는 다 용서해 줄 수 있어도 하늘을 바꾼 역천자의 죄만은 절대로 용서받을 수 없다 하신다. 그런데 이 나라의 국민들 중에 70~80%가 현재에도 가짜 하늘을 믿고 있거나 다녀보았던 사람들이니 하늘을 바꾼 역천자의 죄를 살아생전 어찌 풀고 세상을 떠날 것인지 안타깝다.

가짜 하늘을 믿어 하늘을 바꾼 역천자의 큰 죄를 마지막으로 빌어 용서받을 수 있는 길은 자미국에 들어와서 천상입궁의식을 행하는 것 하나뿐이다.

신선으로 재탄생한 신인간

하늘의 원과 한은 무엇이고, 신명님, 하나님, 미륵님의 원과 한, 각자 조상님들의 원과 한은 무엇인지 들어봐야 한다. 그리고 자신의 몸 안에 있는 영(신)들은 무엇이 원이 되고 한이 되었는지, 무엇을 말하고 싶은지도 들어봐야 한다.

인간들이 하늘은 고요하고 아무런 근심걱정 없이 태평스럽게 계실 것처럼 생각할 테지만 기쁨, 노여움, 슬픔, 즐거움 즉, 희로애락의 감정을 모두 느끼시는 살아계신 하늘이시다. 물론 인간처럼 육신이 없으시지만 실시간으로 감정을 느끼시고 우리 모두의 말과 행동을 지켜보시고 들으시는데 자미국에서 천상의식을 행하면 하늘의 귀한 말씀을 실제로 들을 수 있다.

인간으로 태어나서 살아생전 꼭 해야 할 일은 무엇인가?

전생과 현생에 지은 죄를 하늘께 빌어 용서받고 천상입궁의식을 행하여 부모 조상님에 대한 효도를 다하고 난 뒤에 천인합체의식을 행하여 자신과 가족을 구원하는 일이다.

자미국에서 태초로 천상의 신선(고급신명)들과 하나로 결합하는 천인합체의식을 행하여 하늘이 내려주시는 천기를 받고 살아가는 사람을 新인간 즉, 천인이라고 부른다.

'나는 누구인가'를 알 수 있는 전 세계 유일한 의식이다. 자신의 몸 안에 영이나 신이 들어와 있는 경우가 있고 아예 둘 다 없는 경우도 있는데 이런 경우 대부분 배우자나 자녀, 부모의 몸으로 피신해 있는 경우가 많다.

신이 없는 경우에는 하늘의 명을 받아 천상의 고급신명(신선)과 하나 되는 의식을 행해야 하는데 이것이 천인합체의식이다. 천상의 신과 하나 되면 수많은 신비한 변화가 자신의 삶으로 일어나고 그동안의 고통과 불행의 굴레에서 벗어난다.

그리고 육신이 어느 날 갑자기 사망하더라도 천상 자미천궁으로 올라갈 수 있는 특권을 갖게 되어 죽음 자체가 전혀 두렵거나 무섭지 않고 돌연사나 비명횡사 당하는 일이 막아진다. 언젠가 떠날지 모르는 죽음 이후를 대비해서 천상 자미천궁으로 입궁을 미리 예약해 놓는 아주 귀한 의식이다.

하늘께서 우리 인류에게 주신 최고의 선물이 천상입궁과 천인합체의식이나. 이미 육신을 잃어버린 부모, 형제, 배우자, 자녀, 조상님들에게는 천상입궁의식을 행해 드려야 하고 육신이 살아있는 사람들은 전생의 죄를 빌어서 천인합체의식을 행하여 천인으로 재탄생해야 한다. 천인으로 탄생하면 일상사에서 갑자기 일어나는 불행한 일들이 사전에 예방되는 신비로움이 있다.

인간세상은 구원의 마지막 시험장이다. 육신이 살아서 자미국에서 천인으로 탄생하지 않는 이상 인간 대다수는 죽으면 짐승이나 가축, 뱀, 곤충, 개미의 몸으로 윤회하고 죄가 크면 윤회과정을 생략하고 지옥세계로 직행하게 된다.

천인으로 탄생하여 천상 자미천궁으로 입궁하지 않는 이상 인간으로 다시 환생하는 일은 없다. 만일 환생하였다면 그것은 귀신에 빙의된 것일 뿐이다. 살아있는 짐승과 가축, 곤충, 뱀, 개미, 조류, 어류의 전생이 모두 인간들이었다는 경천동지할 진실을 알고 있는가?

인간으로 탄생시켜 주신 자체는 아직 하늘께 구원받을 기회가 남아있다는 증표이다. 이번 생에서 구원받지 못하면 여러분은 죽어서 끔찍한 짐승으로 태어나게 되어 있다. 천상입궁의식과 천인합체의식을 통하여 하늘께 구원받지 못하면 살아서는 물론 육신이 죽음과 동시에 처절하게 후회한다.

산천에서 살아가는 코끼리, 사자, 곰, 여우, 늑대, 오소리, 고양이, 쥐, 소, 호랑이, 토끼, 뱀, 말, 염소, 원숭이, 닭, 개, 돼지, 미물, 족제비, 두더지, 지네, 구더기, 벌레, 곤충, 매미, 새, 물고기, 개미, 거미 등등으로 태어나게 된다.

독자들은 이 말이 진실인지 거짓인지 알 수 없어서 고민과 갈등을 많이 할 수 있겠지만 진실이다. 전생과 현생의 죄를 빌 수 있는 마지막 기회를 주시고자 만물의 영장인 인간으로 탄생시켜 주시어 천상입궁의식과 천인합체의식을 행하여 천상세계 자미천궁으로 올라갈 수 있는 기회를 주심에 감사함도 모르고 재물, 권력, 명예, 출세, 성공, 부귀영화에만 혈안이 되어 있다.

가짜 하늘을 열심히 믿고 있는 사람들은 자미국(지상 자미천궁)을 통하여 구원받기가 참으로 어렵다. 너무나 열심히 가짜 하늘을 믿고 있기에 진실이 거짓으로 들리고 사이비로 받아들여 부정하기에 구원 자체가 거의 불가능하다.

그래서 하늘께서 다른 짓은 다해도 좋으나 종교만은 다니지 말라고 말씀해 주시었다. 수십 년 다니던 곳을 이 책을 읽어보고 공감하고 감동하는 것은 참으로 어려운 일이기 때문이다. 이미 다른 하늘을 믿고 있는 사람들은 세뇌되어 있기 때문에 설사 그곳이 구원받지 못하는 가짜 하늘일지라도 끝까지 믿을 것이기 때문이다.

가짜 하늘의 벽을 독자들이 과연 어떻게 넘을 수 있을 것인가? 벌 받을까 봐 다니던 곳을 떠나지 못할 것이기 때문이다. 평생을 믿었던 그곳을 어찌 박차고 나오겠는가?

그래도 남은 여생을 행복의 세상으로 바꾸고, 죽어서 짐승이나 곤충으로 태어나지 않으려는 독자들은 이제라도 생각을 바꾸고 어려운 결심을 해야 한다. 하늘을 몰라보고 가짜 하늘을 평생 열심히 믿어봐야 고통과 불행뿐이다.

육신이 죽어서 천인이 되어 구원받아 천상 자미천궁으로 올라갈 것인가, 아니면 축생계로 윤회하거나 지옥세계로 입문할 것인가의 선택은 각자가 판단해야 할 사항이다.

지금 살아있는 인류 모두가 돌아가야 할 길은 이미 정해져 있고 언제 떠날 것인가 그 날짜만 모를 뿐 인류 모두가 육신을 버리고 어디론가 가야 한다. 죽어서 갈 곳을 몰라서 짐승으로 태어나거나 허공중천 구천세계를 방황하지 말고 육신이 살아있을 때 천상입궁을 예약해 놓고 마음 편히 살아가야 한다.

가짜 하늘은 1천 년을 믿어도 구원이 안 된다는 진실을 천상입궁의식 때 조상님들을 통해서 수없이 확인하였으니 이제라도 독자들은 생각을 바꾸어야 살길이 열린다.

두 저자는 하늘세계, 사후세계에 대해서는 세계 최고의 전문가이기에 로마 교황, 일본 천황, 영국 여왕, 세계 각 나라 왕과 대통령, 목사, 신부, 승려, 도인, 법사, 무당, 보살, 도사 등 최고의 영 능력자라 할지라도 하늘을 능가할 수 없고 두 저자를 능가할 수 없다.

현생의 삶이 끝이라고 생각되는 독자들은 이 책 내용을 부정하고 지금처럼 각자가 살아왔던 방식 그대로 가짜 하늘을 열심히 믿으며 살아가면 되고, 사신의 현생과 사후세계 삶을 바꾸어보려는 독자들만 예약한 후 방문하면 된다.

가짜 하늘을 열심히 믿는다고 구원받는 것이 아니라는 진실을 수없이 확인하였다. 죄가 사면되지 않고서는 구원은 꿈만 같은 일이라는 것도 알았고, 살아서 가짜 하늘을 열심히 믿었던 죽은 영혼들이 천당극락으로 스스로 찾아 갈 수도 없다는 진실도 확인하였다.

육신의 사후에 추위와 배고픔으로 고통받으며 허공중천 떠도는 비참한 귀신 신세 되지 않고, 지옥세계나 짐승으로 태어나지 않으려면 하루라도 빨리 책을 읽고 진실을 인정하고 지금까지 살아온 지난날을 반성해야 한다.

비교적 죄가 가벼워서 축생계나 지옥세계로 떨어지지 않은 영혼들은 배우자, 자녀, 부모, 형제의 몸으로 들어가지만 살아있는 사람들은 가족영혼(귀신)들이 들어왔는지 알 수가 없고 대화를 시도하지만 전혀 소통이 이루어지지 않아서 매우 힘들어 하고 이때부터 집안에 우환과 사건사고가 줄줄이 터진다.

신선으로 재탄생한 천인의 삶을 살아갈 것인가? 아니면 고통과 불행이 이어지고 사후세계를 보장받을 수 없는 인간의 짧은 100년 미만의 부귀영화 누리는 삶을 계속 살아갈 것인가는 독자들이 선택해서 판단해야 한다.

인류의 종착역은 지상에서는 자미국이고 천상에서는 자미천궁이며 인류라 함은 인간, 조상님, 신, 영들 모두가 포함된다. 인간육신을 제외한 이들 모두가 가야 할 종착역이 천상 자미천궁 입궁이고 이 역할을 해주는 곳이 자미국이다.

인류 대다수가 바라고 원하는 건강, 행복, 화목, 장수, 영생, 재물, 권력, 명예 등 모든 것을 인간의 절대자와 땅의 절대자가 좌우하시고 인간육신과 조상님, 신, 영들의 소원은 하늘과 땅 차이처럼 완전히 다르다는 것을 알아야 한다.

대다수 인간들은 재물, 권력, 명예, 성공과 출세 등, 부귀영화를 추구하지만 조상님과 신, 영들은 태초의 하늘께 죄를 용서 빌어 사면받고 천상에서 신선(천인)으로 영생하기를 간절히 바란다. 인간세상에서 누렸던 수많은 재물과 높은 권력, 높은 명예는 육신이 죽으면 사후세상에서는 전혀 통하지도 알아주지도 않는다.

살아서든 죽어서든 하늘세계, 사후세계의 주인이신 하늘로부터 인정

받고, 구원받을 수 있는 유일한 길은 천상입궁의식 이후에 신선과 하나로 결합하는 천인합체의식을 행하여 新인간 천인으로 탄생하는 길 하나뿐이다.

신선으로 재탄생하는 천인합체의식은 어릴 때일수록 효과적이고 뱃속에 태아일 때 해주는 것이 가장 좋은데 그 이유는 뱃속에서부터 하늘의 사랑과 보호를 받고 살아갈 수 있고 세상에 태어나서도 모든 험악한 불상사로부터 보호받을 수 있기 때문이다.

육신이 살아서 천인합체의식을 행하면 자신의 죽음 이후에 걱정되는 제사, 차례, 산소에 대한 문제가 완전히 해결된다. 천인으로 재탄생하면 굿이나 천도재, 천상입궁의식을 행하지 않아도 죽으면 천상궁전 자미천궁으로 즉시 입궁할 수 있기 때문이다.

육신이 살아서 자신의 사후세계를 미리 준비할 수 있는 전 세계 유일한 의식이 고귀한 천인합체의식이다. 죽어서 자손 찾아가서 울부짖지 말고 자신의 사후세계는 자신이 생전에 직접 준비해야 한다. 자식들 찾아가 봐야 혼령이 왔는지 갔는지 알 수 없고, 아무리 말해도 자식들이 듣지 못하기 때문에 속만 터진다.

육신이 살아서 자식들에게 부모의 뜻을 전해 주어도 말을 듣지 않는데 죽어서 무슨 재주로 자식들에게 자신의 뜻을 전하겠는가? 자신들이 죽으면 자식들은 호화 산소나 납골묘 만들고 제사와 차례를 잘 지내고 성묘만 자주 다니면 조상님에 대해서 최고로 효도하는 방법으로 알고 있을 뿐이다.

재산 많이 남겨주면 장례식 끝나자마자 유산분배 문제로 피 튀기는 싸움이 기다리고 있다. 유산 문제로 형제간에 의리상하고 완전 남남이 되고 철천지원수 지간이 된다.

자식들은 자미국을 모르기 때문에 자신의 사후에 자식들이 찾아와서 본인들의 천상입궁의식을 행해 줄 수가 없다. 설사 안다고 하여도 사명자가 아니기 때문에 돈이 아까워서 절대로 천상입궁의식을 행해 주지 않는다. 자신이 살아서 말해 주어도 안 믿을 텐데 자신이 죽고 나면 해 주겠는가?

각자 선택받아 들어올 수 있는 사람은 가족 중 단 한사람뿐이다. 본인, 배우자, 자식, 부모 중에서 한 사람만이 사명자가 될 수 있기에 나머지 가족들에게는 자미국에 대해서 일절 말하면 안 된다. 말을 하게 되면 사이비라 욕하고 집안에 싸움이 나게 되어 있기에 인연을 맺을 수 없다.

사명자들은 가족들에게 일절 말하지 말고 본인 혼자서 상담하러 와야 하고 의식을 행하더라도 절대로 비밀로 해야 하늘이 주신 기쁨과 행복을 지킬 수 있다.

상담하러 올 때 배우자나 부모, 자식, 형제, 친구, 지인, 애인을 데리고 방문하면 상담 자체를 불허하니 참고 바란다. 돌아가신 조상님들이 천상 자미천궁에 올라가서 신선이 되는 의식을 천상입궁의식이라 하고 이들을 천손이라 부른다.

죽으면 사랑했던 가족, 친척, 친구, 지인과 피땀 흘려 이룬 소중한 집, 땅, 돈, 권력, 명예를 놔두고 떠나야 한다. 이 모두를 사후세계로 가져갈 수 있는 방법은 세상 그 어디에도 없다. 어느 누구에게 의지할 대상도 없는 미지의 무섭고 두려운 사후세계. 살아서 소중했던 이 모든 것을 쓸 수 있는 방법이 자미국에 있다.

죽어서 각자 영혼들이 의지할 유일한 대상은 태상천존 자미천황님뿐인데 살아서 하늘의 명을 받아 천인의 신분이 되어 있어야만 죽어서 하늘께 의지할 수 있다. 죽어서 의지할 대상이 하나도 없다는 것 얼마나 외롭고 얼마나 황망한 일인지 생각해보면 앞이 깜깜할 것이다. 그래서 이 책을 읽게 된 독자들은 너무나 다행스러운 일이다.

이 세상에서 진짜 하늘을 만나 꽃 피고 새 우는 무릉도원 천상궁전 자미천궁으로 올라가서 살 수 있음은 상상을 초월하는 공상세계 같은 일이다. 자신의 사후세계 준비는 언제 세상을 떠날지 모르기에 자신이 직접 준비해 놓고 살아가야 하는데 빠르면 빠를수록 좋다. 살아생전 육신의 묏자리만 장만할 것이 아니라 천상 자미천궁에 올라가서 살 수 있는 천인합체의식부터 행해야 한다.

천하제일 명당

산세(용)가 북극성 부근의 작은곰자리 모양을 하고 있는 자리를 땅에서 천하제일 명당으로 꼽고 이를 자미원 또는 자미원국(紫微垣局)이라 부른다. 이 자리는 하늘의 천기를 가장 많이 받는 자리라고 해서 천하제일 명당으로 소문이 나 있는 곳이다.

그러면 하늘의 기운을 가장 많이 받는 세계 200여 개 국가의 자미원국은 어디일까? 그것이 외형상으로는 대한민국이고 내면적으로는 인류의 중심 역할을 해낼 자미국(紫微國)이다.

자미원국 혈자리에 산소를 쓰면 72억 인류를 다스리는 천자(대황제)가 태어나고 전 세계로부터 조공을 받는다고 해서 사람들이 지대한 관심을 갖고 혈안이 되어 있다.

자미원국은 전설적으로 내려오는 천하제일 명당자리로서 하늘의 기운을 가장 많이 받는 땅의 자리와 인간의 자리(대황제)를 말하는데 그곳이 바로 실시간으로 하늘의 기운이 가장 강렬하게 내리는 인류 최고의 자미국이다.

조상님들에게 천하제일 명당자리는 땅의 명당자리가 아니라 천상의 대 명당자리인 자미천궁이고 그 뜻을 이루는 것이 인류 최초의 조상님 천상입궁의식이다.

독자들 자신의 몸에서 함께 살아가고 있는 수많은 조상님들은 이제 하늘의 새로운 진실을 인정해야 한다. 언제까지 자식들의 몸 안에서 함께 살면서 자식들에게 명당자리 찾으라 하며 제사, 차례, 성묘 타령들을 할 것인가?

각 성씨 독자들과 조상님들.

이제 후손이 책을 읽고 도를 닦지 않아도 자미국에 들어와 조상님 천상입궁의식을 행하여 천상 자미천궁에 올라가서 신선이 되면 땅의 명당자리 찾아다니지 않아도 되고 자식들에게 평생 제사, 차례, 성묘를 받지 않아도 춥고 배고프지 않은 세상이니 더 이상 가짜 하늘과 풍습, 관습에 얽매이지 않아도 된다.

살아서 벼슬길에 오르지 못했던 조상님들도 자미국에서 벼슬입궁의식을 행하면 천상 자미천궁에서 벼슬을 할 수 있으니 살아생전 높은 자리에 오르지 못하고 원과 한이 되어 죽은 조상님이 있거든 자손들이 뜻을 이루어주면 된다.

살아있는 사람들 역시 자신이 원하던 높은 벼슬자리에 오르지 못하고 있는 것이 원이 되고 한이 되면 자신의 천인합체의식을 행할 때 높은 벼슬을 하사받는 벼슬 천인합체의식을 행하면 된다.

자신들이 원하는 높은 자리가 대통령, 영부인, 총리, 국회의장, 대법원장, 헌재소장, 선관위원장, 부총리, 장관, 차관, 차관보, 1급 관리관, 2급 이사관, 3급 부이사관, 4급 서기관, 5급 사무관, 광역시장, 도지사, 국회의원, 시장, 군수, 구청장, 육해공군 참모총장, 검찰총장, 경찰총장, 판사, 검사, 변호사라면 벼슬 천인합체의식을 행하라.

현실에서는 말도 안 되는 불가능한 일이지만 자미국에서만 가능한 일이다. 벼슬 천인합체를 행하면 살아서 그 뜻이 이루어지거나 혹 이루지 못하고 죽어도 천상궁전 자미천궁에서 올라가서 이루게 되고 천상에서 본인이 누리는 벼슬의 기운을 후손이 받고 살아가기 때문에 자손들이 잘된다.

그리고 자손들에게 유언으로 남겨야 할 말이다. 가짜 하늘은 절대로 믿으면 안 되고 조상님과 하늘만 지극정성으로 받들고 믿으며 살아라. 하늘은 산 자와 죽은 자 모두의 생사여탈권을 영원히 행사하시는 생명줄이시기 때문이다.

하늘은 여러분 모두에게 생명이자 주인이시고 영원한 희망의 등불이시다. 인정하기 싫어도 자신들이 지은 죄를 용서받아 행복해지기 위해서는 무조건 인정해야 한다.

세상 그 어느 종교를 통해서도 들어본 적이 없는 하늘의 진실에 대하여 믿기가 쉽지는 않을 것이지만 부정적인 마음을 떨쳐버리고 순응하는 것이 좋다. 하늘의 진실을 부정하고 무시하며 자미국(지상 자미천궁)을 사이비라 매도해봐야 결국 자신들과 가족 모두의 인생만 자꾸 꼬이게 될 것이다.

책을 읽으면서 말로 부정하고 욕하든 마음속으로 부정하고 욕하든 하늘과 땅이 모두 실시간으로 지켜보며 듣고 계시고 저자가 기운으로 느끼지 때문에 자신들이 말하고 행하며 뿌린 대로 현실에서 그대로 고통과 불행이 이루어진다.

그동안에 쌓아놓은 태산 같은 재물, 높은 권력, 높은 명예, 건강, 행복, 장수, 생명, 가족을 모두 잃어버려도 상관없다는 간 큰 독자들은 얼마든지 자미국을 부정하고 사이비라 매도해도 좋다.

자미국과 책 내용이 진짜가 아닌 가짜라면 독자들이 말이나 글, 마음속으로 사이비라 매도하고 욕해도 자신들의 삶에서 아무런 불행이 일어나지 않을 것이다.

하지만 자미국과 책 내용이 진짜라면 자신들에게 감당하지 못할 상상을 초월하는 큰 불행들이 계속 일어날 것이다. 부정하고 욕하는 강도에 따라서 일어나는 불행들도 모두 다르다.

가벼운 부정을 한 사람들에게는 불면증, 우울증, 알 수 없는 질병, 금전 문이 막힐 것이고, 강하게 부정하는 사람들은 목숨이 위태로울 정도의 사건사고가 일어나고, 거액 사기, 기업 파산, 구속 수감, 심근경색, 뇌사, 중풍, 심장마비가 일어나서 자신의 귀한 것을 모두 잃어버리고 생명까지도 보장받을 수 없게 된다.

이런 불행을 하루빨리 멈추려면 자미국에 방문하여 사이비라 매도하고 욕한 것에 대한 죄를 용서 빌고 천상입궁의식을 행해서 살려달라고 빌어야 한다.

세상에서 들어보지도 못한 말을 하니 독자들이 이해하고 받아들이기가 참으로 난감하고 기가 막힐 수도 있을 것이지만 이것이 하늘이 나에게 내려주신 천권이자 천력이고 특권이다. 저자가 글이나 말, 마음속으로 어떤 것을 원하고 바라면 그 모두가 현실로 속속 이루어지고 있기 때문이다.

지금까지는 이런 무서운 말을 한 번도 하지 않았다. 하지만 종교에 너무 속아서 진짜 하늘의 진실을 전하고 있는데도 계속 부정하며 사이비라 매도하고 있는 수많은 인간, 조상, 영, 신들에게 최후통첩을 하여 교화한 후에 구원해 주기 위함이다.

독자들이 가장 잘되는 길은 천상입궁의식을 행하여 부모 조상님께 효도하는 것뿐이다. 하늘께서 말씀하시기를 인간으로 태어나서 가장 착하고 잘하는 일은 자신의 부모 조상님들을 천상 자미천궁으로 구원해서 보내드리는 천상입궁의식을 행하는 것이라 하시었다.

살아서도 죽어서도 잘되는 길은 하늘과 땅, 두 저자를 진정으로 인정하고 살아가는 길이다. 여러분의 행복과 불행에 대한 주사위는 던져졌다. 하늘과 땅의 진실을 진정으로 인정하고 따르는 독자들은 자미국에서 행복의 문을 열어주고, 부정하는 독자들에게는 불행과 고통의 문이 활짝 열린다.

자미국이 진짜인가 가짜인가 고민 갈등하는 독자와 조상, 영, 신들에게 하늘의 진실을 강하게 전하려 하다 보니 무섭고 두렵게 느껴질 것이지만 진실이다.

이렇게 해서라도 여러분이 굴복하여 조상님들을 구원한다면 인간으로 태어난 1차 사명을 완수하는 기쁜 일이고 여러분의 조상님들 또한 신선으로 재탄생하는 가장 기쁜 일이 될 것이다.

이미 돌아가신 독자의 조상님들이 사후세계에서 겪는 고통과 아픔, 슬픔은 상상을 초월할 정도로 힘들지만 살아있는 자손들은 이런 죽음 이후의 세상을 알 수가 없기에 저자가 여러분의 조상님을 대신해서 전해 주는 것이다.

지옥세계에서, 명부전에서, 축생계에서, 종교 안에서, 허공중천에서, 자손의 몸 안에서 살려달라, 구원해 달라 울부짖고 있는 줄도 모르고 산소 치장이나 잘하고 제사, 차례, 성묘만 열심히 잘하면 효도하는 줄 알고 있으니 조상님들은 속이 터진다.

자손을 죽이고 싶을 정도로 진노하고 계신다. 이미 돌아가신 독자들의 조상님들은 진짜 하늘을 모르고 돌아가시었다.

살아생전 세상에서 들어보았던 하늘이라 해봐야 종교 숭배자들이 전부였지만 이분들은 진짜 하늘이 아니시었기에 구원 자체를 할 수 없었다.

진짜 하늘이심을 인정하고 다니던 가짜 하늘의 굴레에서 벗어나 자신의 조상님부터 고통스러운 사후세계, 지옥세계, 축생세계에서 하루빨리 구원해 드려야 한다.

자신의 조상님들이 육신이 죽은 후 사후세계에서 짐승이나 뱀, 벌레로 태어났는데도 구원하지 않고 팔짱 끼고 그냥 바라보고 방관하며 불효자 신세가 되기를 원하는가?

이 책을 읽고도 사후세계, 지옥세계, 축생세계, 종교세계에서 고통받고 있는 자신의 조상님들을 하루속히 구원하지 않는 독자들은 자신이 지금 누리고 있는 재산, 권력, 명예, 신분, 직장, 건강, 가족, 행복 모두가 저주받아서 물거품이 되어 버릴 수 있다.

사후세계에서 지옥으로 떨어졌거나 짐승, 뱀, 벌레로 태어나 고통받고 있는 자신의 불쌍한 조상님들을 구원하지 않고 자신들만 행복하게 잘살기를 바라고 원하는 독자들은 인간이기를 포기하고 살아있기를 포기한 사람들이다.

자미국(지상 자미천궁)과 하늘세계, 사후세계를 믿지 못해서, 돈이 아까워서, 죽으면 그만이라는 생각으로 자신의 조상님들을 구원하지 않으면 당사자는 물론 가정과 기업으로 하늘과 땅, 조상님의 무서운 저주가 실시간으로 내려져서 자신들이 가장 소중히 여기던 귀한 목숨, 돈, 벼슬, 명예, 건강, 가족, 직장, 기업을 차례대로 잃어버리게 되는 불행이 일어난다.

두 저자의 말이나 글을 비난하는 것은 곧 행복 끝 불행 시작이다. 두 저자가 글로 쓰고 말이나 생각을 하면 그것이 현실로 이루어지는 천지조화가 왜 일어나는지 독자들이나 저자 역시도 궁금하기는 마찬가지 같다.

그것은 하늘과 땅을 태초로 천지창조하신 하늘께 명을 받은 두 저자이기에 하늘의 천력, 신명님의 신력, 하나님의 영력, 미륵님의 도력, 땅과 인의 하늘이신 자미인황님께서 내리시는 천지기운이 실시간으로 내리기 때문이었다.

저자가 천지풍운조화를 자유자재로 부릴 수 있었던 능력과 신령님, 조상님, 생령을 청배하여 대화할 수 있는 능력, 조상님들을 사상 최초로 천상 자미천궁으로 입궁시켜 드릴 수 있는 능력, 천상의 신선과 천인합체의식을 행해 줄 수 있는 신비능력도 이분들의 천지기운이 저자 몸으로 내리기에 가능했던 것이다.

그러므로 저자의 글이나 말을 부정하고 무시해서 고통받는 불쌍한 조상님들을 구원하지 않는 독자들은 지금까지 모은 거액의 재산과 높은 벼슬자리, 건강, 직장, 가족, 목숨을 잃게 되는 불행이 끊이지 않고 일어나고 후대까지 자자손손 이어져 내려갈 것이기에 자신의 죽음 이후에 자손이나 후손들도 되는 일이 하나도 없이 고통과 불행 속에서 가난하게 아픈 인생을 살아간다.

자신이 가진 재산과 기업의 가치가 수십억, 수백억, 수천억, 수십조 원이라 할지라도 하늘과 땅, 저자의 말을 무시하고 조상님을 구원하지 않으면 순간에 쓸어가서 알거지 신세로 전락하게 되니 돈 많다고 자랑하며 자만, 교만, 거만을 떨지 말아야 한다.

하늘과 땅, 저자의 뜻을 거역하고 부정하며 무시하는 순간부터 더 이상 자신들의 돈이나 벼슬, 목숨이 아닌 것이다. 소중한 모든 것을 자신의 의지와 상관없이 빼앗길 것이기 때문이다.

기업부도, 관직박탈, 구속, 비명횡사, 사건사고, 자살로 목숨을 잃는 것은 그냥 우연히 일어나는 일이 아니었다. 이 나라에서 매일 700명이 죽고 있는데 이 또한 우연이 아닌 벌이다.

하늘과 땅, 저자가 내리는 말을 독자들이 지켜도 그만 안 지켜도 그만이라면 굳이 두려워할 필요가 없다. 안 지키면 그에 따르는 벌이 자신들에게 실시간으로 내려간다. 그래서 하늘과 땅, 저자의 말이 두렵고 무서운 것이다.

하늘께 명을 받은 두 저자인데 아무런 천지조화를 부릴 능력도 없이 인류의 구심점이 될 자미국을 세우겠는가? 말하는 대로 천지조화가 일어나도록 천력, 신력, 영력, 도력, 인력 모두를 내려주시었기에 가능한 일이다.

그러므로 천상입궁의식, 천인합체의식을 행하는 독자가 인생의 최고 승리자이자 행운아이다. 세상을 살아가면서 몸이 아프지 않은 사람들이 없고 우환과 사건사고로 고통당하지 않고 살아가는 사람들은 이 세상에 없다. 하지만 그 원인이 어디에 있는지 모르고 운수소관으로 돌리고 있다.

이런 질병과 우환, 사건사고는 구원의 길로 인도하시기 위해 하늘과 땅이 아픈 사연을 만들어주셨다는 인류 최초의 진실을 가르쳐주시었다. 우울증, 암, 우환, 사건사고, 환청, 환영이나 가족의 불행을 통해서라도 사명자 역할을 행할 사람들을 깨닫게 해주시는 천상지상 공무집행이라는 엄청난 진실을 알게 되었다.

육신이 살아있는 자를 자미국으로 인도하고, 죽은 자의 혼령들을 천상 자미천궁으로 인도해 주기 위한 것이었다. 육신을 창조해 주신 조상님 구원이 행복의 비결이자 보물이고 인생의 전부인데 조상님을 박대하고 무시하여 조상님 천상입궁을 행하지 않으면 고통과 불행한 삶이 멈추지 않는다고 가르쳐주시었다.

일이 바쁘고, 지방에 거주하고, 내일 죽어서 세상을 떠난다 할지라도 가상 급하게 해야 할 일은 책을 읽고 방문하는 일이다. 인간, 조상님, 신과 영들의 생사여탈권을 태초의 하늘께서 실시간으로 행사하고 계시기 때문이고 이 책은 하늘과 땅의 기운이 온몸으로 느껴지는 신비한 책이다.

참다운 기부를 하려면 자신과 조상님께

하늘과 땅, 자미국이 바라는 참다운 기부를 하려면 자신의 조상님과 자신의 영혼, 자신의 가족에게 하라는 것이다. 불우이웃 돕기 한다고 이름도 밝히지 않고 거액의 기부금을 내놓고 자신의 존재를 밝히지 않는 사람들이 가끔 언론방송에 보도되는데 참으로 안타깝고도 기가 막히는 일이다.

사람들은 그를 잘했다고 존경하는 눈으로 바라보며 착한 사람이라고 생각할 것이다. 이미 돌아가신 자신 조상님의 사후세계가 눈에 보이지 않아서 조상님의 안부 따위에는 관심도 없고, 장차 죽어서 귀신이 되어 고통받을 자신과 가족의 영혼에 대한 배려도 하지 않고 남에게만 선행을 베푸는 못나고 딱한 사람이다.

자신의 조상님과 자기 자신, 가족들의 영혼은 구원하지 않고 남들만을 구원해 주고 있으니 이를 지켜보는 자신의 영혼과 수많은 친가 선대 조상님들은 속이 터지고 환장할 지경이다.

남들은 꽃피고 새 우는 천상 자미천궁으로 속속 올라가는데 자신의 자손이 하늘세계, 사후세계의 진실을 몰라보고 엉뚱한 곳에 정성을 들이고 거액의 기부금을 내고 있으니 분노가 폭발하고 있다. 무엇이 하늘과 땅, 자신의 조상님과 자신의 영혼을 위하고 잘하는 것인지도 모르고 있으니 이 대목을 읽어보고 하루라도 빨리 깨달아서 고통받고 있는 자신의 조상님들부터 구원해야 한다.

자신의 눈에 보이지 않는다고 직계 가족의 영혼들은 외면하며 구원하지 않고 100년 미만의 짧은 삶에만 선행을 베풀고 있다. 자신의 조상님들을 구원하지 않고 남에게 아무리 많은 선행을 베푼다 한다 한들 아무 소용이 없다.

전생인 천상에서 하늘께 얼마나 큰 죄를 짓고 지구로 쫓겨나 이 땅에 태어났으면 남에게 도움을 받아야 하는 어려운 고통의 인생을 살아가겠는가?

원인 없는 결과 없다고 하였듯이 현생의 고통스러운 인생은 자신들이 이미 전생에서 그런 죄를 지었기 때문에 현생에서 벌을 받고 있는 것이다. 남을 도와주는 선행을 베풀고도 오히려 사기배신이나 사건사고가 발생하여 자신의 삶이 어렵게 변하는 것을 경험한 사람들이 상당히 많을 것이다.

아무나 도와주면 자신에게 오히려 하늘의 재앙이 내린다. 인간으로 태어나서 가장 착하고 선한 일은 자신의 조상님과 가족의 영혼들을 죽음 이후 사후세계에서 고통받지 않도록 육신이 살아있을 때 구원해 드리는 일이다.

조상님 천상입궁의식과 자신, 가족, 부모, 형제, 손자손녀의 천인합체의식을 행해 주는 것이 인간으로 태어나서 가장 착한 선행을 베푸는 것이다.

천상장부에 선행으로 기록되는 것은 자미국에서 의식을 행하는 것뿐이고 남에게 선행을 베푼 것은 천상장부에 선행으로 기록되지 않고 오히려 하늘의 역천자로 기록될 수 있으니 함부로 남에게 선행을 베푸는 일은 위험천만한 일이기에 거액을 어느 단체에 기부하려거든 하늘께 미리 여쭈어보는 것이 좋다.

거액을 기부하여 좋은 선행을 베풀었는데 오히려 하늘에 죄를 짓는 역천자의 죄를 짓는 나쁜 행위라면 얼마나 억울하겠는가? 그래서 미리 행하기 전에 기부해도 좋은지 하늘에 여쭈어봐야 한다.

인류의 구심점이자 세계의 중심

수많은 사람들이 오랜 세월 하늘과 땅의 기운을 받으려고 종교라는 곳을 다니고 있다. 이 나라의 국민들은 물론 세계 인류가 저마다의 소원과 꿈을 이루기 위해서 또는 천재지변의 대재앙을 피하기 위해서, 영과 육신이 구원받기 위해서 인간의 눈에는 보이지 않지만 하늘과 땅의 천지신명님들의 기운을 받아 남보다 잘 살고자 철야기도를 하며 애를 쓰고 있다.

하늘과 땅의 기운을 정복하면 살아서나 죽어서나 인간의 승리자가 될 수 있지만 그것이 어떻게 해야 하는지는 잘 모르기 때문에 용하다는 종교를 찾아다니느라 정신들이 없다.

잘못된 가짜 하늘을 믿어 패가망신 당하는 사람들이 부지기수로 많지만 예나 지금이나 나약한 인간은 어딘가에 정신적으로 의지하려고 나름대로 자신에게 맞는 세계를 찾아서 열심히 빌고 있다. 그런데 어디가 진짜 구원이 이루어지는 곳인지 알 수가 없어서 수많은 가짜 하늘세계를 관광 다니듯이 하고 있다.

물론 각자의 눈높이에 맞는 세계가 있을 것이다. 이 나라는 종교백화점이라 할 수 있을 정도로 무수히 많은 종교가 난립하고 있고 전 세계 역시 이름을 알 수 없는 수많은 종교가 포교, 전도를 행하고 있는데 줄을 잘 서야 한다.

인류 최초의 구심점이 될 세계의 중심 자미국!

이 나라와 세계의 모든 종교를 초월하고 천지만생만물을 천지창조하신 절대자 하늘과 땅, 신과 영, 조상님과 인간들이 함께 공생공존하는 유일한 희망의 등불이다.

전 세계의 그 어떤 종교라도 자미국(지상 자미천궁)을 능가할 곳은 이 땅 어디에도 없다. 기독교, 천주교, 유교, 불교, 도교, 무속, 민족종교, 힌두교, 이슬람교 등 세상 그 어떤 종교일지라도 감히 비교 자체를 할 수 없는데 기존의 종교세계 이론에 너무나 깊게 세뇌를 당해서 진짜를 몰라보고 있다.

일방적인 믿음을 강요하는 곳이 종교인데 이곳은 쌍방향 통신이 실시간으로 이루어져서 하늘과 땅의 말씀을 실제로 들을 수 있고, 각자의 육신과 마음으로 하늘과 땅의 기운을 자신이 직접 느끼고 체험할 수 있는 전 세계 유일한 곳이다.

앞으로 하늘과 땅의 기운으로 이 나라와 세계의 모든 종교가 자미국 하나로 통합될 것이다.

인류가 탄생한 시점부터 지금까지는 물론 앞으로의 세상에서도 두 저자인 인황과 사감을 능가할 영 능력자는 없었고 뒤의 세상에서도 나오지 않을 것이라고 천상에서 말씀 하시었다.

하늘과 땅의 기운이 전 세계에서 가장 강하게 내리는 유일한 자미국! 인류의 생사여탈권을 실시간으로 행사하고 지구의 멸망을 막아내는 전 세계 유일한 인류의 희망이다.

지금은 비록 세상에 널리 알려지지 않아서 인황(지황)의 신분에 걸맞은 예우를 받지 못하고 있으나 장차 세계 인류가 인황(지황)과 사감의 위상을 알아보고 깍듯이 받들고 섬기게 되어서 세계의 중심으로 떠오르게 된다.

이 나라가 부강하고 가장 잘되는 빠른 길은 절대자이신 하늘과 땅이 인정하신 저자 인황(지황)과 사감의 말을 믿고 따라서 태초의 하늘을 이 나라와 세계의 주인으로 추대하여 옹립해드리고 자미국을 청와대 터에 세워야 자미국과 대한민국이 세계의 영도자 국가로 급부상한다.

자미국(지상 자미천궁)은 천지창조주이시자 절대자이신 천상의 하늘을 인류의 구심점으로 옹립하고자 하시는 땅의 하늘, 인간의 하늘, 신명님, 하나님, 미륵님과 천상지상의 천지신명님들이 인류 최초로 함께해 주시기에 세계의 중심이 되어 인류의 구심점으로 위상과 면모를 갖추게 될 것이다.

자미국의 자미는 절대자이신 하늘을 상징하는 것 이외에 하늘과 땅의 좋은 모든 기운을 말하니 자미국은 천지기운의 결정체이자 응집체이기에 인류의 구심점, 세계의 중심국가로 손색이 없고 인황과 사감이 이 나라 이 땅에 태어난 자체가 한민족 모두에게 가장 경사스러운 일이고 영광 중에 영광이다.

근래에 세계적으로 대한민국의 국격과 위상이 급속도로 높아지고 있는 원초적인 이유는 자미국(지상 자미천궁)과 두 저자가 이 나라에 살고 있기 때문이다.

현세에서는 자미국을 모르고도 각자 나름대로 살아가고 있겠지만 사후세계에 들어가기 전에 자미국을 만나지 않는 이상 정말 힘든 고통의 세월이 끝없이 이어질 것이다. 물론 현생에서도 자미국을 모르고 살아가면 알 수 없는 고통과 불행, 우환이 자신과 가족들의 인생으로 끝없이 이어진다.

책을 읽는 도중 여러 가지 신비조화 현상을 하늘과 땅이 직접 보여주시고 느끼게 해주실 것이다.

페이지마다 단원마다 줄마다 글자마다 하늘과 땅, 조상님의 말씀과 각자 신과 영이 전하는 말을 기록한 신서로써 하늘과 땅의 신명정기가 무궁무진하게 내린다.

하늘과 땅의 기운이 강렬하게 흐르는 자미국이고, 책을 구독하면서 하늘과 땅의 기운이 느껴지는 책은 일찍이 이 땅에 없었으니 경천동지할 일이 아닌가?

지금까지 전 세계에서 수천억 권의 책이 출간되었다 해도 이렇게 하늘과 땅의 기운을 책에서 직접 느낄 수 있었던 책은 인류 탄생 이후 그 어디에서도 찾아볼 수 없었다.

사람마다 각기 다르지만 상상을 초월하는 일들이 몸에서 또는 일상생활에서 일어난다. 그 모든 것이 하늘과 땅의 말씀이 전달되는 메시지라고 생각하면 된다. 조화가 일어나는 현상으로는 사람마다 형태가 다를 것이며 강하고 약함도 다를 것이다.

천상의 기운이 내리면 피곤하지도 않은데 하품이 계속 나온다. 이는 졸려서 나오는 하품과 달라서 본인 스스로가 알 수 있다. 몸에서 갑자기 열이 나거나(기운 내림) 손과 발이 덜덜 떨리는 사람, 몸 전체가 떨리는 사람,

손에 크고 작은 진동(환희), 머리에 가려움증이나 뭐가 기어가는 듯한 느낌(신이 언어전달 시도), 환청이나 환영(신에서 보여주고 들려줌), 마음이 들

뜨고 밝고 명랑해지거나(몸에 영이 알아들음) 이상한 꿈(신들이 보여주는 현상)을 꾸거나 몸이 가벼워짐(천지신명조화)을 느끼고, 슬프게 대성통곡하며 울거나 흐느끼게 될 것이지만 놀랄 필요 없고 이때부터 어떤 메시지를 받기도 한다.

머리가 아프거나 가슴이 답답하고 어깨가 눌리거나 몸이 아파 오는 것은 신과 조상님들이 몸 안에 있다는 표시이다. 이런 변화가 일어난 독자들은 하늘로부터 존귀하게 선택받은 경우이며 천지신명님의 기운을 받고 있는 중이다.

책을 맺으면서 - 국운과 생사는 하늘과 땅이 좌우

유럽발 금융사태, 각 나라의 전쟁, 산불, 태풍, 토네이도, 지진, 해일, 천재지변이 일어나는 것은 우연이 아니다. 인간의 능력으로 도저히 불가능한 인간의 생과 사는 물론 경제회복과 국운은 하늘과 땅이 주관하시되 두 저자가 좌우한다.

인류는 하늘과 땅의 능력을 과소평가하고 있었고 비과학적인 존재나 미신으로 폄하하고 있지만 현실은 그것이 아닌 우리 인류(인간, 영, 신, 조상님)의 운명에 대한 길흉화복, 생로병사, 흥망성쇠의 생사여탈권을 실시간으로 행사하시는 능력자라는 것이다.

인간의 두뇌가 천재, 수재라 하더라도 하늘이 천지조화능력을 감당할 수 없다. 가뭄에 비를 내리게 하고, 억수같이 쏟아지는 장대비를 멈추게 하며 한반도로 올라오는 태풍을 5년 동안 막아내는 신비스런 풍운조화를 수없이 부리기도 했다.

또한 신령님, 조상님, 산 사람의 영혼(생령)을 자유자재로 청할 수 있는 신비능력을 갖고 있다. 두 저자가 신비조화를 부리는 것은 하늘께서 대 능력을 내려주셨기 때문에 가능하다는 것을 수많은 세월 동안 체험을 통해 알게 되었다.

세계 경제를 살릴 수 있는 해법과 국운융성, 기업과 각자의 흥망성쇠에 대한 절대권은 하늘과 땅, 두 저자가 갖고 있다. 인간의 능력이 뛰어난다 하더라도 하늘 앞에서는 개미와 같이 나약하니 살려달라고 빌어야 한다.

하늘과 땅의 신비스러운 천지조화능력은 신묘하기 그지없다. 하늘과 땅, 조상님, 신과 생령들을 찾지 않고 몰라보며 무시하는 사람들은 살아있어도 살아있는 것이 아니고 지옥 같은 삶을 살게 된다. 사람, 가정, 가문, 기업, 국가 역시 마찬가지로 하늘과 땅, 두 저자를 몰라보고 무시하면 고통과 불행이 멈추지 않는다.

청와대를 옮겨야 하는 이유는 이 나라가 전 세계에서 최고로 잘살 수 있는 유일한 길이다. 청와대를 거쳐 간 일본 총독과 역대 대통령들의 불행은 하늘과 땅의 무소불위하신 존재를 몰라보고 부정한 죄였다. 청와대 터의 기운은 한일합방한 1910년부터 100년인데 이미 시효가 종료되었다.

수많은 사람들이 신의 터라고 말하고 있고, 일본 총독과 역대 대통령들의 불행이 이어지고 있는 저주받은 터가 되었다. 인간이 침범해서는 안 되는 터이기에 청와대에 들어가는 대통령들마다 하나같이 저주받아 불행한 일을 겪은 것이고 앞으로도 청와대 터를 이전하지 않는 이상 대통령에 대한 불행은 계속 이어진다.

저자 인황(지황)이 자미국 공무를 집행할 자리인데 인간들이 터를 침범했으니 재임 중이든 퇴임 후든 불행한 사태가 100년 동안 계속 이어지고 있는 것이다. 한두 번의 불행한 사태로는 인간들이 청와대 터를 비우지 않기 때문에 100년의 세월을 통해서 통치자들을 굴복시키기 위한 과정이었다.

국민, 기업, 나라의 운을 바꾸려면 청와대부터 빠른 시간 안에 이전하고 하늘과 땅이 함께하는 자미국에 터를 내주어야 천지조화기운으로 나라의 국운을 바꿀 수 있다. 나라와 기업, 국민들의 운을 대통령 혼자서 바꿀 수 없다는 진실을 인정하고 위대하신 하늘과 땅, 두 저자의 뜻에 승복해야 한다.

청와대 터에 민족과 인류의 구심점을 세우지 않는다면 상상을 초월하는 불행한 일들이 꼬리를 물고 이어지게 된다. 말이나 글로 어떤 뜻을 천하면 현실로 이루어지도록 하늘께서 특별한 천지조화능력을 저자에게 내려주시었다.

그래서 이 나라 대한민국이 잘되는 유일한 길은 자미국(지상 자미천궁)이 중심이 되는 길이다. 독자들은 저자의 허황된 꿈이나 욕망이라고도 말할 수도 있겠지만 진짜 현실로 천지조화가 실제로 일어나고 있음을 날씨와 기후, 자미국의 천인과 백성들을 통하여 수없이 확인하고 체험하였다.

그동안 수많은 풍운조화를 부려 본 저자이다. 현재 행하고 있는 인류 최초의 천상의식도 저자 인황이 원하고 바라기에 하늘께서 이루어주신다고 하시었다.

천상 자미천궁에서 이 땅에 내려온 수많은 인간, 조상, 신, 영들에게 진짜 하늘의 말씀을 전해주시며, 인류가 현생과 전생에서 지은 죄를 용서빌게 하여 구원해 주시고 자미국과 두 저자가 원하고 바라는 뜻을 현실로 이루어주시기 위한 배려라고 하시었다.

저자는 하늘께 특별히 선택받은 몸이다. 아무런 신비조화능력을 부릴 수 없었다면 감히 인류 최초의 자미국을 이 땅에 세우려고 마음조차 먹지 않았을 것이다. 산전수전 다 겪고 가짜 하늘의 잘못을 알게 되어서 불행의 굴레에서 벗어나게 해 더 이상 고통 속에 아픈 인생을 살지 않게 해주려고 한다.

하늘이 실제로 존재하시고 있지만 인간들의 눈에만 보이지 않을 뿐 실시간으로 천지조화를 부리며 인간들의 행동과 말, 생각까지도 모두 손바닥 위에다 올려놓고 보듯 하시는 능력자이심을 수많은 체험을 통해서 알았고 이 위대하신 하늘이 저자의 뜻을 이루어주시고자 함께해 주고 계신다.

그러므로 하늘과 땅이 함께하는 자미국의 뜻을 무시하고 부정하는 것은 곧 개개인은 물론 나라와 기업의 불행이다. 대통령은 이유 불문하고 청와대를 속히 이전해야 상상을 초월하는 불행을 막고 다른 곳으로 속히 이전해야 터의 저주를 피할 수 있다.

청와대를 속히 비우고 터의 원주인에게 조건 없이 자리를 돌려주는 것이 나라의 국운이 융성하고 국민들이 세계에서 가장 잘 사는 지름길이다.

하늘과 땅이 함께하고 산 자와 죽은 자, 너와 내가 함께할 자리가 청와대 터이고 세계 인류를 영도할 자리이다. 인류의 새 역사가 시작될 자미국(지상 자미천궁) 터이니 대통령과 정부의 해당 부처는 이전을 속히 서둘러야 한다.

청와대 터를 원주인에게 돌려주는 것은 대통령들의 불행을 막는 길이고 나라가 안정되고 강대국과 경제대국으로 부상하여 국격과 위상을 높이는 길이다.

앞으로 퇴임 대통령이나 새 대통령에게 어떤 불행이 일어날 것인지 지켜보면 알게 될 것이다. 이제 무엇을 더 망설이는가. 대통령은 더 이상 불행을 겪지 않으려면 이유 불문하고 청와대를 조속히 이전해야 재앙을 면한다.

지금까지는 재임 중이든 퇴임 후에 세월이 흐른 다음에 불행이 일어났지만 이번에는 터 주인의 뜻이 워낙 강력하기에 무시하면 상상을 초월하는 엄청난 불상사가 일어날 것이고 이런 불행은 돌려주는 그날까지 계속 될 것이다.

그만큼 청와대 터를 속히 비우라는 메시지가 아주 강하다. 대통령의 불행은 국민들 모두의 아픔이자 슬픔이고 국치이며 국가의 위상과 대외신뢰도가 함께 무너지는 불행한 일이다. 집안의 가장이 불행하다면 자식들의 삶이 과연 행복하겠는가?

예언서나 각종 비기에 대한민국이 장차 전 세계를 호령하며 조공을 받는다고 격암유록, 정감록, 원효결서 등에 수록되어 있는데 어떻게 그런 일이 일어날 것인지 모두가 궁금할 것이다.

자미국이 이 땅에 크게 세워져서 천상지상공무를 집행하기 때문에 가능하다. 하늘과 땅의 천지기운을 받을 수 있고, 상상세계로만 존재할 것이라고 생각한 태초의 하늘과 땅, 신들의 말씀을 실시간으로 들으며 대화할 수 있는 전 세계 유일한 곳으로 구원과 영생이 현실로 이루어지는 무릉도원 세계이다.

경제적으로 어려워 고통을 당하고 살아가는 사람들이 부지기수이고 질병이나 우환, 이별, 이혼, 자살 충동, 사건사고로 인하여 슬픔과 괴로움 속에 목숨을 끊은 사람들도 많고 이런 현실 앞에 어서 빨리 죽어지기를 갈망하는 사람들 역시 엄청 많다.

더 오래 살고 싶어도 때가 되면 죽어야 하는 것이 자연의 이치이다. 산 인간들이 고통을 참지 못하고 하루라도 빨리 죽기를 바란다. 하지만 이미 죽은 사람들은 죽음을 후회하고 하루만이라도 다시 살아나서 인간으로 살았으면 하는 것이 죽은 사람 혼령들의 간절한 소원인데 산 자와 죽은 자의 입장이 정반대이다.

죽으면 육신의 고통은 그 순간부터 멈추겠지만 대신에 혼령들의 고통이 이어진다는 더 무서운 사실을 알아야 한다. 죽고 싶을 정도의 경제적, 정신적, 물질적 고통과 불행은 하늘과 땅이 만들어주신 사연이라는 것을 알아야 한다.

인생사에 일어나는 실패와 고통, 슬픔과 불행은 하늘과 땅, 신, 영, 조상님들이 그대들을 자미국으로 부르시는 호출 메시지이니 더 이상 방황하지 말고 즉시 방문하여 무엇 때문에 인생으로 아픈 사연을 만들어 주시었는지 문제의 해답을 찾아야 자신과 가족의 목숨, 재산, 기업, 직장, 직위, 신분, 명예, 건강, 행복을 지켜낼 수 있다.

예비백성 가입

책을 구독하여 공감하고 감명받아 친견 상담하고, 부모 조상님 영혼 영가를 구원하는 의식을 행하고는 싶지만 금전적인 문제로 의식을 행할 수 없는 사람에 한하여 가입할 수 있다.

조상님 구원의식을 행한 사람은 신분이 정식백성이다. 의식을 금전 문제 때문에 바로 행하지 못할 경우 예비백성으로 가입하면 조공(의식비용)이 좀 더 수월하게 구해지는 이변이 일어난다.

그리고 예비백성들에게는 다른 사람들이 행하는 천상입궁의식과 천인합체의식하는 날 특별 초대되어 참가할 수 있는 자격을 부여하고 날짜와 시간은 문자 메시지로 일괄 발송한다.

회원가입은 본인의 성명과 본관, 주소, 생년월일, 핸드폰을 상담할 때 알려주면 되고, 연회비를 납부하면 예비백성 자격을 1년간 부여하며 기한이 만료되면 재가입해야 하고 천상입궁의식을 행하면 자미국의 평생회원이 된다.

예비백성으로 가입하면 그날부터 알 수 없는 하늘과 땅의 신비스러운 기운을 온몸으로 느끼는 사람들이 많다. 의식을 바로 행하지 못하는 사람들에게 예비백성 가입은 하늘의 백성과 천인이 되기 위한 최소한의 자기 마음을 보여주는 것이다.

의식 행할 능력이 없는 사람들은 예비백성 가입이라도 해서 자미국과 인연을 맺어 놓아야 자신의 신과 생령, 조상님들이 희망을 갖고 천상 자미천궁에 올라갈 날을 지루하지 않게 기다릴 수 있다.

천지(기도)회

천지회는 하늘과 땅이 함께하는 기도회이다.

하늘이 실제로 존재하심을 온몸으로 천지기운을 실제로 느낄 수 있는 아주 귀한 시간이다. 각자의 몸으로 하늘과 땅의 신비한 현상이 많이 일어난다.

또한 상상 속으로만 계실 것이라고 생각되었던 하늘과 땅의 기운을 인황을 통하여 받을 수 있고, 하늘의 귀한 말씀을 사감을 통하여 들을 수 있는 감동의 시간이다.

천지(기도)회는 어떻게 사는 것이 잘 사는 길인지, 왜 조상님을 구원해야 하는지, 자신의 영과 가족의 영은 왜 구원하여야 하는지 그 이유와 의식 사례 그리고 천상세계, 영혼세계, 사후세계, 지옥세계, 인간세계의 실상과 인류의 구심점인 자미국의 뜻과 미래의 행복을 설법하는 시간이다.

각자의 고통과 불행은 왜 일어나고 있는지 그 이유와 해결방법을 제시하고 이 땅에 오기 전의 전생과 현생에서 지은 죄를 어떻게 빌어야 하는지 알려준다.

참가자격은 예비백성, 백성, 천인들이며 날짜는 문자로 개별통지하며 일요일 오후 2시이고 1시 30분까지 도착해야 한다. 참가 희망자는 미리 신청하여야 한다. 천상입궁의식을 행하지 않은 독자들은 연회비를 내고 예비백성으로 가입해야 참가할 수 있다.

상담이 필요한 대상자

- 종교를 믿었던 자
- 종교를 믿고 있는 자
- 가족이 종교를 믿었거나 믿고 있는 자
- 기운을 받아 막힌 운을 풀어보고 싶은 자
- 하늘의 명을 받아 천인(신선)으로 살아가고 싶은 자
- 천지기운을 받아 인생이 편하고 행복했으면 하는 자
- 매사 일이 될 듯하면서 풀리지 않고 세월만 보내는 자
- 장사나 사업하면 실패가 따르고 사기배신을 잘 당하는 자
- 부부간, 자녀 간 다툼이 끊이지 않아 가정불화가 심한 자
- 빙의, 우울증, 불면증, 환청, 자살 충동을 수시로 느끼는 자
- 질병, 우환, 관재, 이혼, 별거, 사건사고로 아픈 사연 가진 자
- 전생인 천상 자미천궁에서 지은 죄를 빌어 용서받고 싶은 자
- 전생과 현생의 죄를 빌어 천상 자미천궁으로 돌아가고 싶은 자

의식이 필요한 대상자

- 조상님들의 사후세계가 궁금한 자
- 하늘세계, 사후세계를 알고 싶은 자
- 상상 속의 하늘을 직접 만나고 싶은 자
- 신의 제자가 되려고 내림굿을 하려는 자
- 자신의 몸 안에 누가 있는지 알고 싶은 자
- 악귀잡귀의 기운에서 자유로워지고 싶은 자
- 운명과 팔자를 바꾸어 새롭게 살고 싶은 자.
- 무속세계, 종교세계에 배신당하여 실망한 자
- 굿이나 천도재를 아무리 해도 소용없었던 자
- 종교보다 높은 이상세계를 찾아다니고 있는 자

- 불면증, 우울증, 이혼, 환청, 가정불화로 고민하는 자
- 머리가 늘 무겁고, 신경질이 잦고 눈물을 자주 흘리는 자
- 하늘과 자신이 누구인지 알고자 종교를 찾아다니고 있는 자
- 매사 하는 일마다 되는 일이 없고, 무기력과 좌절감에 빠진 자
- 종교인, 이인, 도인, 고승, 신의 제자를 만나봐도 가슴이 답답한 자
- 두통, 어깨눌림, 가슴답답, 허리통증, 소화불량, 가위눌림, 사건사고, 가정불화, 사업실패, 돌연사, 자살, 관재의 원인이 무엇인지 궁금한 자

행사 의식 종류

조상님 천상입궁의식

1. 일반입궁(하단~상단)
2. 벼슬입궁(특단)

천인합체의식

1. 일반 천인합체(하단~특단)
2. 벼슬 천인합체(특단 이상)

상담

상담 시간 오전 11시~오후 5시

1차 상담자 여 저자 사감

2차 상담자 남 저자 인황

상담하러 올 때 부모동반, 부부동반, 가족동반, 친구동반, 애인동반하면 상담 불가하니 단독으로 방문해야 한다.

전화로 방문날짜와 상담시간 예약 후 방문 요망하며 예약 없이 불시 방문은 의식과 예약자 상담으로 만날 수 없으니 참고 바라며 당일 예약하고 방문하는 것은 불가하다.

천기 13(2013)년 02월 12일 己酉日

저자 자미 지음

- 전화 02)3401-7400
  자미국(지상 자미천궁)

- 주소 : 서울 강동구 성내3동 382-6 삼정빌딩 2층. (강동아너스빌 정문 앞)
  길상주차장 무료. 동서울터미널에서 택시로 10분 거리
  지하철 5호선 강동역 3번 출구 직진 100m 강동예식장에서 우회전
  100m지점 화로구이 옆 영마트슈퍼(한방돼지 음식점) 2/2층